Michael Pröttel

WANDERUNGEN FÜR JEDE JAHRESZEIT

Ammergauer Alpen

J. BERG

Liebe Leserinnen und Leser,

Bereits seit meiner Studienzeit liebe ich die unvergleichliche Ursprünglichkeit der Ammergauer Alpen. Als langjähriger Fotograf, Alpinjournalist und Diplomgeograf habe ich mittlerweile fast alle Gipfel zwischen Loisach und Lech bestiegen und bin vor allem von dem großen Abwechslungsreichtum der Tourenmöglichkeiten begeistert. Zudem gibt es in dem Lieblingsgebirge von Märchenkönig Ludwig II. noch viele »unbekannte Ecken«, in denen man trotz der Nähe zur Metropolregion München wohltuende Bergeinsamkeit erleben kann. Und ganz egal ob mit Bergstiefeln, Schneeschuhen oder auf Tourenski – ich bin zu allen Jahreszeiten mit großer Begeisterung im Ammergebirge unterwegs.

Umso mehr freut es mich, dass ich mit diesem Buch eine Liebeserklärung an mein Heimatgebirge präsentieren kann, zu dem mich übrigens das namensgebende Wasser leitet. Denn wenn ich von meinem Wohnort Steinebach aus starte, dann folge ich dem Ammersee und der Ammer in die herrlichen Ammergauer Alpen.

Viel Spaß auf herrlichen Touren vor der Haustür rund ums Bergjahr wünscht
Ihr

Michael Pröttel

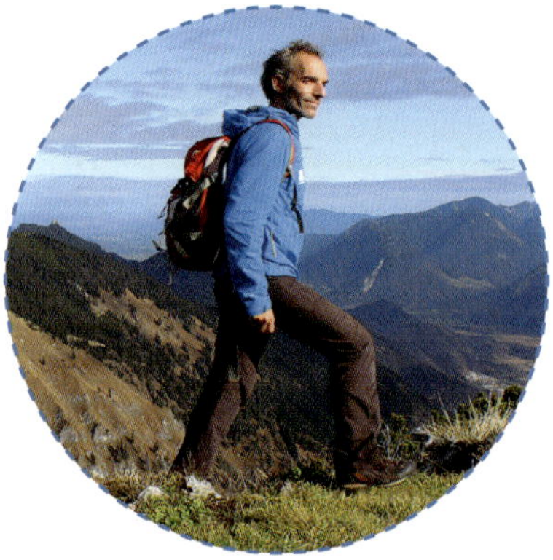

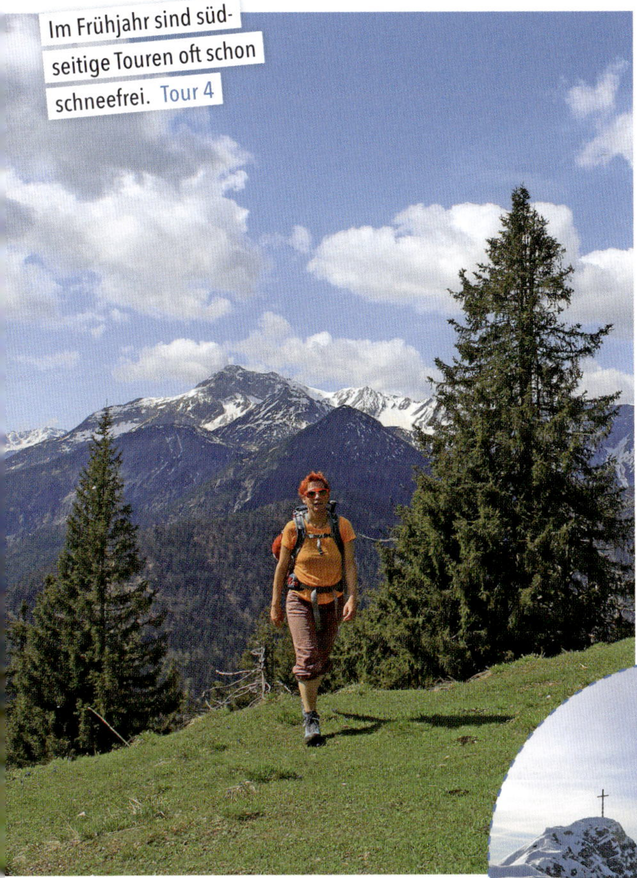

Im Frühjahr sind süd-
seitige Touren oft schon
schneefrei. Tour 4

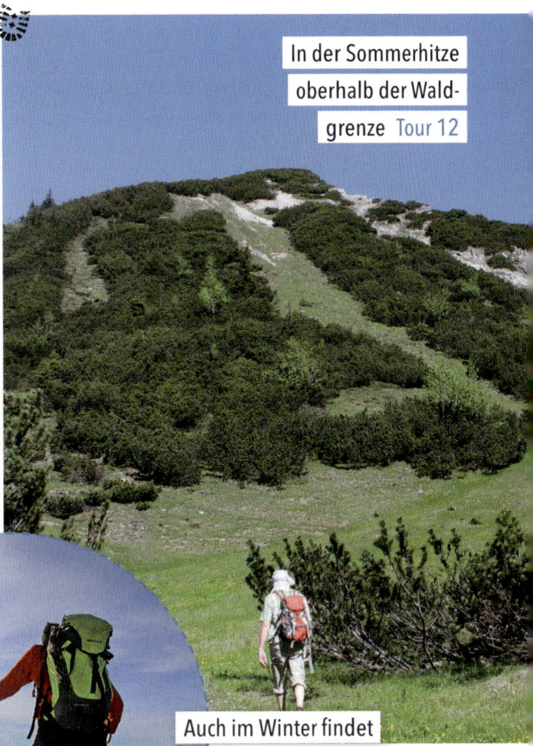

In der Sommerhitze
oberhalb der Wald-
grenze Tour 12

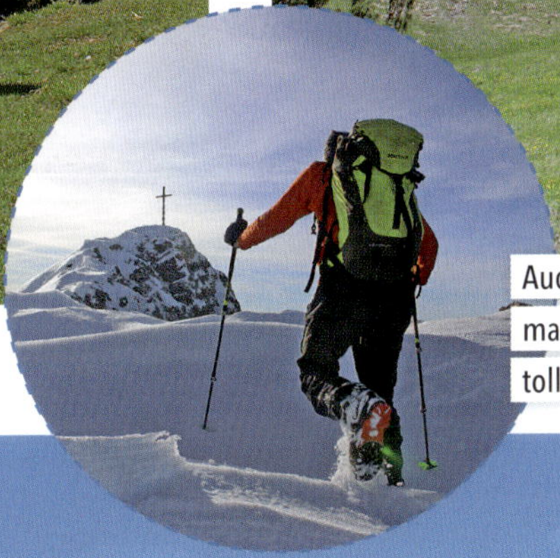

Auch im Winter findet
man im Ammergebirge
tolle Touren. Tour 30

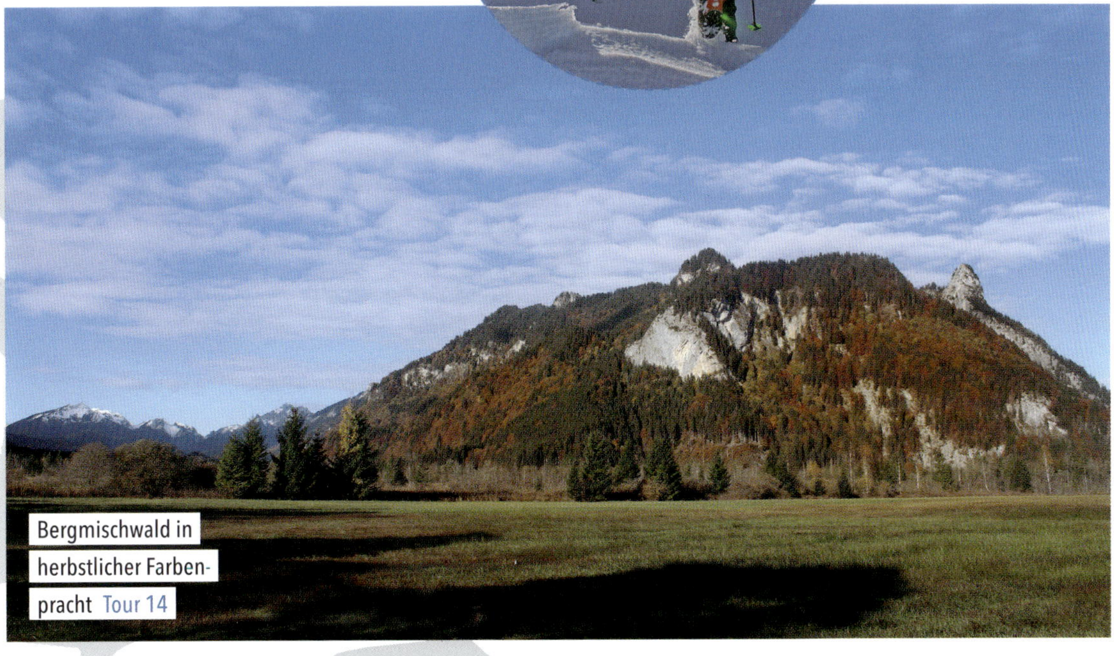

Bergmischwald in
herbstlicher Farben-
pracht Tour 14

INHALTSVERZEICHNIS

Ihre Touren im Überblick

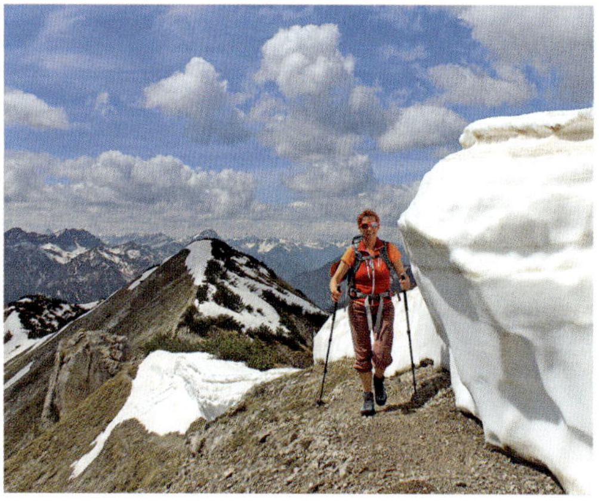

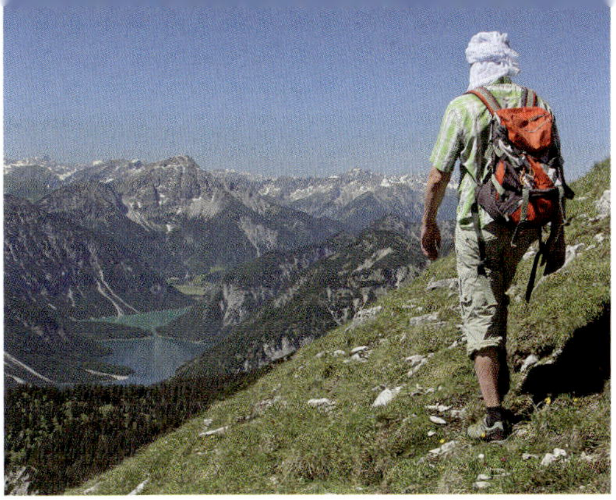

Touren im Sommer

Seite 48

Alles Wissenswerte über

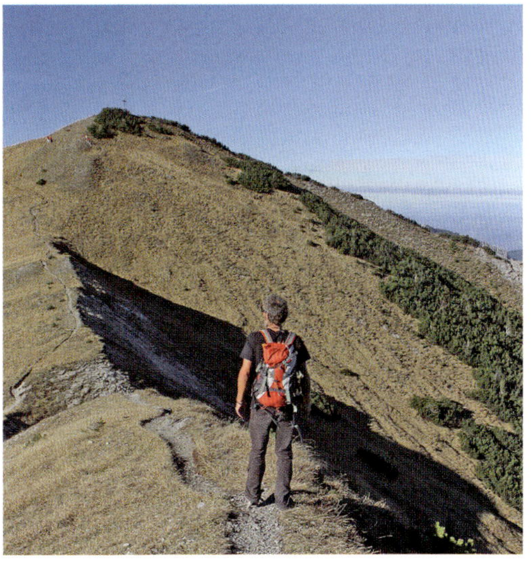

Alles Wissenswerte über

Touren im Herbst

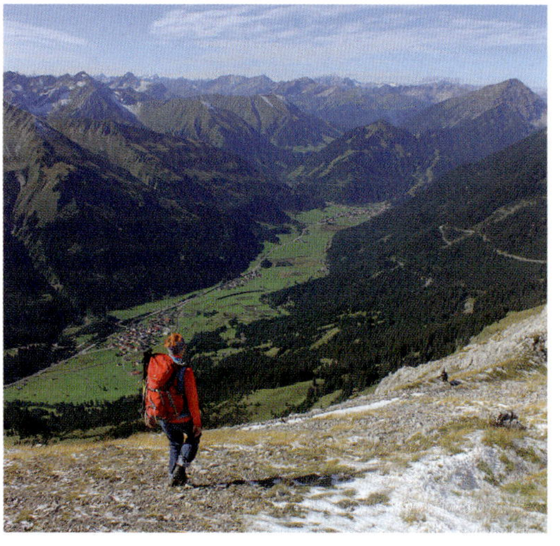

Touren im Winter

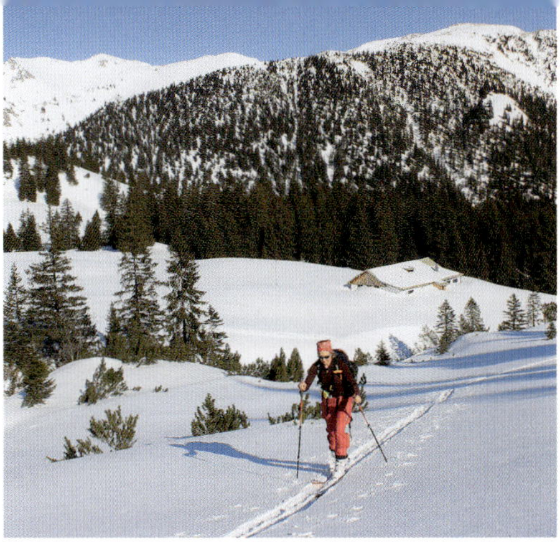

Tourenfinder im Überblick

TOUR											
1	Auf den Buchenberg	leicht	7,0 km	340 / 340 Hm	3.00 h						
2	Zum Grubenkopf	leicht	6,0 km	550 / 550 Hm	3.30 h						
3	Auf den Kofel	mittel	5,0 km	500 / 500 Hm	3.15 h						
4	Rundtour zur Schellschlicht	mittel	12,8 km	1300 / 1300 Hm	6.00 h						
5	Auf die Scheinbergspitze	mittel	6,7 km	850 / 850 Hm	4.15 h						
6	Auf den Zunterkopf	mittel	5,7 km	820 / 820 Hm	4.00 h						
7	Rund um den Hasentalkopf	leicht	14,1 km	840 / 840 Hm	5.30 h						
8	Durch die Ammergauer Alpen	schwer	37,3 km	2650 / 2660 Hm	16.00 h						
9	Rund um den Geiselstein	mittel	7,2 km	530 / 690 Hm	3.45 h						
10	Über den Kuchelberg	schwer	22,4 km	1200 / 1200 Hm	7.30 h						
11	Rund um den Plansee	leicht	13,9 km	60 / 60 Hm	3.30 h						
12	Überschreitung der Geierköpfe	schwer	15,0 km	1200 / 1200 Hm	7.30 h						
13	Über Notkarspitze und Kienjoch	schwer	19,2 km	1800 / 1780 Hm	9.00 h						
14	Herbsttour im Weidmoos	leicht	10,5 km	30 / 30 Hm	2.30 h						
15	Übers Ettaler Manndl	mittel	9,0 km	770 / 740 Hm	4.00 h						
16	Auf die Ammergauer Hörnle	leicht	11,3 km	830 / 870 Hm	4.30 h						
17	Über die Kramerspitz	mittel	16,0 km	1250 / 1250 Hm	6.45 h						
18	Auf die Notkarspitze	mittel	11,8 km	1070 / 1070 Hm	5.30 h						
19	Zur Weitalpspitz	leicht	6,7 km	760 / 760 Hm	3.45 h						
20	Vom Daniel zur Hochschrutte	schwer	15,0 km	1750 / 1650 Hm	7.00 h						
21	Von Füssen nach Hohenschwangau	leicht	6,0 km	250 / 250 Hm	2.00 h						
22	Über Hörnle und Stierkopf	leicht	11,5 km	780 / 780 Hm	4.00 h						
23	Zum Soilasee	leicht	8,4 km	500 / 500 Hm	3.45 h						

Tourenfinder im Überblick

TOUR		leicht/mittel/schwer	Weglänge	Höhenunterschied	Gehzeit	Einkehrmöglichkeit	für Kinder geeignet	wintergeeignet	viel Sonne	viel Schatten	Anreise mit öffentlichen Verkehrsmitteln
24	Auf den Teufelstättkopf	mittel	10,0 km	870 / 870 Hm	4.00 h						
25	Auf die Ziegelspitz	leicht	7,1 km	850 / 850 Hm	4.00 h						
26	Zu den Brunnenkopf-häusern	leicht	10,2 km	660 / 660 Hm	3.30 h						
27	Auf die Hochblasse	leicht	12,3 km	900 / 900 Hm	4.00 h						
28	Auf den Ochsenälpeleskopf	mittel	8,4 km	820 / 820 Hm	4.00 h						
29	Zur Friederspitz	mittel	16,0 km	1240 / 1240 Hm	6.00 h						
30	Auf die Kreuzspitze	schwer	7,0 km	1150 / 1150 Hm	5.00 h Std.min						

Piktogramme erleichtern den Überblick

leicht · mittel · schwer

Weglänge · Höhenunterschied · Gehzeit

Einkehrmöglichkeit

für Kinder geeignet

wintergeeignet

viel Sonne

viel Schatten

Anreise mit öffentlichen Verkehrsmitteln

Alles, was Sie wissen müssen und brauchen für Ihre Tour!

Seitdem mich die wunderbare Bergwelt in ihren Besitz genommen hat, verbringe ich besonders viel Zeit in den Ammergauer Alpen. Schließlich besitze ich das große Privileg, von zu Hause aus Oberammergau – und somit das Tor ins Ammergebirge – in nur einer Stunde Fahrzeit erreichen zu können. In den letzten Jahrzehnten habe ich so gut wie jeden Gipfel zwischen Loisach und Lech bestiegen – und das zu allen Jahreszeiten. Und mit jeder Tour verliebte ich mich noch mehr in diese wunderschöne Bergregion.

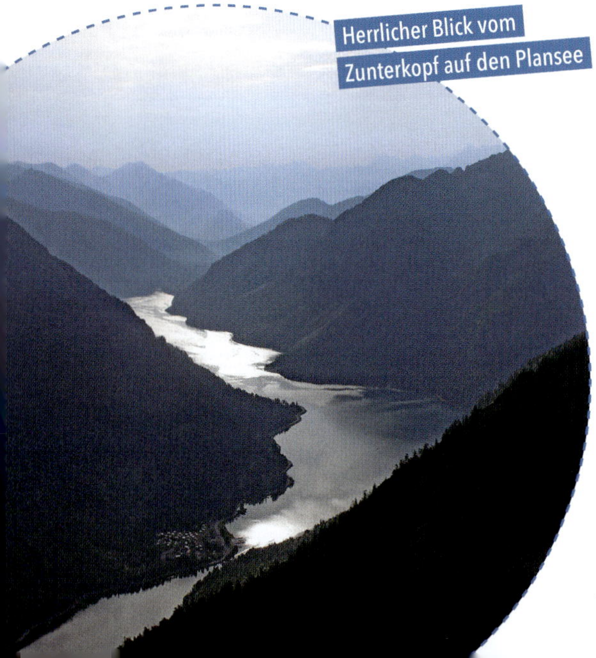

Herrlicher Blick vom Zunterkopf auf den Plansee

Großartiger Naturraum

Das dünn besiedelte Gebirge ist rund dreimal so groß wie der benachbarte Wetterstein, aber touristisch weitaus weniger erschlossen. Gerade einmal acht Berghütten gibt es im Norden und Westen der Ammergauer Alpen, Alpenvereinshütten sind in den zentralen Bereichen absolute Mangelware. Seilbahnen und Skipisten beeinträchtigen höchstens die Randbereiche dieser einmaligen Berglandschaft. Im Hauptteil des Gebirges kann sich die Natur bis heute weitgehend ungestört entfalten. Glücklicherweise wurde ein Großteil des Gebietes schon 1963 unter Schutz gestellt und ist mit einer Fläche von 288 Quadratkilometern das größte nicht-maritime Naturschutzgebiet Deutschlands.

Für jede und jeden was dabei

Sanfte Familienwanderungen bei Oberammergau oder Füssen. Aussichtsreiche Gipfeltouren rund um Schloss Linderhof. Wilde Gratüberschreitungen hoch über dem tief eingeschnittenen Ammertal. Die landschaftliche Vielfalt von »Hörnle, Kreuzspitze & Co.« bietet eine äußerst farbenreiche Palette, was sowohl die Längen als auch die Anforderungen von Wanderungen

Gehzeiten und Höhenunterschiede

Die angegebenen Zeiten verstehen sich als reine Gehzeiten ohne Pausen. Hierbei handelt es sich um Orientierungswerte, die je nach individueller Kondition, Bergerfahrung, den vorherrschenden Witterungsverhältnissen etc. variieren können. Die Werte der Höhenunterschiede umfassen die Summe der An- und Abstiege im Streckenverlauf inklusive Gegensteigungen.

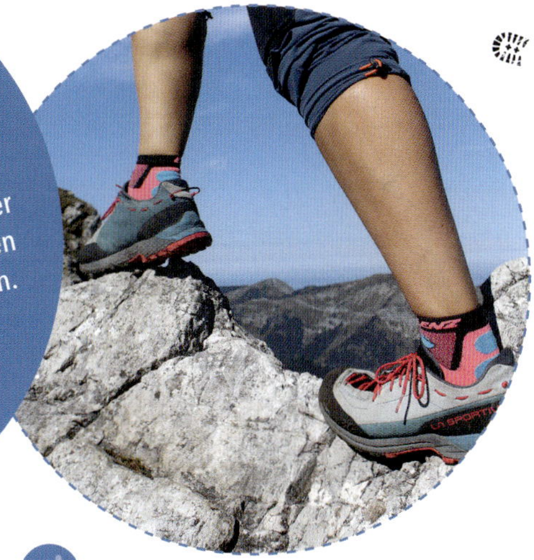

und Bergtouren in den Ammergauer Alpen angeht. Aber Vorsicht: Suchtgefahr! Wer als Einsteiger bei den leichten (»blauen«) Touren dieses Buches »Berg-Blut geleckt hat«, wird bestimmt auch Höhenmeter um Höhenmeter die mittelschweren (»roten«) Ziele in Angriff nehmen und womöglich irgendwann stolz auf dem Gipfel einer anspruchsvollen (»schwarzen«) Tour stehen. Die Angaben zur Schwierigkeitseinstufung sind angesichts individuell unterschiedlicher Kondition und Bergerfahrung naturgemäß subjektiv und deshalb nur als Orientierung zu verstehen. Die drei verschiedenen Anforderungskategorien:

Leicht: Bei diesen Touren handelt es sich um einfache Bergwanderungen von bis zu 800 Höhenmetern (Hm). Man steigt auf teils schmalen, aber immer guten Bergwegen auf. Bei diesen Unternehmungen gibt es noch keine absturzgefährdeten Wegstellen. Aber Achtung: Bei zwei der leichten Vorschlägen (Touren 7 und 20) werden alternative Abstiege bzw. Abstecher genannt, die deutlich mehr Trittsicherheit erfordern.

Mittel: In der mittelschweren Kategorie stößt man bereits auf die eine oder andere mit Stahlseilen gesicherte Passage. Hierfür benötigt man aber kein Klettersteigset, sondern einfach gute Trittsicherheit und Schwindelfreiheit. Die konditionellen Anforderungen betragen bis zu 1300 Hm, meist aber um die 1000 Hm.

Schwer: Bei diesen Vorschlägen braucht man sehr gute Trittsicherheit und gute Schwindelfreiheit. Bei einer Unternehmung (Tour12) wird sogar der untere dritte Schwierigkeitsgrad (UIAA) erreicht, der hier für Geübte aber noch ohne Seil machbar ist. Ansonsten braucht man bei zwei dieser Touren (13 und 20) eine sehr gute Kondition für bis zu 9 Std. Gehzeit und 1800 Hm.

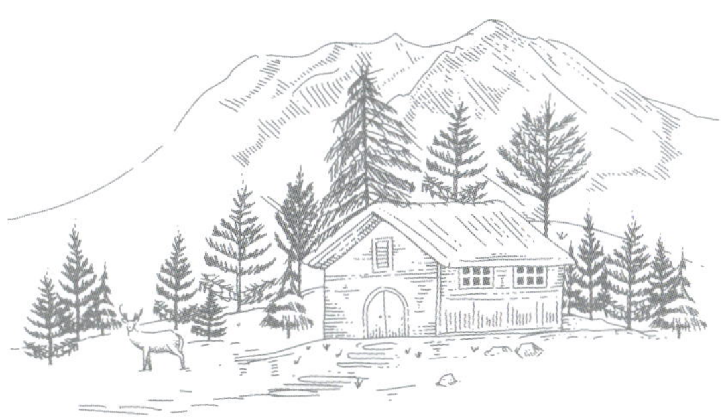

Bergspaß rund ums Jahr

Der Klimawandel macht den jährlichen Bergwetter-Verlauf turbulenter und führt nicht selten dazu, dass man weit in den Winter hinein gute Wanderbedingungen vorfindet. In den letzten Jahren konnte man teilweise bis Anfang Januar Gipfeltouren unternehmen, ohne dabei mit Schnee in Kontakt zu kommen. Für mich sind November und Dezember mit die schönsten Wandermonate, weil das Licht zum Fotografieren so schön weich ist und kaum jemand anderes im Gebirge unterwegs ist.

Umgekehrt sorgt Frau Holle oft noch im späten Frühjahr für einen satten Nachschlag in Sachen Schnee. Dann können bei Bergtouren selbst im Mai noch Schneeschuhe von großem Vorteil sein.

Da die 30 vielfältigen Tourenvorschläge in diesem Wanderführer schon den typischen Jahreszeiten zugeordnet sind, können Sie sich die genau richtige Tour für die gerade aktuellen Verhältnisse herauspicken.

Potzblitz! – Oder wie man das Bergwetter im Griff hat

Vor allem bei Gipfeltouren sollten möglichst stabile Wetterverhältnisse herrschen. Um das Bergwetter einschätzen zu können, sollte man bereits in den Vortagen einer Tour einschlägige Prognosen einholen. Hier ist auf jeden Fall der Alpenvereinswetterbericht sehr zu empfehlen. Bei ihm wird die Wetterentwicklung ab vier Tagen im Voraus angegeben. Sehr zuverlässig ist immer die Prognose am Vortag der Tour:
alpenverein.de/DAV-Services/Bergwetter

Der Herbst und das Frühjahr sind auch aufgrund der dann oft kühlen, klaren Luft besonders schöne Berg-Jahreszeiten. Allerdings kann dann auf Gipfeln und Graten noch oder schon wieder Schnee liegen. Um die aktuelle Situation richtig einschätzen zu können, sind Webcams eine hervorragende Hilfe. Livebilder aus dem Ammergebirge findet man beispielswiese unter:
ammergauer-alpen.de/webcams

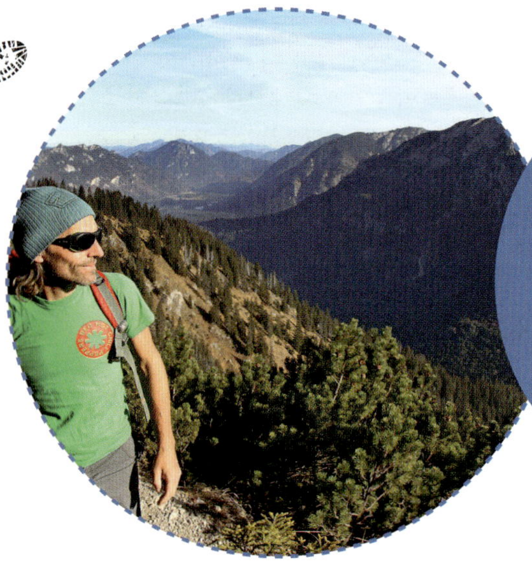

Bergbericht

Immer donnerstags erstelle ich für den Deutschen Alpenverein den Bergbericht, bei dem ich Wetter-, Touren und ggf. Lawinenverhältnisse zusammenfasse und einen Ausblick darauf gebe, was für Unternehmungen am folgenden Wochenende sinnvoll sind:
alpenverein.de/thema/bergbericht

Mit den Öffis ins Ammergebirge

Fast alle der 30 vorgestellten Touren beginnen und enden an einer Bushaltestelle oder einem Bahnhof bzw. Bahnhaltepunkt. Die aktuellen ÖPNV-Verbindungen kann man am schnellsten online in Erfahrung bringen unter:
kursbuch.bahn.de

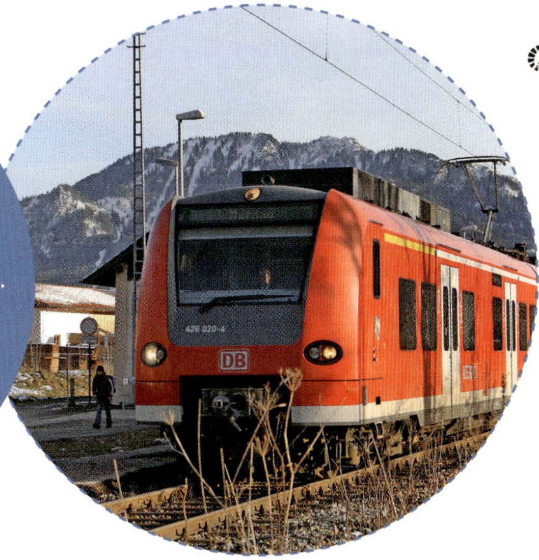

Am besten mit dem ÖPNV! – Klimafreundich ins Gebirge

Wir Bergsteigerinnen und Bergsteiger können unseren persönlichen CO_2-Abdruck minimieren, indem wir auf dem Weg ins Gebirge Bahn und Bus statt dem Auto benutzen. Gerade an schönen Wochenenden und zur Ferienzeit hat man im Zug den Vorteil, dass man vor oder nach der Tour nicht im Stau steht, sondern entspannt im Abteil die Wanderkarte studieren oder Zeitung bzw. andere Literatur lesen kann.
Die Touren im Westen der Ammergauer Alpen erreicht man mit dem Regionalzug (ab den Fernbahnhöfen München und Augsburg) nach Füssen, von wo man mit Bus 73 nach Hohenschwangau, Halblech und Buching gelangt.

Ziele im Bereich Unterammergau, Ettal und Linderhof erreicht man teils direkt mit dem Zug (Bhf. Unterammergau und Bhf. Oberammergau) bzw. fährt vom Bhf. Oberammergau mit Bus 9622 oder von Bhf. Oberau mit Bus 9606 und Bus 9622 Richtung Linderhof ein.

Ausgangspunkte im Süden des Ammergebirges sind wiederum über die Bahnlinie Garmisch-Partenkirchen–Ehrwald gut zu erreichen.

Und seit 2023 besteht Dank einer Initiative des Deutschen Alpenvereins eine neue Busverbindung, die von Bahnhof Oberau über den Plansee zum Bahnhof Reutte führt und somit die öffentliche Anreise zu Tourenzielen im Herzen der Ammergauer Alpen ermöglicht. Dieser RVO-Bus 9624 fährt aber nur an Wochenenden zwischen Mai und Oktober. Laut RVO soll der Bus auch 2024 und 2025 wieder in Betrieb gehen. Aktuelle Infos findet man unter: dbregiobus-bayern.de/angebot

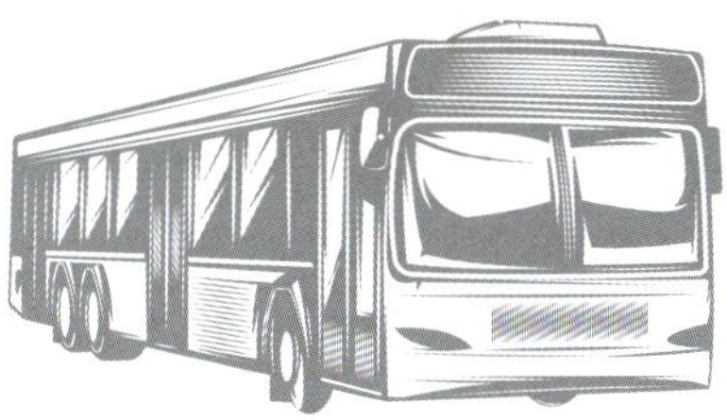

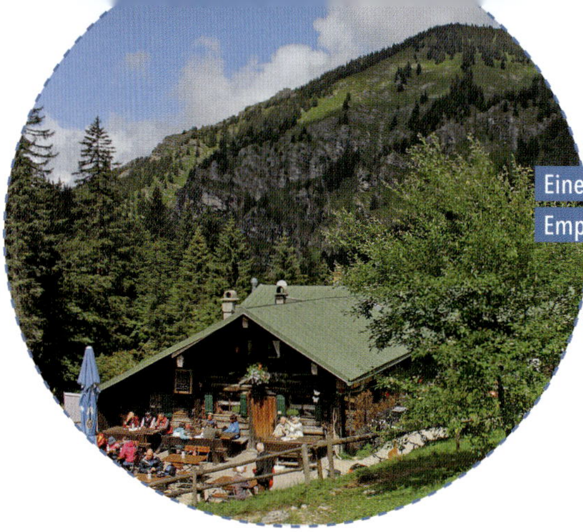

Eine persönliche Einkehr-
Empfehlung: die Kenzenhütte

Trotz Wanderbusanbindung hat die traditionsreiche Kenzenhütte (1300 m) den Charme einer urigen Bergunterkunft bewahrt. Die private Hütte ist ein ideales Einkehrziel und Ausgangspunkt für zahlreiche Bergtouren. **Tour 2 (Seite 26), Tour 8 (Seite 54) und Tour 9 (Seite 62)**

Wandern mit Kindern

Das Ammergebirge stellt auch ein großartiges Betätigungsfeld für bergwandernde Familien dar. Mit kleineren Kindern (Vorschulkinder bis Schulkinder zweite Klasse) sind leichte Unternehmungen wie das Weidmoos (Tour 14), der Buchenberg (Tour 1) oder das Hörnle (Tour 16) gut für den Bergeinstieg geeignet. Ab dem achten Lebensjahr kann man mit sportlichen Kindern durchaus auch schon mittelschwere Touren angehen. Dabei muss man allerdings gut darauf achten, dass man sie bei absturzgefährdeten Passagen (wie am Kofel) nahe bei sich hat. Im Zweifelsfall kann bei stahlseilgesicherten Passagen ein Kinder-Klettersteigset sehr hilfreich sein.

Und egal in welchem Alter: Wer mit Kindern im Gebirge unterwegs ist, sollte langweilige Forststraßen vermeiden (was natürlich, soweit das geht ohnehin vermieden wird) und genügend Zeit für schöne (Spiel-)Pausen im Bergwald, auf Wiesen oder an Bächen einplanen.

Zuletzt ein weiterer Tipp aus eigener Erfahrung: Nehmt die beste Freundin bzw. den besten Freund des eigenen Kindes mit oder wandert gleich in einer unternehmungslustigen Familiengruppe los.

Einkehr und Brotzeit

Auf knapp der Hälfte der vorgeschlagenen Unternehmungen kommt man an bewirteten Einkehrmöglichkeiten vorbei. Diese sind in den Touren-Infokästen mit Internetadresse (wenn vorhanden) angegeben. Zur Sicherheit ist es aber im Frühjahr und Herbst durchaus sinnvoll, sich vorab telefonisch zu erkundigen, ob auch wirklich geöffnet ist.

Bei den anderen Touren nimmt man Essen und Trinken selber mit. Ein Liter Flüssigkeit pro Person sind dabei die absolute Untergrenze, an heißen Sommertagen dürfen es auch zwei Liter sein.

Beim Essen nimmt man natürlich das mit, was einem selbst am besten schmeckt, wobei Äpfel, Orangen oder Gurken weitere wertvolle Wasserlieferanten sind. Für kurze Zwischenstopps sind Müsli- oder Energieriegel eine gute Idee, bevor man gar in den Unterzucker kommt.

Nichts vergessen? – Was alles im Rucksack nicht fehlen darf

Für Bergwanderungen braucht man zunächst einmal gute Wander- oder Trekkingschuhe mit robuster, griffiger Sohle sowie einen bequemen, strapazierfähigen

Rucksack. Darin sollte sich wetterfeste, ausreichend warme Kleidung sowie ein Wechselshirt, eine unzerbrechliche Trink- oder Thermosflasche, eine gute Brotzeit, ein Erste-Hilfe-Set, eine Karte sowie Sonnenschutz (Sonnenbrille, Kappe, Sonnencreme) befinden. Ein aufgeladenes Mobiltelefon gehört auch noch in die Deckeltasche, in der Blasenpflaster bestimmt auch noch Platz haben. Und spätestens für steilere Abstiege sind Teleskopstöcke auch keine schlechte Idee.

Im Frühjahr, Herbst und natürlich im Winter braucht man zudem Mütze und Handschuhe, sowie zur Sicherheit eine Stirnlampe, wenn man ungeplant in die Dunkelheit kommt. Auch bei geringer Schneelage können Grödel bei eisigen Verhältnissen sehr hilfreich sein.

Bei den Wintertouren ist zudem zu berücksichtigen, ob man mit festen Bergwinterstiefeln auskommt oder ob es sich um eine Ski- bzw. um eine Schneeschuhtour handelt. Bei allen Winterwanderungen muss man Teleskopstöcke mit breiten Tellern mit dabeihaben.

Bei Schneeschuhtouren verhindern zudem Gamaschen, dass man feuchte, kalte Füße bekommt. Bei den vorgestellten Skitouren muss eine Lawinen-Notfallausrüstung mit dabei sein, auch wenn man diese als Schneeschuhtour unternimmt. Diese besteht aus einem Verschütteten-Suchgerät, einer Lawinenschaufel (nicht aus Plastik) und einer Lawinensonde. Der Umgang damit sollte regelmäßig geübt werden.

Nun aber los …

zu genauso bewegungs- wie abwechslungsreichen Bergträumen vor der Haustür.

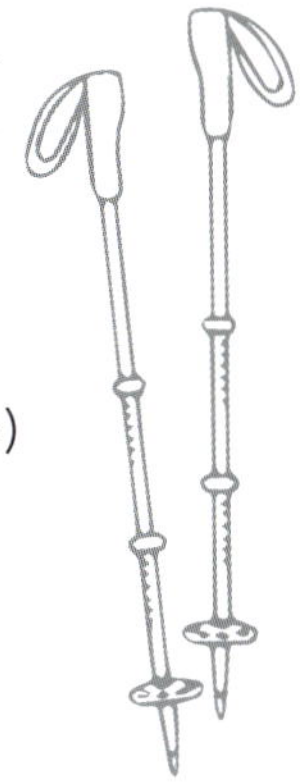

Ein guter Regenschutz sollte immer im Rucksack dabei sein.

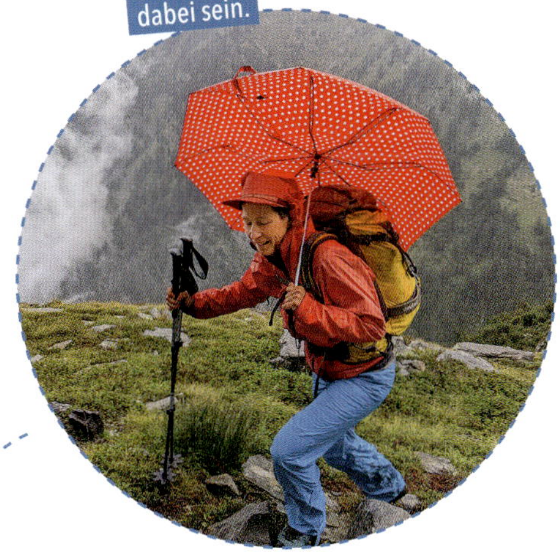

Checkliste zum Wandern … Was brauche ich …

- Brotzeit ✓
- Genug zu trinken ✓
- Erste-Hilfe-Set ✓
- Karte/Smartphone mit Offline-Karte ✓
- Teleskopstöcke, im Winter mit Schneetellern ✓
- Taschenmesser ✓
- Müllbeutel ✓
- Gute Outdoorkleidung mit entspr. Regen-/Kälteschutz ✓
- Wechselshirt/-socken ✓
- Mütze/Kappe ✓
- Stirnlampe ✓
- Winter: Gamaschen ✓
- Winter: Grödel ✓

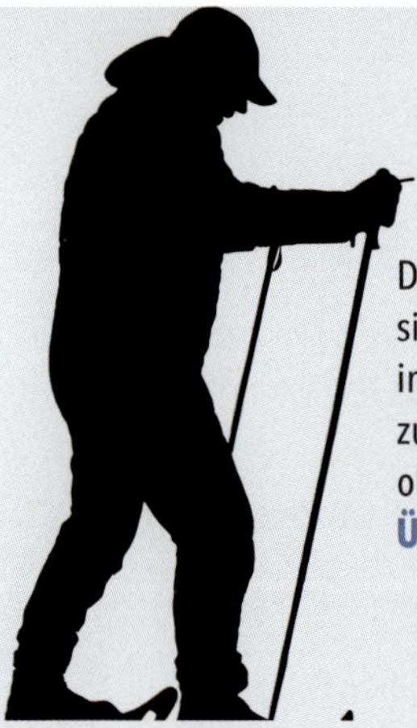

22

Schneeschuhrunde

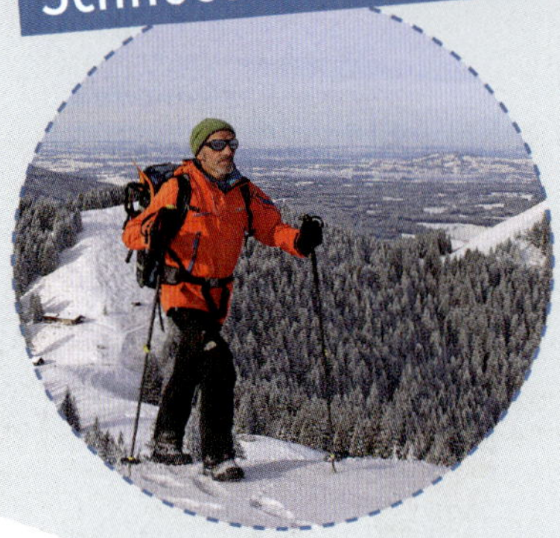

Die sanften Berge östlich von Unterammergau sind das ideale Testgelände, um zum ersten Mal in seinem Leben eine Schneeschuhwanderung zu unternehmen. Wobei diese ruhige Runde auch ohne Schnee im Winter sehr zu empfehlen ist.

Über Hörnle und Stierkopf Seite 124

MEINE BESTEN TOUREN …

Highlights

Bei dieser ganz persönlichen Auswahl meiner fünf Lieblings-Toptouren kommt der extreme Abwechslungsreichtum, die landschaftliche Vielfalt des Ammergebirges vielleicht am besten zum Ausdruck.

14

Hochmoortour

Der schöne Talboden unweit von Ettal ist vor allem im Herbst ein idealer Platz, um an den Quelltöpfen der Ammer und ihren mäandernden Bachschleifen die Seele baumeln zu lassen.

Herbsttour im Weidmoos Seite 86

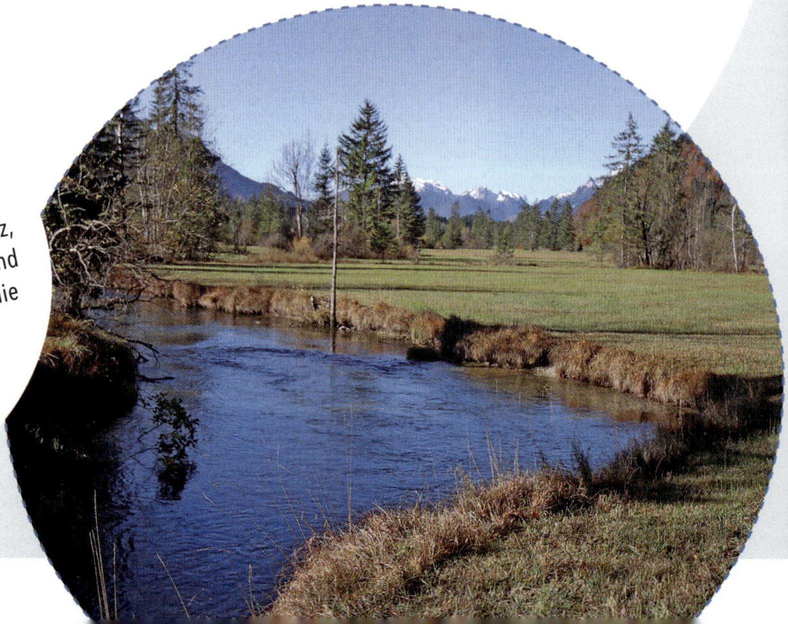

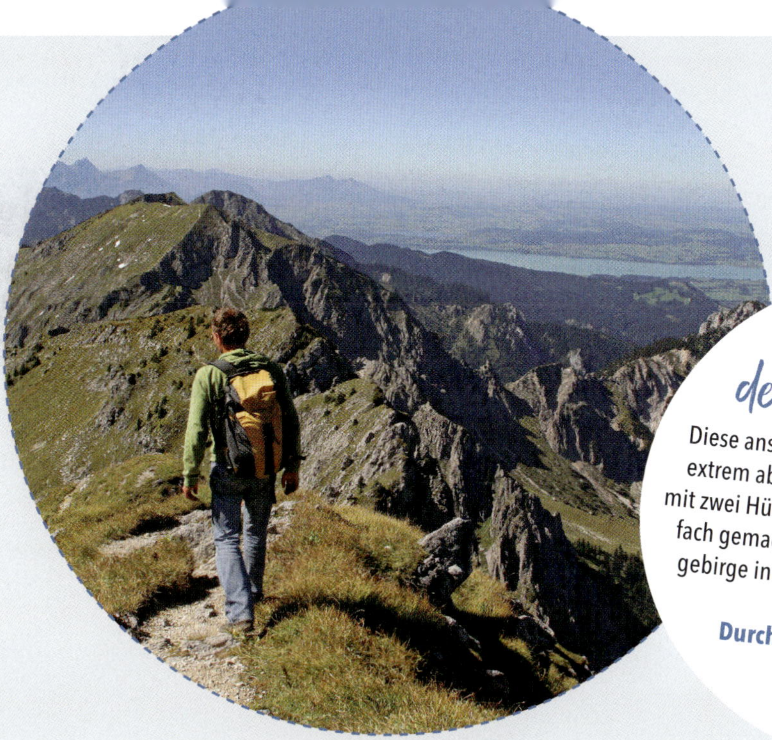

8

Durchquerung des Ammergebirges

Diese anspruchsvolle, aber wunderbare und extrem abwechslungsreiche Mehrtagestour mit zwei Hüttenübernachtungen muss man einfach gemacht haben, wenn man das Ammergebirge in all seinen wunderbaren Facetten kennenlernen will.

Durch die Ammergauer Alpen Seite 54

Ein erstaunlich unbekannter Gipfel

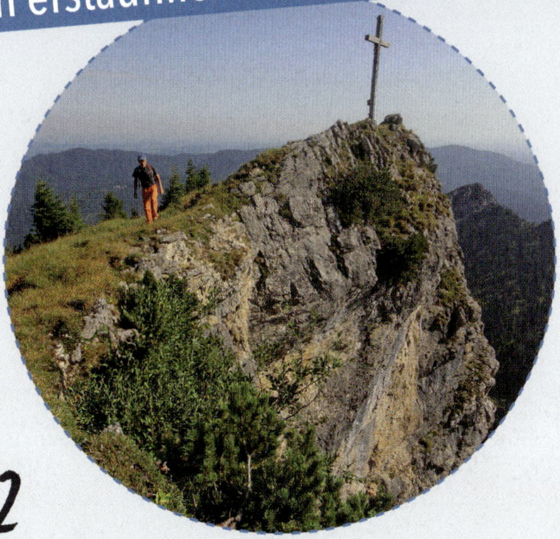

2

Der Grubenkopf ist nach wie vor ein echter Geheimtipp. Und das, obwohl er von der Kenzenhütte aus recht leicht zu erreichen ist. Da er dem Gebirge etwas vorgelagert ist, bietet er zudem tolle Ausblicke. Und nach der Tour kann man auf einer besonders empfehlenswerten Hütte einkehren.

Zum Grubenkopf Seite 26

6

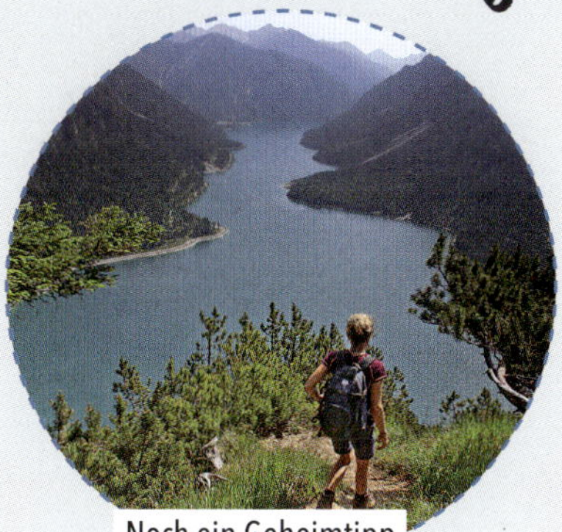

Noch ein Geheimtipp

Auch der Zunterkopf ist vergleichsweise unbekannt, obwohl er eine fantastische Aussicht auf den Plansee freigibt, in dem man sich nach dem Gipfelerfolg erfrischen kann. Zudem können versierte Bergwandernde die Tour mit dem spannenden Tauern-Gipfel verbinden.

Auf den Zunterkopf Seite 44

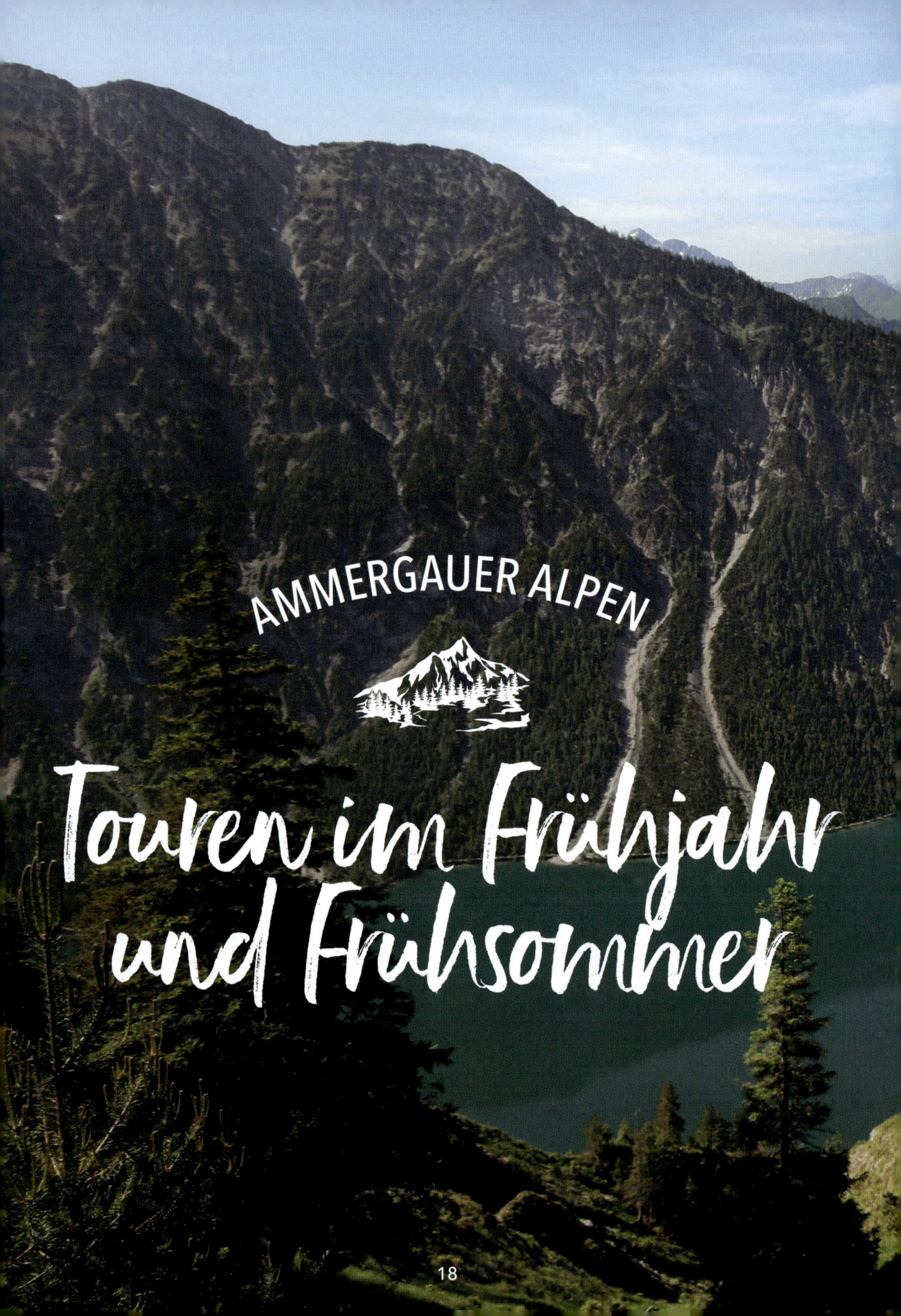

AMMERGAUER ALPEN

Touren im Frühjahr und Frühsommer

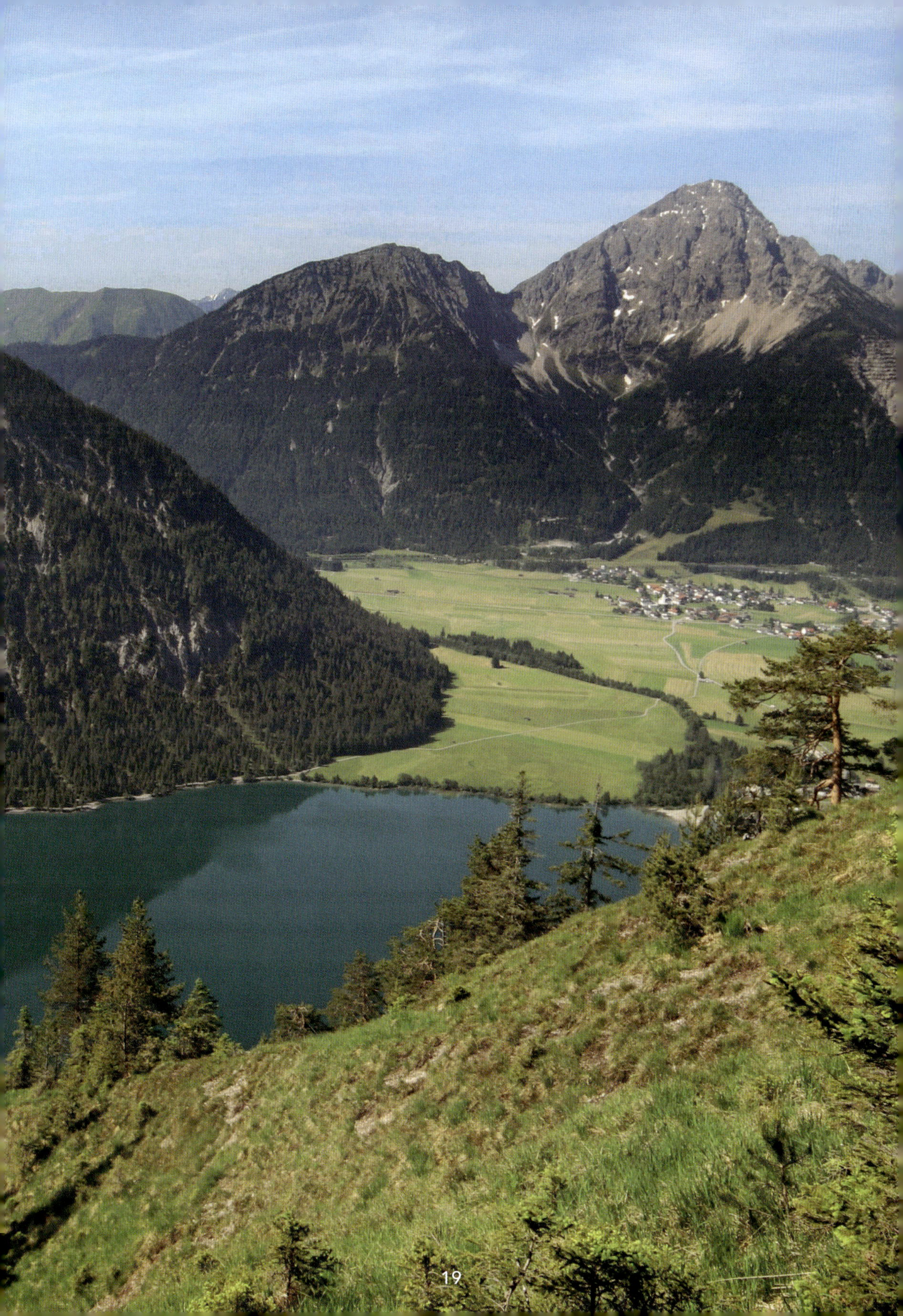

NETTE RUNDE MIT GRANDIOSER AUSSICHT

Auf den Buchenberg

Als unscheinbare grüne Kuppe wölbt sich der Buchenberg in den weiß-blauen Frühlingshimmel. Umso erstaunlicher ist die tolle Aussicht auf die glitzernden Seen des Ostallgäus und die spitzen Felszacken der Tannheimer Berge.

Die geringe Vertikaldistanz von gerade einmal 340 Höhenmetern macht den Buchenberg (1142 m) nach dem Winter zu einem idealen Ziel für den Start in die neue Wandersaison. Und auch Familien werden den grünen Berg lieb gewinnen, da auch kleinere Kinder die Rundwanderung gut meistern können. Den Wandernachwuchs werden beim Anstieg freilich weniger die Panoramablicke als die Aussicht auf ein Gipfel-Eis in der Buchenbergalm motivieren.

Start an der Buchenbergbahn

Direkt neben der Sessellift-Talstation weist ein gelbes Schild auf den Anstieg »Buchenberg über Kulturenweg bzw. Steigle« hin. Im freien Wiesengelände geht es zunächst bergan, dann quert der Weg nach Süden, überquert einen Bach und führt anschließend wieder etwas steiler bergan. Am nächsten Wegweiser (»Buchenberg Kulturenweg bzw. Steigle«) hält man sich halbrechts und quert über die Wiesen bald rechts flach zum Waldrand hinüber. Dort wird der Anstieg wieder etwas steiler und führt über einen schönen Wurzelweg zu einer Forststraße.

Aufstieg übers Steigle

Hier nimmt man nicht den direkt gegenüberliegenden Anstieg über den »Kulturenweg«, sondern folgt der Forststraße nach rechts ein gutes Stück, bis nach links wieder ein gelbes Schild auf den Abzweig zum »Steigle« aufmerksam macht. Ab nun geht es auf einem schmalen, aber deutlich erkennbaren Bergpfad stets bergan.

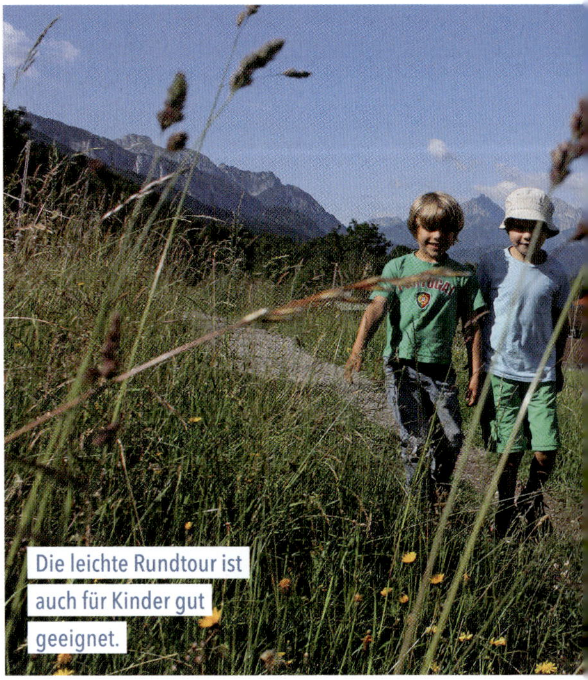

Die leichte Rundtour ist auch für Kinder gut geeignet.

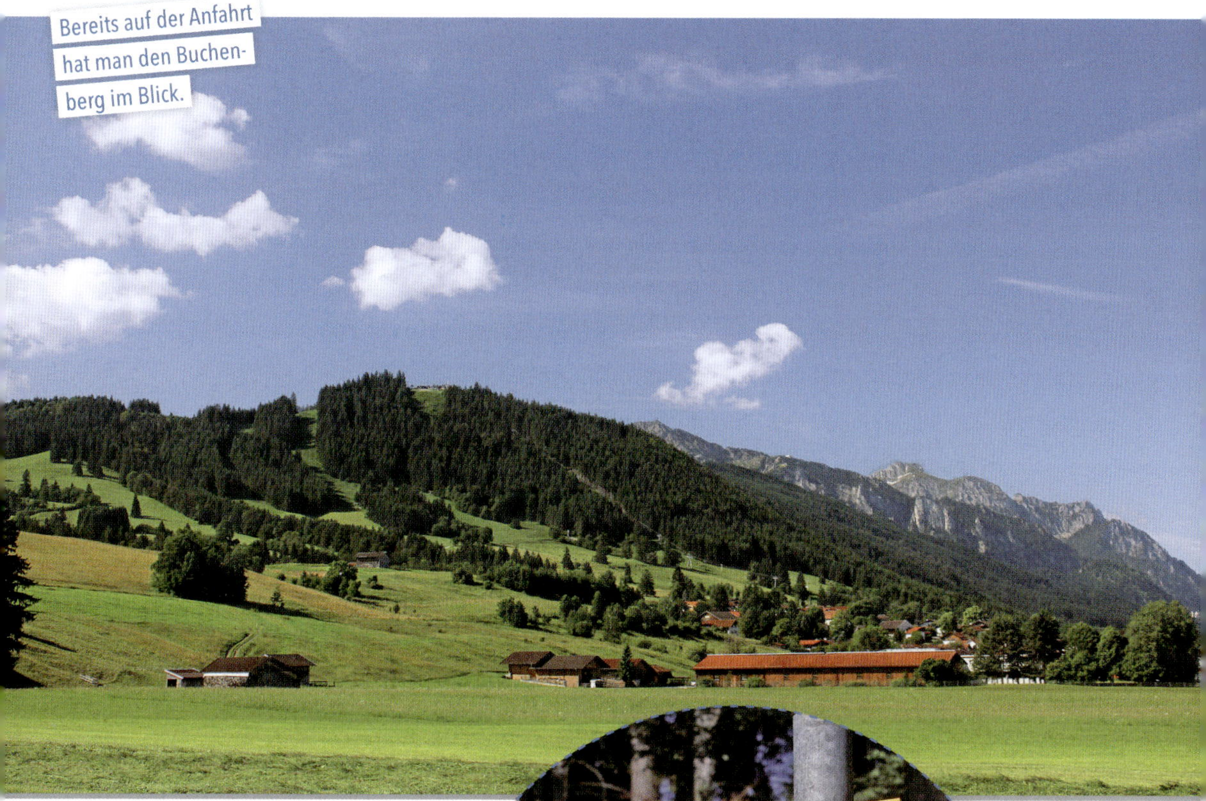

Bereits auf der Anfahrt hat man den Buchenberg im Blick.

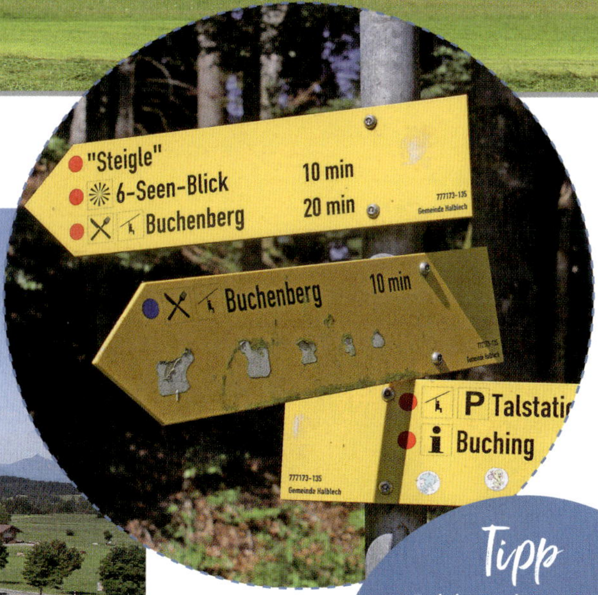

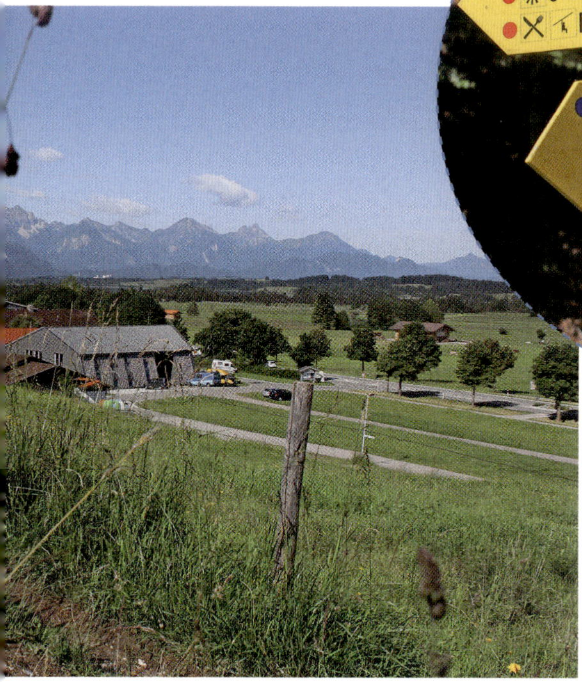

Tipp

Es lohnt sich, erst einmal auszuschlafen und diese kurze Rundtour am späteren Nachmittag zu unternehmen. Dann ist am Buchenberg deutlich weniger los und man kann das weiche Licht der Vorabendsonne genießen.

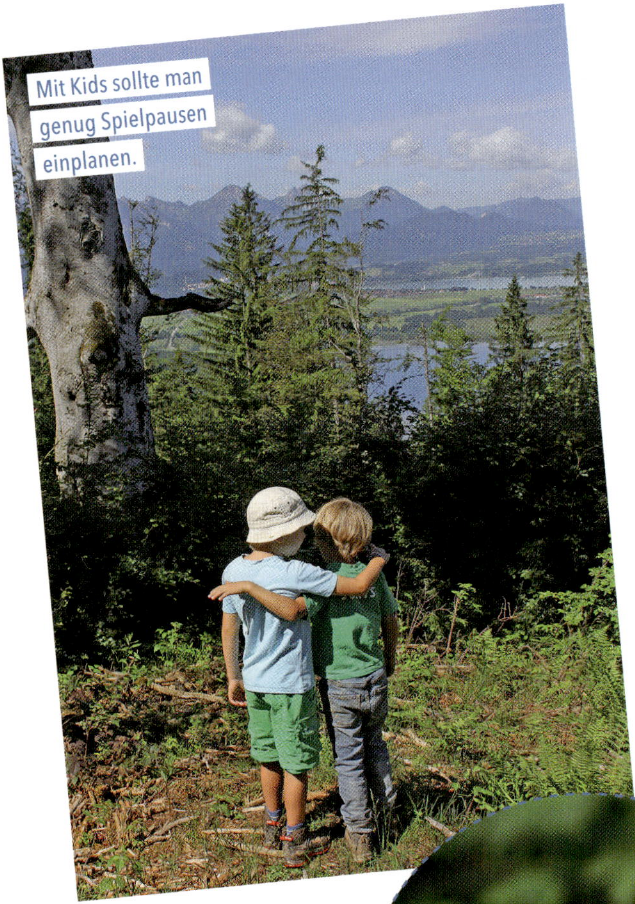

Mit Kids sollte man genug Spielpausen einplanen.

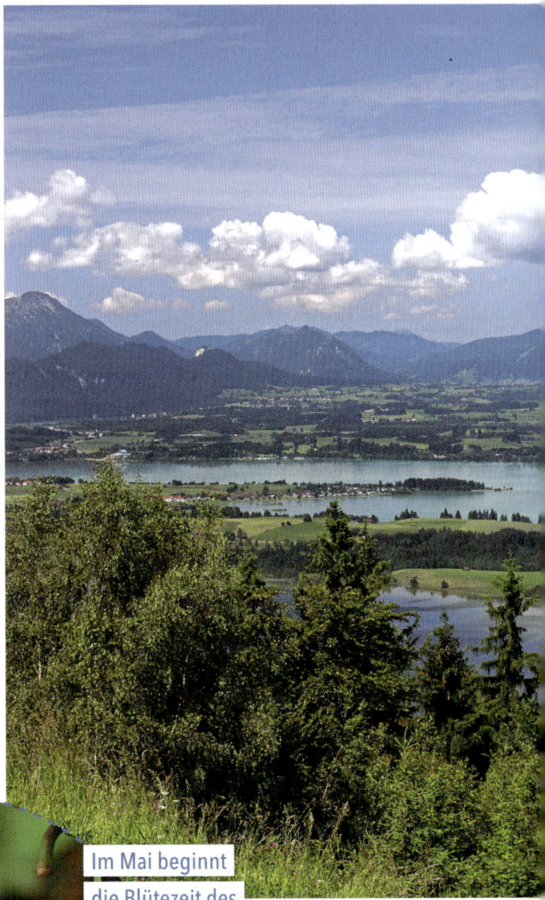

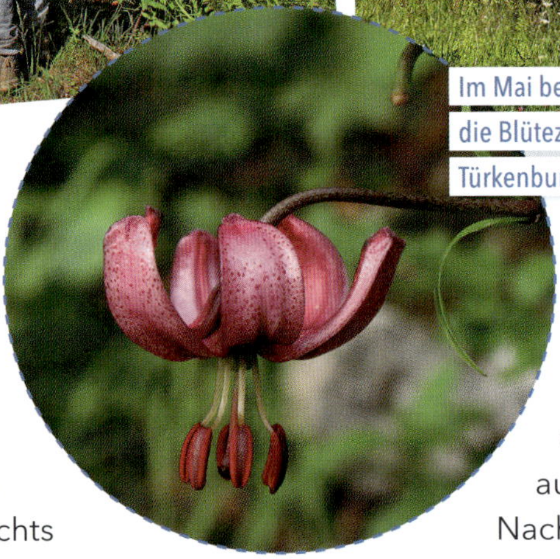

Im Mai beginnt die Blütezeit des Türkenbunds.

Wieder stößt man auf eine Forststraße, die direkt nach links zum Gipfel des Buchenbergs führen würde. Viel schöner ist es aber, weiter dem schmalen Bergweg halbrechts zu folgen.

Über den Sechs-Seen-Blick zu Gipfel und Alm

Man stößt auf einen alten Forstweg, dem man kurz folgt. Gleich geht es auch schon wieder nach links bergan zum sogenannten Sechs-Seen-Blick. Hier kann man auf einer Holzbank die Aussicht auf ein halbes Dutzend malerische Seen genießen.

Über einen schönen Wiesenpfad geht es weiter leicht bergan und auf eine Anhöhe, die den Nachbargipfel des Buchenbergs darstellt. Schließlich ganz flach führt der Pfad zu einer Forststraße, der man nun das letzte Stück zum Buchenberg-Gipfel (1142 m) folgt, wo man in der gleichnamigen Alm einkehren kann.

Neben einer Gipfel-Limo gibt es dort für den fleißigen Wandernachwuchs einen kleinen Spielplatz, wo überschüssige Kräfte noch ausgetobt werden können. Für Kids

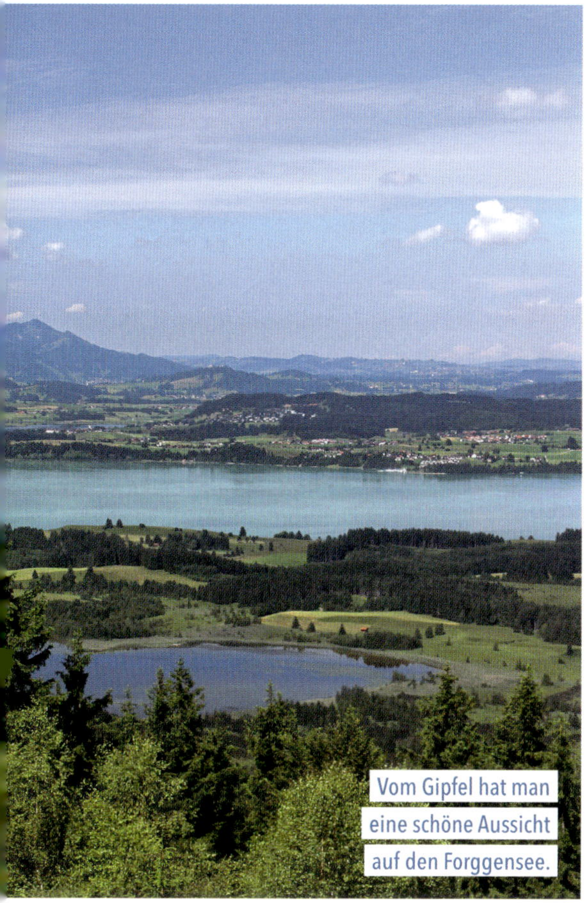

Vom Gipfel hat man eine schöne Aussicht auf den Forggensee.

besonders spannend ist es aber auch, den vielen Gleitschirmfliegern beim Starten zuzuschauen, die bei der direkt neben der Wirtschaft gelegenen Bergstation in Richtung Allgäuer Königswinkel starten.

Abstieg über den Kulturenweg

Diese schnelle Abstiegsmöglichkeit hat man als Wanderer freilich nicht, sondern man geht am Spielplatz links vorbei und folgt dann gleich dem Wegweiser »Kulturenweg« nach links in den Wald. Dieser führt über viele Stufen wieder hinab zur ersten Gabelung an der Forststraße. Von dort geht es auf dem bekannten Weg zum Ausgangspunkt zurück.

leicht | 7,0 km

340 Hm | 3.00 h

Auf einen Blick

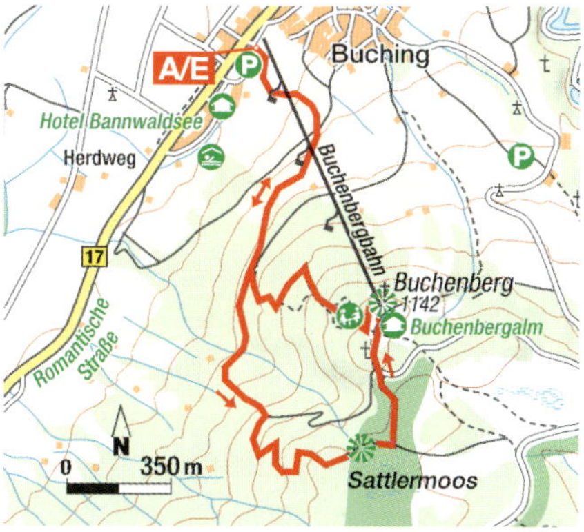

Tourencharakter
Waldreiche Rundwanderung, die über teils schmale Waldpfade auf einen schönen und daher beliebten Aussichtsberg führt.

Ausgangs-/Endpunkt
Halblech-Buching, Parkplatz an der Talstation der Buchenbergbahn (800 m)

Anfahrt
ÖPNV: Regionalzug nach Füssen und mit Bus 73 nach Buching.
Auto: Auf der B17 über Schongau und Steingaden nach Buching.

Einkehr
Buchenbergalm, buchenbergalm.de

Ausrüstung
Normale Bergwanderausrüstung

Karte
AV-Karte BY 6 »Ammergebirge West« 1:25.000

Weitere Informationen
■ Seilbahn: Buchenbergbahn (Doppelsesselbahn), im Sommer von April bis Anfang November in Betrieb, buchenbergbahn.de

ALLES WISSENSWERTE ÜBER

Die Geologie der Ammergauer Alpen

Im Gegensatz zur teils komplexen Geologie des Alpenhauptkamms bergen die Gesteinsschichten des Ammergebirges keine wissenschaftlichen Rätsel. Langweilig sind seine Flyschgipfel und Kalkwände deswegen aber noch lange nicht.

Als Teil der Nördlichen Kalkalpen entstand auch das Ammergebirge durch intensives Zusammendrücken des Urmeers Tethys, das sich zwischen den Kontinentalplatten Ur-Afrikas und Ur-Europas erstreckte. Am Boden dieses Meeres hatten sich Sand- und

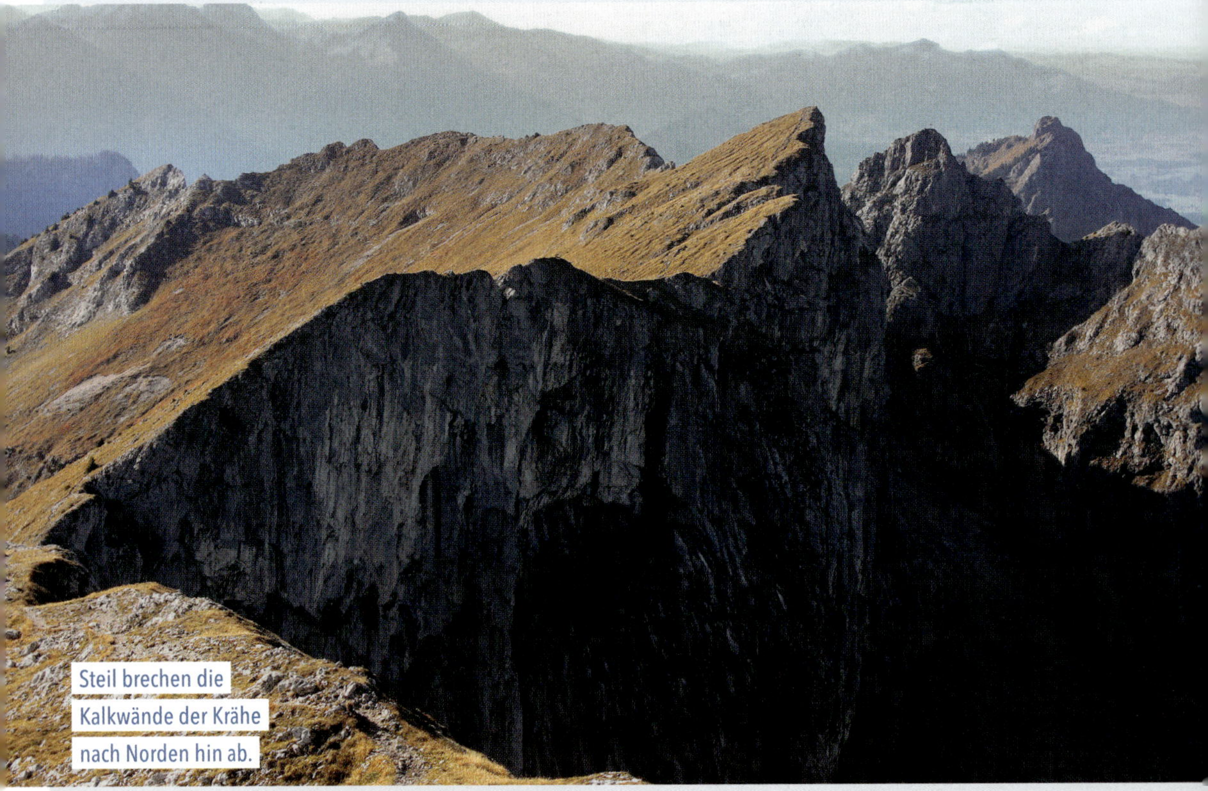

Steil brechen die Kalkwände der Krähe nach Norden hin ab.

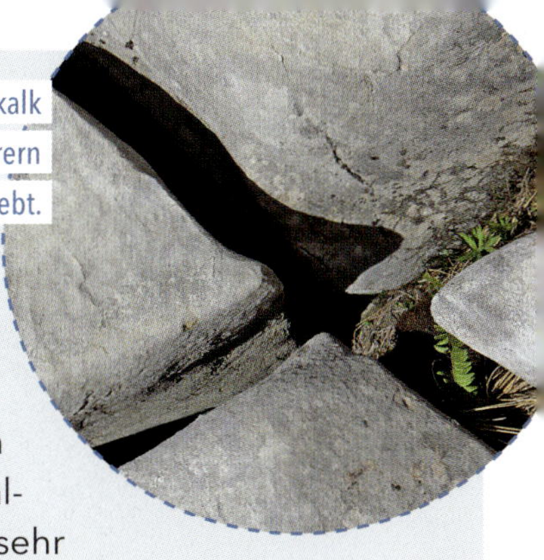

Fester Wettersteinkalk ist bei Kletterern besonders beliebt.

Kalkschichten abgelagert, die sich zu Kalk- und Sandstein verfestigten. Vor rund 80 Millionen Jahren wurde das Meer durch die Plattentektonik zusammengeschoben. So wurde der ehemalige Meeresboden aus dem Wasser herausgehoben und zu den Alpen aufgefaltet.

Geologische Gliederung

Das Ammergebirge besitzt im Gegensatz zu den einheitlicher gegliederten Kalkhochalpen kompliziert gefaltete Gesteinsserien nahezu des gesamten Mesozoikums (Erdmittelalter) wie Hauptdolomit, Plattenkalk, Wettersteinkalk und Oberrhätkalk. Zum Felsklettern am besten geeignet ist dabei der feste Wettersteinkalk, der die steilen Nordwände der Hochplatte oder des Geiselsteins bildet. Demgegenüber besteht der höchste Gipfel der Ammergauer Alpen, die Kreuzspitze oder auch das mächtige Massiv der Geierköpfe vor allem aus deutlich brüchigerem Hauptdolomit, der ebenfalls ein Kalksedimentgestein ist.

In bestimmten Schichten, sogar auf manchen Gipfeln, sind Meeresfossilien zu finden. So war das markante Ettaler Mandl vor Jahrmillionen einst ein Korallenriff. Diese sehr festen Riffkalke konnten den nagenden Kräften der Erosion gut trotzen.

Ganz im Gegensatz zu den Ammergauer Flyschbergen, die sich in etwa nördlich einer Linie Oberammergau – Schwangau erstrecken. Die runden Gipfel dieser Flyschzone, mit ihren meist mergeligen, erosionsanfälligen Ausgangsgesteinen bilden die Vorberge der Ammergauer Alpen und schauen eher wie ein Mittelgebirge aus. Ihre hoch rutschgefährdeten Böden eignen sich kaum für eine landwirtschaftliche Nutzung und sind deshalb weitläufig bewaldet.

Die alpine Tethys

Der Name des Urmeers Tethys geht zurück auf den Wiener Geologen Eduard Suess (1831–1914), der diesen Ozean nach der griechischen Göttin Tethys benannte. Suess bezeichnete so ein Meer, dessen Gesteine und marine Sedimente heute gefaltet und herausgehoben als Reste u. a. in den Ammergauer Alpen anstehen.

Glaziale Formung

Während der Hochphase der Eiszeiten war das Ammergebirge ringsum von den Gletscherströmen von Loisach-, Lech- und Ammergletscher umflossen. Nur die höchsten Erhebungen der Klammspitz- und Kreuzspitzgruppe ragten über die Eisfläche hinaus.

EIN ERSTAUNLICH UNBEKANNTER GIPFEL

2

Zum Grubenkopf

Der Grubenkopf scheint etwas im Schatten der populären Gipfel in seiner Umgebung zu stehen Jedenfalls wird er von der Kenzenhütte aus weitaus weniger oft bestiegen als etwa die berühmte Nachbarin Ammergauer Hochplatte.

Aufgrund des zumeist südexponierten Anstiegs kann man den Grubenkopf oft schon im späten Frühjahr besteigen. Im ersten waldreichen und westseitigen Abschnitt bis zum Bäckenalmsattel kann sich der Schnee manchmal aber auch etwas länger halten.

Über den Bäckenalmsattel zur Hirschwanghütte

Wenige Meter vor der Kenzenhütte weist am Fahrweg ein Schild in Richtung »Bäckenalmsattel/Klammspitze«. Sogleich führt der Anstieg durch den Bergwald mit angenehmer Steigung nach Norden bergan. Ohne jegliches Orientierungsproblem erreicht man ein schönes Tälchen, durch das es genau in Richtung Osten zum Bäckenalmsattel hinaufgeht.

An der dortigen Gabelung geht man links und darf seine Trittsicherheit etwas antesten. Denn der nun folgende Erdpfad ist teilweise recht stark in dem steileren Wiesenhang erodiert, was die ganze Angelegenheit bei feuchtem Untergrund recht rutschig macht. Deswegen ist es zumindest bei nicht ganz stabilem Bergwetter oder nach Regenfällen eine gute Idee, sicherheitshalber Teleskopstöcke für dieses Wegstück mitzunehmen.

Gut 100 Höhenmeter weiter wird man für den kurzzeitig anstrengenden Anstieg auch schon wieder mehr als belohnt: Über traumhafte Bergwiesen führt der nun flache Pfad zur kleinen, von Wind und Wetter

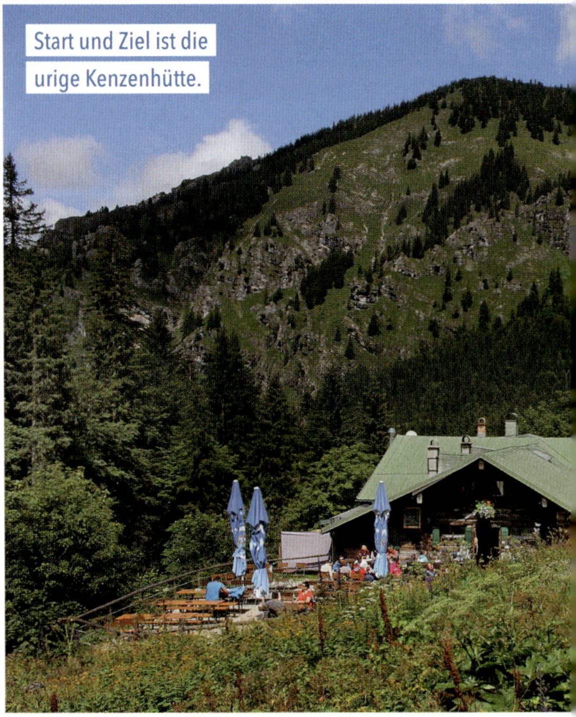

Start und Ziel ist die urige Kenzenhütte.

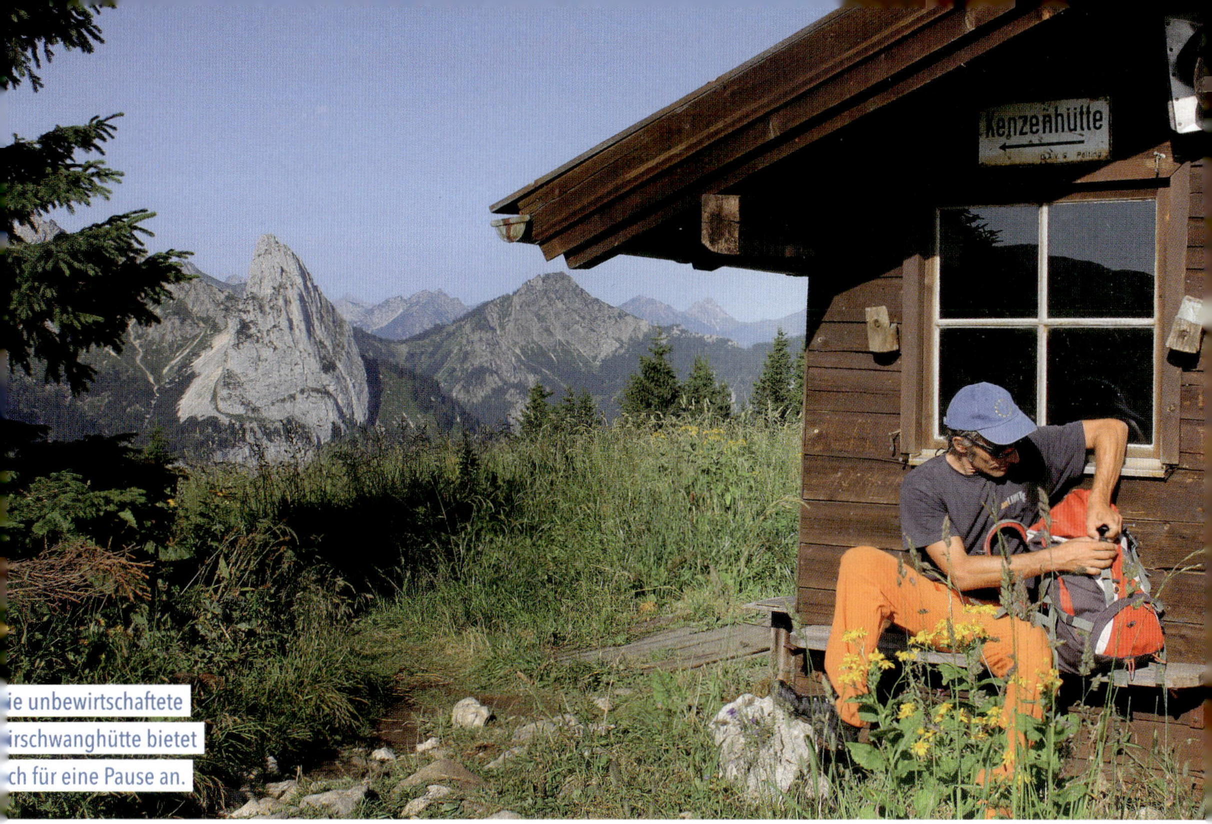

ie unbewirtschaftete
irschwanghütte bietet
ch für eine Pause an.

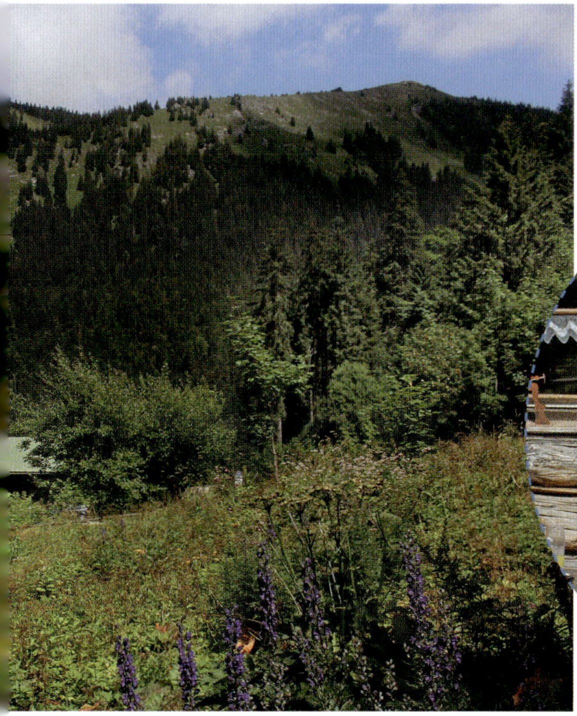

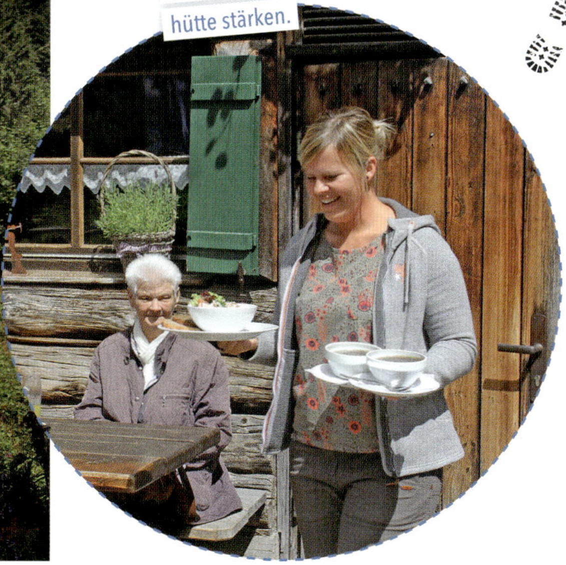

Nach der Tour kann man sich auf der Kenzenhütte stärken.

gegerbten Hirschwanghütte weiter. Auf Germknödel oder Kaiserschmarrn darf man an dieser unbewirtschafteten Holzhütte freilich nicht hoffen – die gibt's erst wieder unten auf der Kenzenhütte. Das davorstehende »Bänkle« bietet aber einen perfekten Platz für eine (selbst mitgebrachte) Brotzeit.

Tipp

Man kann auch gut mit dem Rad zur Kenzenhütte fahren. Dabei sind vom Parkplatz in Halblech aus 430 Höhenmeter und 11 Kilometer zu bewältigen. Zudem lohnt es sich, auf der Kenzenhütte zu übernachten und am nächsten Tag eine Runde um den Geiselstein (Tour 9, »mittel«) zu unternehmen.

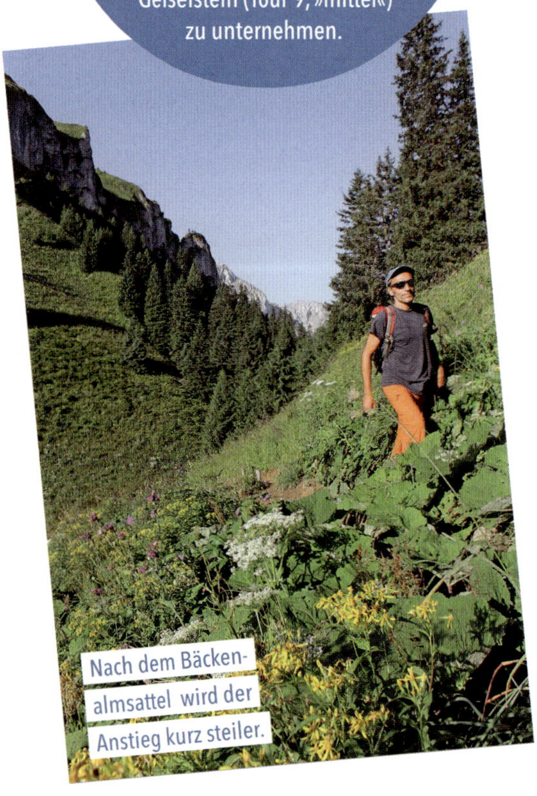
Nach dem Bäckenalmsattel wird der Anstieg kurz steiler.

Gipfel in Sicht

Hinter der Hütte ist bereits der schöne Gipfelrücken des Grubenkopfs zu sehen, der eigentlich nur noch einen Katzensprung entfernt ist. Hierzu wandert man von der Hütte aus auf dem Hauptpfad noch ein kurzes Stück in Richtung Klammspitze weiter, zweigt dann aber nach links in einen schmaleren Pfad ab. Dieser quert ein weiteres Tälchen, auf dessen Feuchtwiese man auch mal nasse Füße bekommen kann, und führt dann auf der anderen Seite durch lichten Wald zum Beginn des unschweren Schlussanstiegs hinauf.

Immer der Scheitellinie folgend geht es schließlich nach Nordwesten zum höchsten Punkt mit Gipfelkreuz (1839 m) hinauf, wobei man schon auf dem Weg dorthin aus dem Schauen nicht mehr herauskommt. Vor allem die Blicke in Richtung Südwesten, wo die breite Nordwand der Hochplatte zusammen mit dem spitzen Geiselstein ein klasse Bergensemble bilden, sind großartig. Wegen seiner dem Ammergauer Hauptkamm vorgeschobenen Lage ist aber auch das Panorama hin zum Allgäuer Voralpenland alles andere als zu verachten.

Abstieg und Einkehrschwung in der Kenzenhütte

Haben sich die Augen so richtig sattgesehen, beschließt nach dem Abstieg, der auf demselben Weg erfolgt, eine empfehlenswerte Einkehrmöglichkeit den großartigen Bergtag. Bei aller Gemütlichkeit und kulinarischen Verlockungen darf man auf der Kenzenhütte aber den Blick auf die Uhr nicht vergessen: Der letzte Bus nach Halblech fährt um 17.30 Uhr.

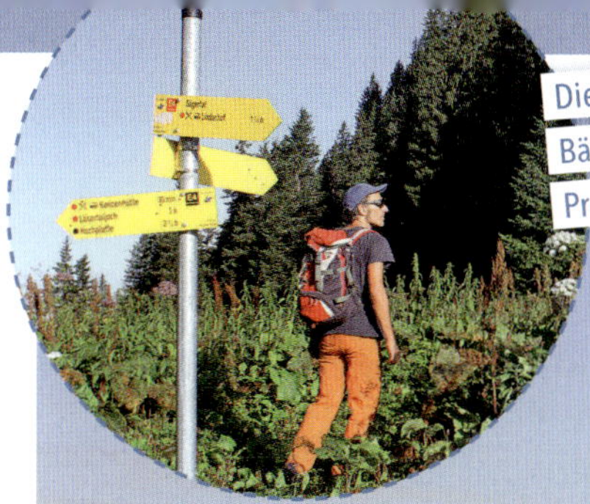

Die Orientierung ist am Bäckenalmsattel kein Problem.

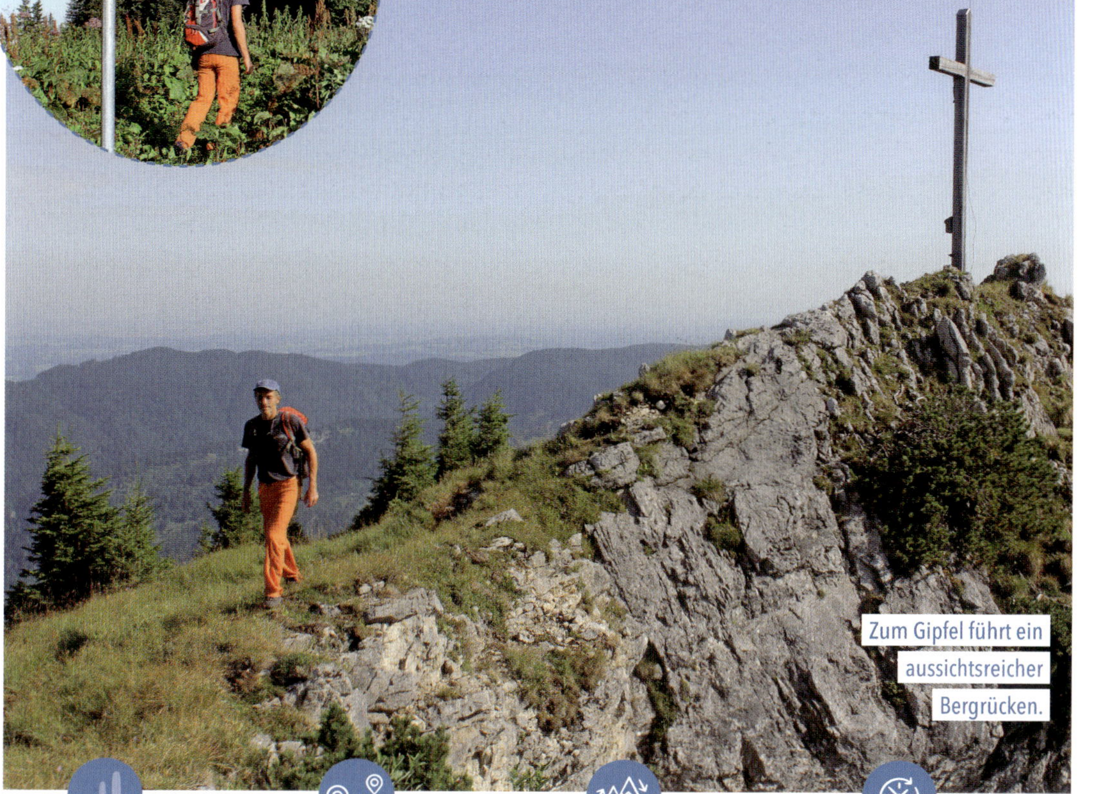

Zum Gipfel führt ein aussichtsreicher Bergrücken.

leicht | 6,0 km | 550 Hm | 3.30 h

Alles auf einen Blick

Tourencharakter
Abwechslungsreiche Tour zu großartigem Aussichtsberg. Im Mittelteil ist der Weg teils erodiert und bei Nässe etwas unangenehm.

Ausgangs-/Endpunkt
Kenzenhütte (1294 m)

Anfahrt
ÖPNV: Regionalzug nach Füssen und mit Bus 9651 nach Halblech. Von dort ca. 500 m Fußweg zum Parkplatz der Kenzenhütte. Weiter zur Hütte mit dem Kenzenbus (verkehrt stündlich von Mitte Mai bis Ende Oktober ab 8 Uhr, halblech.de/kenzenhuette.html).
Auto: Auf der A96 bis »Landsberg Nord« und auf der B17 über Steingaden nach Halblech. Hier kurz vor Ortsende links in Straße »Am Mühlbach« zum Kenzenparkplatz. Von dort weiter mit dem Wanderbus (s. o.).

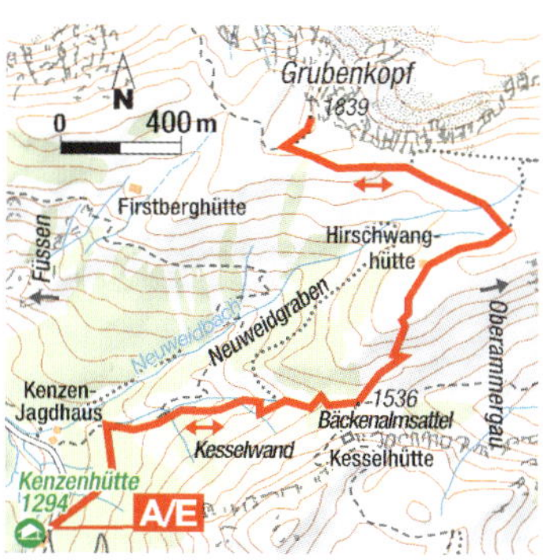

Einkehr
Unterwegs keine Möglichkeit. Am Ausgangspunkt die Kenzenhütte, kenzenhuette.de

Ausrüstung
Normale Bergwanderausrüstung

Karte
AV-Karte BY 6 »Ammergebirge West« 1:25.000

SPRITZTOUR MIT KURZER KLETTEREINLAGE

3

Auf den Kofel

Oberhalb von Oberammergau ragt ein spitzer Felszahn aus steilen Waldhängen heraus. Wegen seiner markanten Form und seiner exponierten Lage ist der Kofel schon von Weitem aus zu erkennen und bietet am Gipfel fast alpines Ambiente.

Der spannende Anstieg auf den Oberammergauer Kofel beginnt mit zahlreichen Serpentinen im Bergwald und endet mit einem leichten Klettersteig. Der Kofel ist also ein ideales Ziel für all diejenigen, die zum ersten Mal in ihrem Bergwanderleben ein wenig »alpines Flair« schnuppern möchten. Aufgrund seiner geringen Höhe ist der Kofel meist schon im späteren Frühjahr als Bergtour möglich.

Hinauf zum Kofelsattel

Vom Bahnhof Oberammergau gehen Bahn-Anreisende zunächst flussaufwärts an der Ammer entlang. Das Ziel, den felsigen Zahn des Kofels, hat man von hier aus rechts oberhalb immer vor Augen. Nachdem man am Friedhof vorbeigewandert ist, wendet man sich am Ende der Wiese nach rechts und geht zunächst auf einem Fahrweg über einen Waldsattel, hinter dem sich eine weitere große Wiese, die sogenannte Kälberplatte öffnet.

Hier hält man sich wieder rechts und geht nun auf den oberen Waldrand zu. In vielen, angenehm zu gehenden Kehren führt der Anstieg nun durch den schattigen Laubwald bergan. Weiter oben wird eine beeindruckende Geröllhalde gequert. Und bald danach steht man auch schon oben am Kofelsattel, der sich ebenfalls noch im Waldbereich befindet.

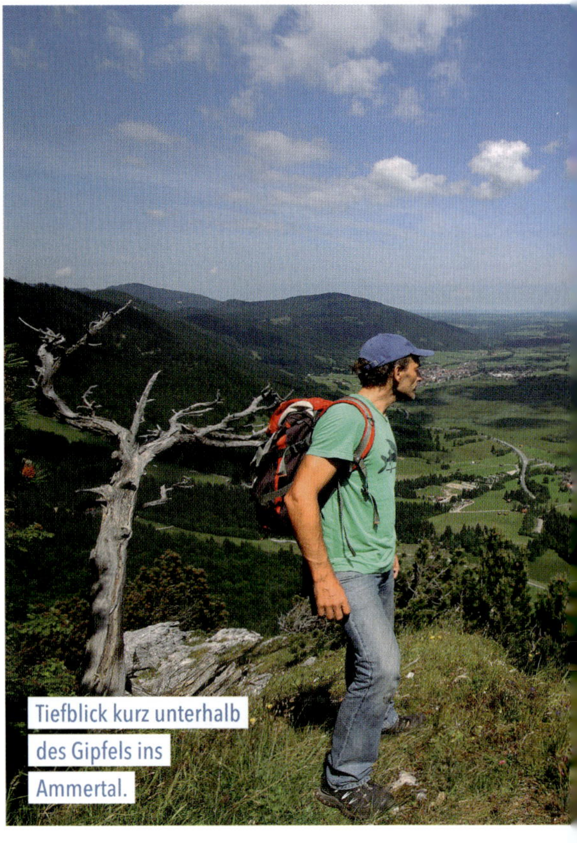
Tiefblick kurz unterhalb des Gipfels ins Ammertal.

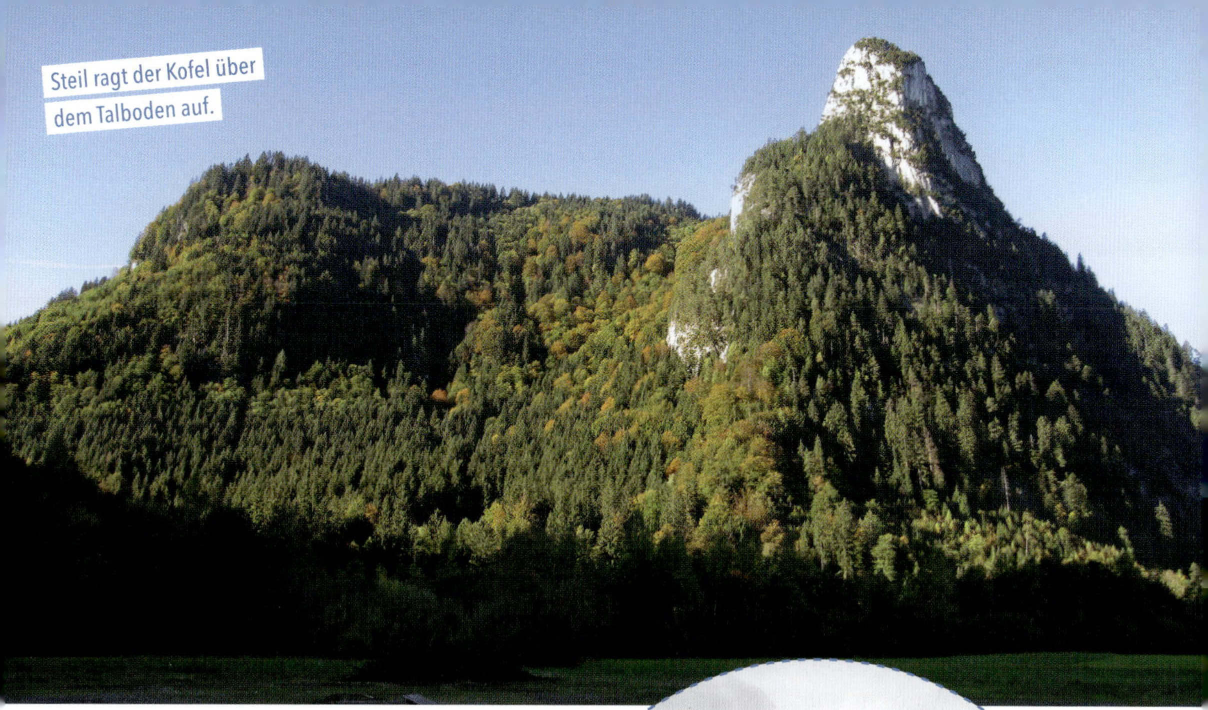

Steil ragt der Kofel über dem Talboden auf.

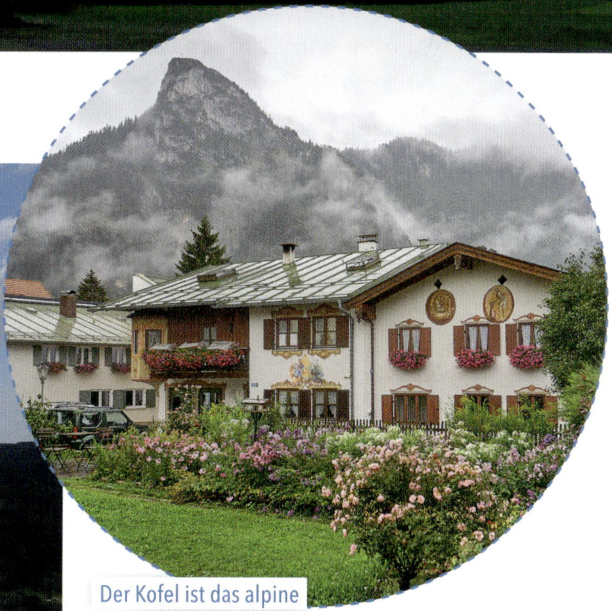

Der Kofel ist das alpine Wahrzeichen von Oberammergau.

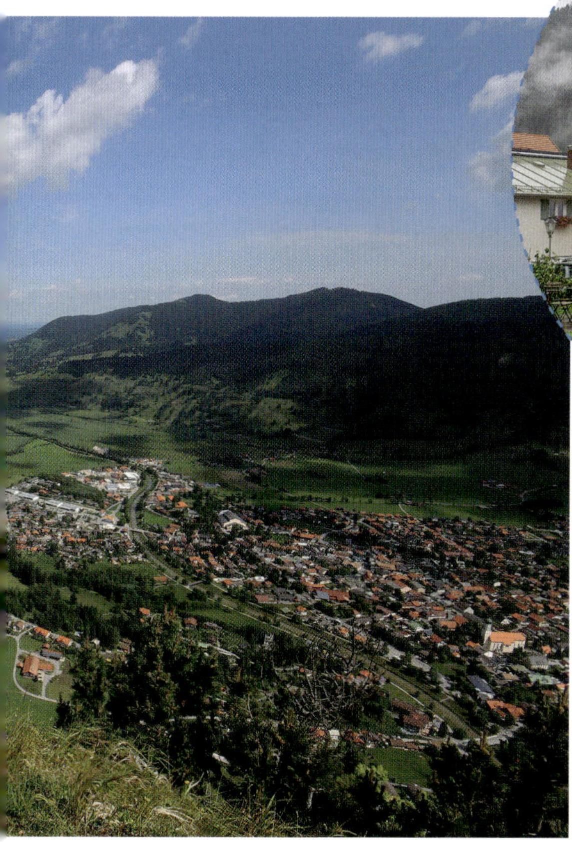

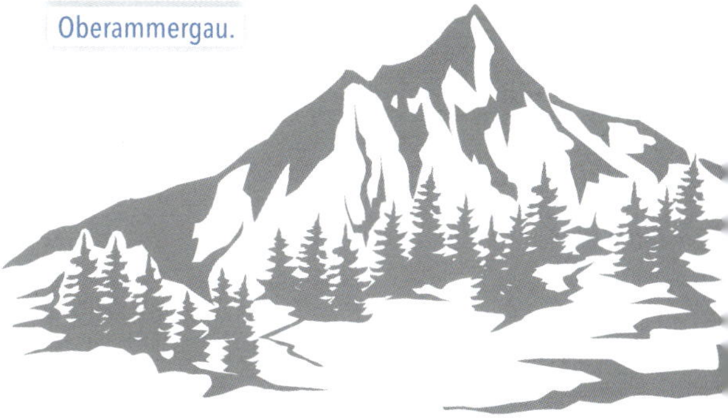

Sicher oder gesichert zum Gipfel

Man wendet sich nach rechts, folgt also einem breiten Waldrücken und erreicht an einem felsigen Aufschwung bald das erste Stahlseil. Hat man diesen gemeistert, geht es nach rechts weiter zum nördlichen Gipfelaufbau des Kofel.

Hier gibt es zwei Möglichkeiten: Wer ohne weiteren Felskontakt zum höchsten Punkt gelangen möchte, folgt einem schmalen Pfad geradeaus weiter zu einem an die Felsen gebauten Unterstand und steigt hier nach rechts zum Gipfel.

Oder man versucht sich an einer weiteren, mit Stahlseilen und Trittbügeln versicherten Felspassage, über die es rechts oberhalb des Pfades hinaufgeht. Am Gipfelkreuz (1342 m) kommen beide Varianten zusammen. Dort sollte man sich genügend Zeit für die tolle Aussicht auf Oberammergau und weiter ins Alpenvorland sowie in die umliegenden Berge nehmen.

Abstieg auf dem Aufstiegsweg

Für den Abstieg vom Gipfel geht man auf demselben Weg zum Kofelsattel zurück. und steigt von dort entsprechend dem Aufstieg ab. Alternativ können Bergerfahrene vom Sattel aus folgende Rundtour (»schwarz«) unternehmen:

Variante über den Kofelsteig

Man folgt vom Joch dem Wegweiser zur »Kolbensattelhütte« zum sogenannten Kofelsteig. Dieser Höhenweg quert in etwa derselben Höhe die steilen Nordhänge des Brunnbergs. Nach der Querung eines Bacheinschnitts verlässt man den Kofelsteig und steigt nach rechts zur Kolbenalm ab, wo man auch einkehren kann.

Von hier geht es auf breitem Weg zurück nach Oberammergau. Wer mit der Bahn angereist ist, hält sich weiter unten nach links, um über die Talstation der Kolbensattelbahn zum Bahnhof zurückzuwandern. Kfz-Benutzer biegen an der nächsten Wegkreuzung rechts ab, um zum Parkplatz zurückzukehren.

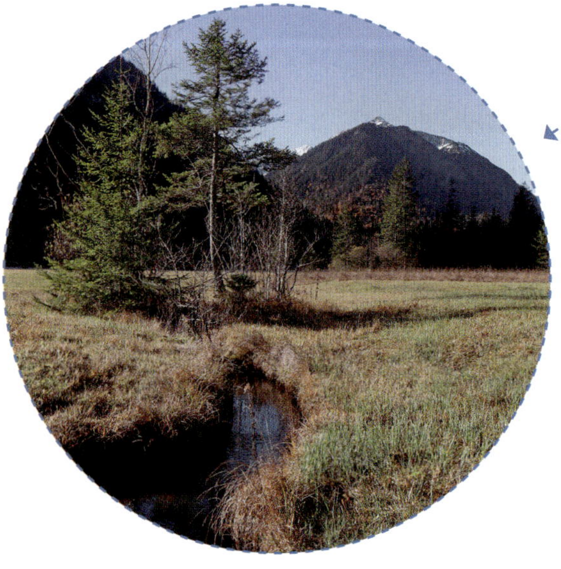

Tipp

Lassen sie nach der Tour doch noch ein paar Stündchen die Seele baumeln. Man geht hierfür von der in der Beschreibung erwähnten Wiese Kälberplatte nach Süden und steht auch schon am wunderschönen Weidmoos, wo sich viele idyllische Plätzchen hierfür bieten (siehe auch Tour 14).

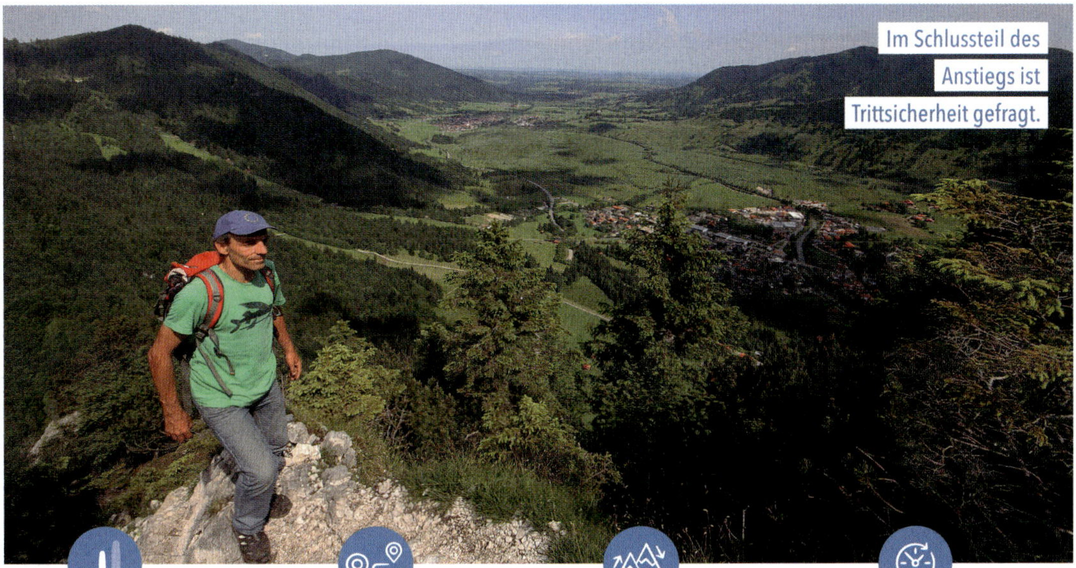

mittel | 5,0 km | 500 Hm | 3.15 h

Alles auf einen Blick

Tourencharakter

Kurze und waldreiche Bergtour, die aber am Gipfelanstieg Trittsicherheit und etwas Schwindelfreiheit erfordert. Kleinere Kinder sollte man mit einem Klettergurt sichern. Tolle Aussicht aufs Ammertal.

Ausgangs-/Endpunkt

Oberammergau, Wanderparkplatz Kofel (860 m), gebührenpflichtig beim Friedhof

Anfahrt

ÖPNV: Von München Hbf. Regionalzug nach Murnau, dort direkter Anschluss zum Zug nach Oberammergau. Vom Bahnhof dann zu Fuß in gut 15 Minuten entlang der Ammer zum Friedhof.

Auto: Auf der A95 und B2 nach Oberau, weiter auf der B23 über Ettal nach Oberammergau. Dann zum Wanderparkplatz südlich des Ortes beim Friedhof.

Einkehr

Unterwegs keine Möglichkeit. Auf der Abstiegsvariante die Kolbenalm, kolbenalm.de

Ausrüstung

Normale Bergwanderausrüstung

Karte

AV-Karte BY 7 »Ammergebirge Ost« 1:25.000

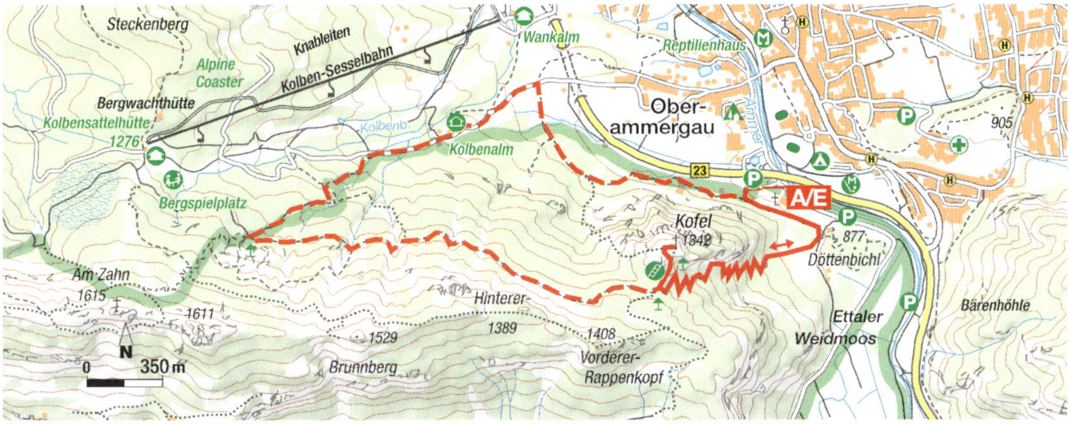

ALLES WISSENSWERTE ÜBER

Das Oberammergauer Passionstheater

Oberammergau ist für seine historischen Passionsspiele weltweit bekannt. Dabei wissen die wenigsten, dass das Passionstheater auch einem Musikfestival mit absolutem Kultstatus eine Heimat bietet.

Den Startschuss der weltberühmten Oberammergauer Passionsspiele stellt ein Gelübde aus dem Dreißigjährigen Krieg dar: In Oberammergau fielen damals 80 Menschen der Pest zum Opfer. In der Hoffnung auf Gottes Hilfe gelobten 1633 die Gemeindevorsteher, »die Passions-Tragödie alle zehn Jahre zu halten«, wenn das Dorf von der Pest befreit würde. Die Seuche kam zum Stillstand und

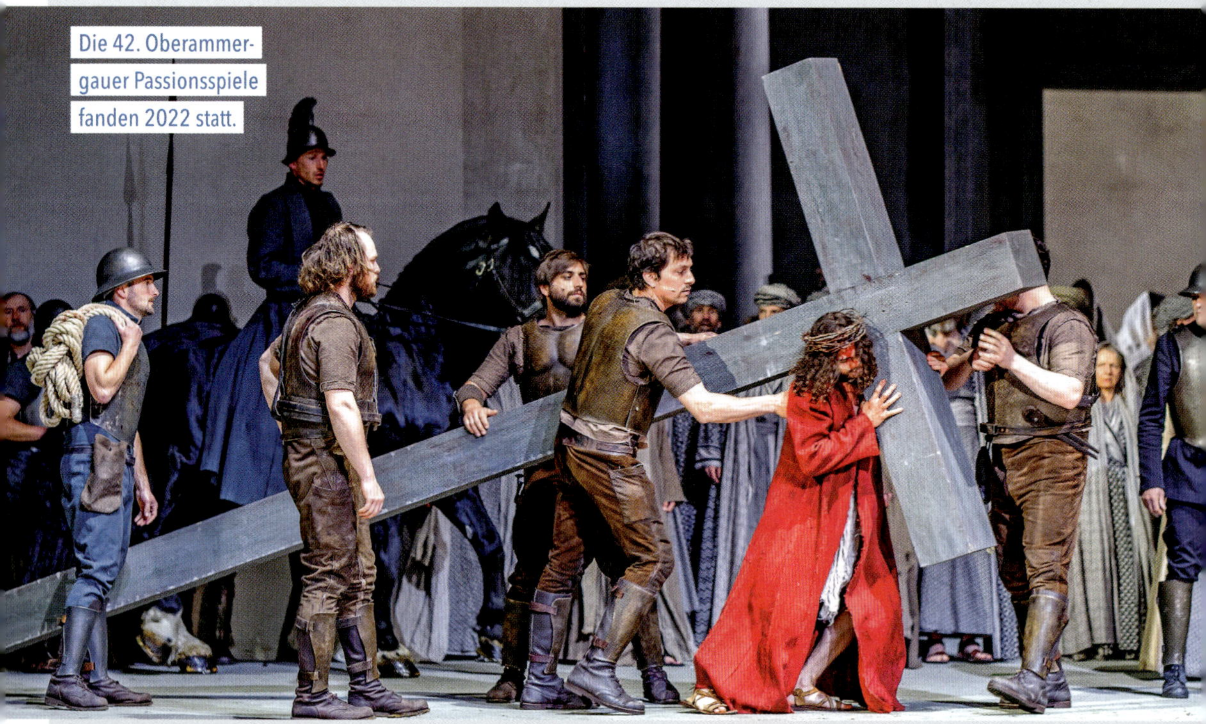
Die 42. Oberammergauer Passionsspiele fanden 2022 statt.

bereits 1634 lösten die Oberammergauer ihr Versprechen zum ersten Mal ein. Seit 1680 wurde der Leidensweg Jesu alle zehn Jahre aufgeführt. Nur die Corona-Pandemie erzwang 2020 eine Verschiebung um zwei Jahre.

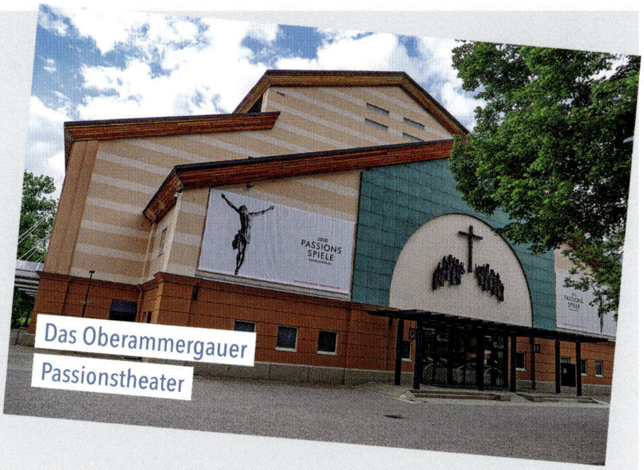

Das Oberammergauer Passionstheater

Passion und Tradition

Die über 2000 Mitwirkenden Oberammergauerinnen und Oberammergauer müssen eine authentische Haartracht zeigen. Deshalb gibt es ein Jahr vor der nächsten Aufführung am Aschermittwoch den Haar- und Barterlass, in dem der Bürgermeister die Mitwirkenden auffordert, Bärte und Haare wachsen zu lassen. Betroffen sind Männer und Frauen mit Kurzhaarfrisur, ausgenommen sind nur die Darsteller der Römer.

Jede Rolle wird zweimal vergeben, die Darstellerbekanntgabe erfolgt im Herbst des Vor-vor-Jahres der Aufführung. Bei der Nennung der Darsteller für die Passionsspiele 2020 (2022) sorgte Spielleiter Christian Stückl für Aufsehen: Er besetzte die Rolle des Judas, also des Verräters Jesu, mit dem damals 18-jährigen Muslim Cengiz Görür, einem türkisch-stämmigen Oberammergauer.

Christian Stückl

Geboren 1961 in Oberammergau, begann Christian Stückl seine Laufbahn 1981 mit dem Aufbau einer Theatergruppe in Oberammergau. 1987 wurde er Spielleiter der Passionsspiele, die er 2022 zum vierten Mal inszenierte. Seit 2002 ist der polarisierende, vielfach ausgezeichnete Regisseur Intendant des Münchner Volkstheaters.

Heimatsound

Unkonventionelle Entscheidungen passen aber zum Passionsspielhaus. Wer es auf eine Spielstätte religiösen Dramas reduziert, liegt falsch. Denn seit 2013 findet hier auch das (mittlerweile legendäre) Heimatsound Festival statt. Wobei Heimat laut Veranstalter kein Ort sein muss, sondern auch ein Gefühl sein kann. Das Gefühl der Verbundenheit nämlich, das jährlich gut 4500 Zuschauerinnen und Zuschauer für zwei Tage miteinander teilen. Beim Heimatsound Festival treten Kultbands der alpenländischen Musikszene auf, sowohl aus dem Independent-Bereich als auch dem der »Neuen Volksmusik«. Berühmte Künstlerinnen und Künstler, die am Fuß des Kofels ihre Musik ins Ammergebirge schallen ließen, waren u. a. Wanda, Sophie Hunger, Georg Ringsgwandl und natürlich auch die Lokalmatadoren von Kofelgschroa.

4 Rundtour zur Schellschlicht

Direkt an der Grenze zwischen Österreich und Deutschland beginnt an der Neidernach, einem Seitenbach der Loisach, eine besonders aussichtsreiche Kamm- und Rundwanderung, die ideal mit der Bahn zu erreichen ist

Auf den 2053 Meter hohen Gipfel der Schellschlicht führen zwei Steige, die eine landschaftlich sehr abwechslungsreiche Überschreitung ergeben. Bereits von der am Anstieg liegenden Schell Alm aus und weiter auf dem langen Gipfelkamm zieht das direkt gegenüberliegende Zugspitzmassiv mit seinen schroffen Felswänden die Blicke magisch an. Allerdings muss man sich die überwältigende Aussicht mit 1300 Höhenmetern verdienen.

Durchs Neidernachtal zur Schell-Alm

Von der Bahnhaltestelle Griesen folgt man der Straße nach Süden bis rechts vor einer Straßenbrücke der Forstweg ins Neidernachtal abzweigt. Auf diesem geht es nun parallel zum Bachbett nach Westen, bis ein Wegweiser auf den zum Schellschlicht abzweigenden Fußweg aufmerksam macht.

Man wendet sich dort nach rechts und steigt durch den lichten Wald zunächst angenehm flach bergauf. Nachdem es etwas steiler wird, stößt man auf eine Weggabelung. Hier geht man links und überquert auf einer Brücke eine kleine Klamm. Nach einem steileren Anstieg durch schönen Mischwald erreicht man die hübsch gelegene, unbewirtschaftete Schell-Alm, die sich – wenn im späten Frühjahr noch niemand auf der Alm ist – für eine aussichtsreiche Brotzeit geradezu aufdrängt. Ansonsten kann man sich natürlich auch auf der freien Wiese zur Rast niederlassen.

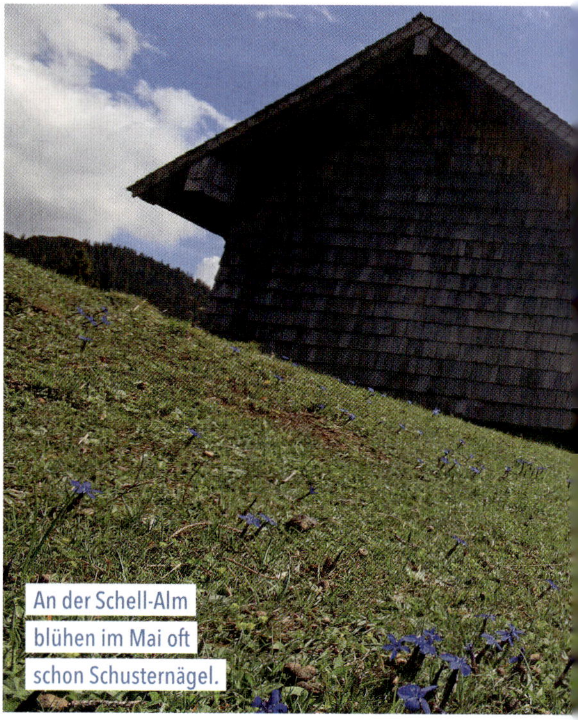

An der Schell-Alm blühen im Mai oft schon Schusternägel.

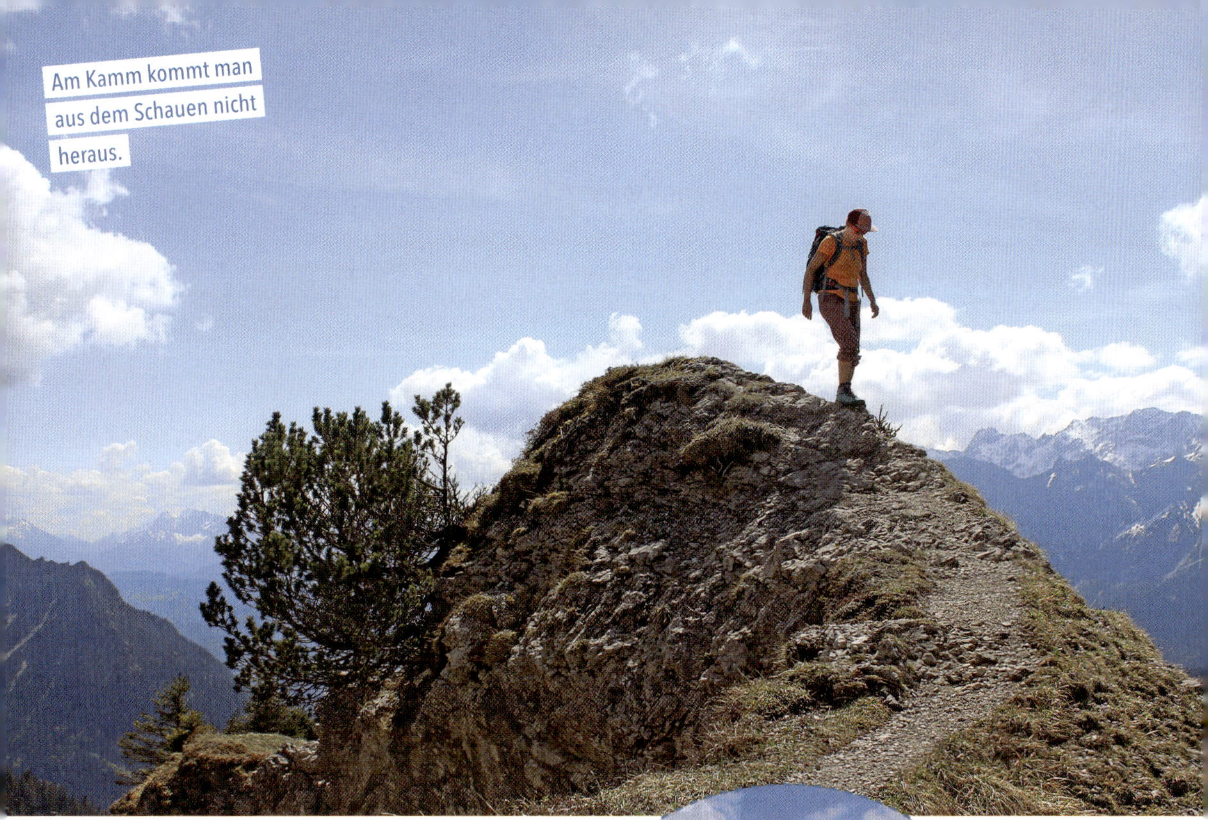

Am Kamm kommt man aus dem Schauen nicht heraus.

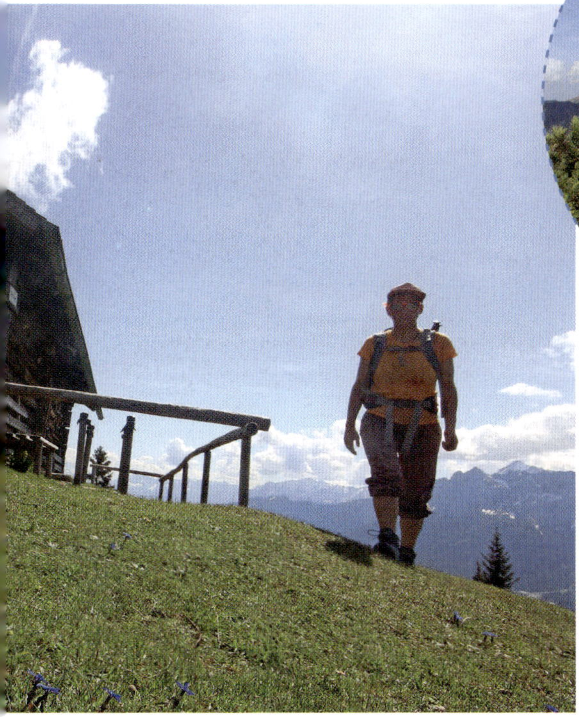

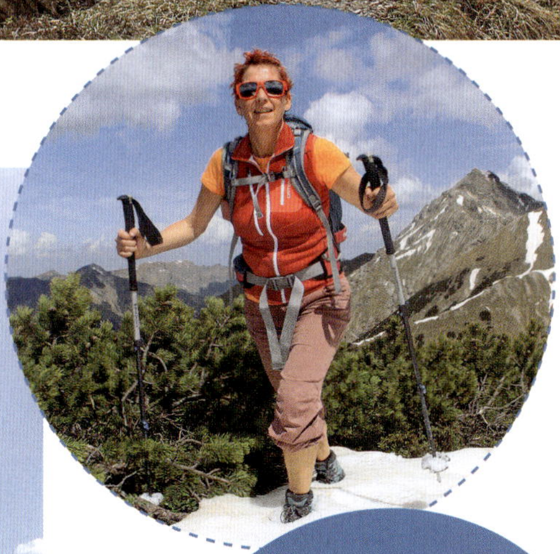

Hinweis

Aufgrund der südseitigen Exposition ist die Tour nach schneearmen Wintern oft schon Ende Mai möglich. Am Kamm kann aber noch Schnee liegen, weswegen neben Teleskopstöcken auch die Mitnahme von Grödeln eine gute Idee ist.

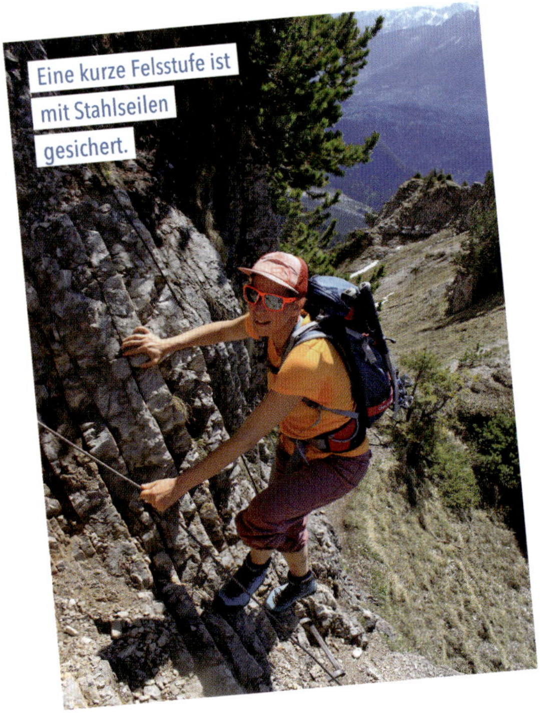

Über den Sunkensattel zurück nach Griesen

Für diesen wendet man sich vom Gipfel nach Südosten, folgt erst dem Rücken und steigt dann rechts davon auf erodiertem Weg und dann wieder am Kamm zum Sunkensattel ab. Nun geht es im Latschengelände und über eine schottrige Rinne in Serpentinen bergab. Der Steig quert nun steile Berghänge und einen kleinen Wildbach. Ein kurzer Gegenanstieg ist auch noch zu meistern. Dann gelangt man in den Wald, wo der Weg wieder besser wird. Bald erreicht man die Weggabelung, an der sich die beiden Wege getrennt haben.

Von dort wandert man auf dem bekannten Pfad am schönen Kiesbett der Neidernach entlang zurück nach Griesen.

Steil hinauf zur Schellschlicht

Weiter folgt der Weg erst in nordwestlicher, dann in nordöstlicher Richtung dem anfangs breiten Rücken, der über eine kurze mit Stahlseil gesicherte Felsstufe zunächst zum Hohen Brand, dann weiter zum Brandjoch und schließlich zur Schellschlicht (2052 m) hinaufführt. Im letzten Drittel ist der Weg stellenweise leicht ausgesetzt, stellt aber von der Orientierung her kein Problem dar.

Am Gipfelkreuz sollte man dann eine längere Pause einlegen. Denn einerseits ist die Aussicht auf das gegenüberliegende Wettersteingebirge und die umliegenden Ammergauer Gipfel wirklich genial. Andererseits sei Oberschenkeln, Waden und Füßen auch eine ordentliche Entspannung vor dem nicht gerade kurzen Abstieg gegönnt.

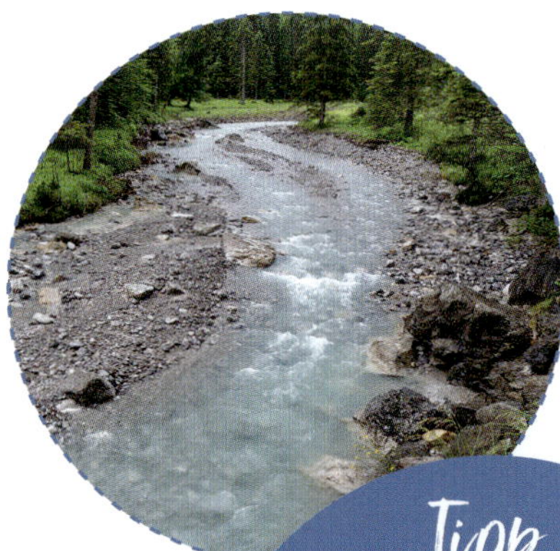

Tipp

Sollte man mit der Bahn nach Griesen angereist sein und den Zug nach der Tour gerade verpasst haben, so macht das gar nichts. Denn im schönen Kiesbett der Neidernach findet man viele schöne Stellen, wo man die Wartezeit herrlich verträumen kann.

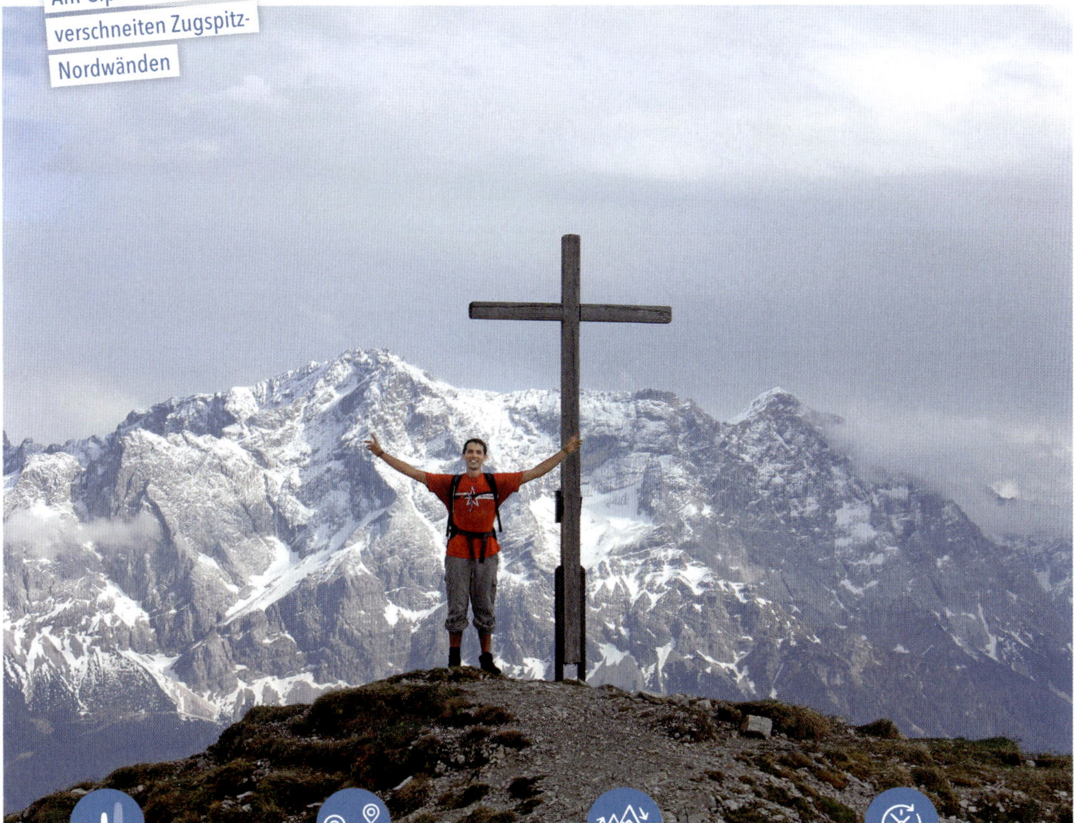

Am Gipfel vor den noch verschneiten Zugspitz-Nordwänden

mittel | 12,8 km | 1300 Hm | 6.00 h

Alles auf einen Blick

Tourencharakter
Großartige Bergrunde, die eine gute Kondition sowie Trittsicherheit und auch Schwindelfreiheit erfordert. Entlang des Kammabschnittes ab dem Brandjoch bieten sich tolle Fern- und Tiefblicke. Bei Nässe sollte man diese Tour nicht unternehmen!

Ausgangs-/Endpunkt
Griesen (820 m), Wanderparkplatz

Anfahrt
ÖPNV: Von München Hbf. Regionalzug nach Garmisch-Partenkirchen. Dort umsteigen in die Außerfernbahn (auf direkten Anschluss achten) nach Griesen.

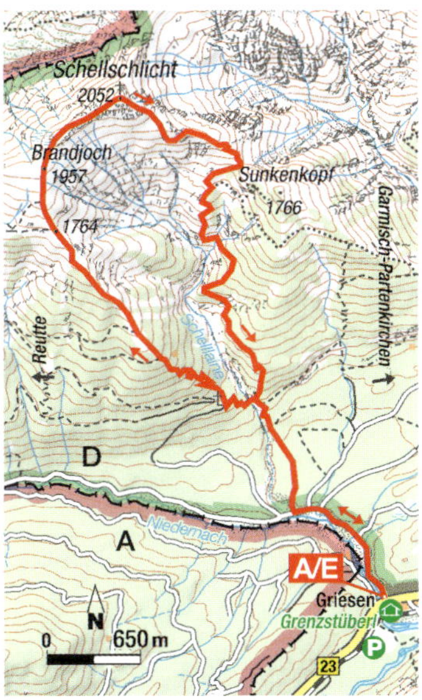

Auto: Auf der A95 und B2 nach Garmisch-Partenkirchen und am Ortsbeginn rechts weiter auf der B23 Richtung Ehrwald (»Fernpass/Reutte/Grainau/Garmisch/Burgrain«). In Griesen am Wanderparkplatz nach der Brücke über die Neidernach parken.

Einkehr
Unterwegs keine Möglichkeit

Ausrüstung
Normale Bergwanderausrüstung. Teleskopstöcke sind für den Abstieg zu empfehlen.

Karte
AV-Karte BY 6 »Ammergebirge West« 1:25.000

HINAUF ZU SONNIGEN SÜDHÄNGEN

5

Auf die Scheinbergspitze

Wegen ihres lawinensicheren Geländes ist die Nordseite der Scheinbergspitze bei Skitourengehern äußerst beliebt. Auf ihrer weiten, sonnenexponierten Südflanke können wiederum Bergwanderer recht früh in die Saison starten.

Im Frühjahr wird der von hohen Bergketten flankierte Talboden der Linder noch kaum von der Sonne gestrichen. In dieser Zeit können bei einer Schönwetterperiode mit kalten Nächten lange Raureifnadeln auf den großen, runden Kieseln des trockenen Bachbettes heranwachsen. Wenn man an einem solchen Morgen dick eingepackt und mit kalten Fingern die Bergschuhe schnürt, wagt man kaum zu hoffen, am gleichen Tag noch im T-Shirt zu wandern. Aber genau das ist auf dem schönen Südanstieg zur Scheinbergspitze an schönen, warmen Frühlingstagen eher die Regel als die Ausnahme.

Über die Baumgrenze hinaus

Vom Wanderparkplatz aus überquert man einen Bach und wandert zunächst auf einer Forststraße weiter. Diese verlässt man an der zweiten großen Kehre nach rechts, indem man dem Wegweiser Richtung »Scheinbergspitze« folgt.

Ein schmaler Bergweg führt im lichten Bergwald nun steiler empor, wodurch man schnell an Höhe gewinnt. Nach einer Querung in freierem Gelände geht es noch einmal im Wald über Serpentinen bergan. Langsam lösen Latschen den Fichtenbergwald ab, wodurch sich die ersten tollen Ausblicke aufs Ammertal und die umliegenden Berge ergeben.

Der Steig wird nun teils etwas felsiger, und an ein, zwei kurzen Stellen muss man vielleicht auch einmal die Hände zu Hilfe nehmen.

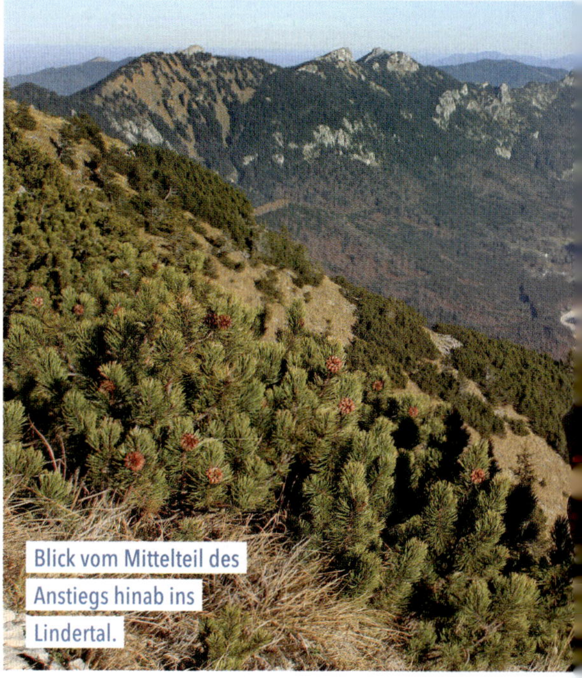

Blick vom Mittelteil des Anstiegs hinab ins Lindertal.

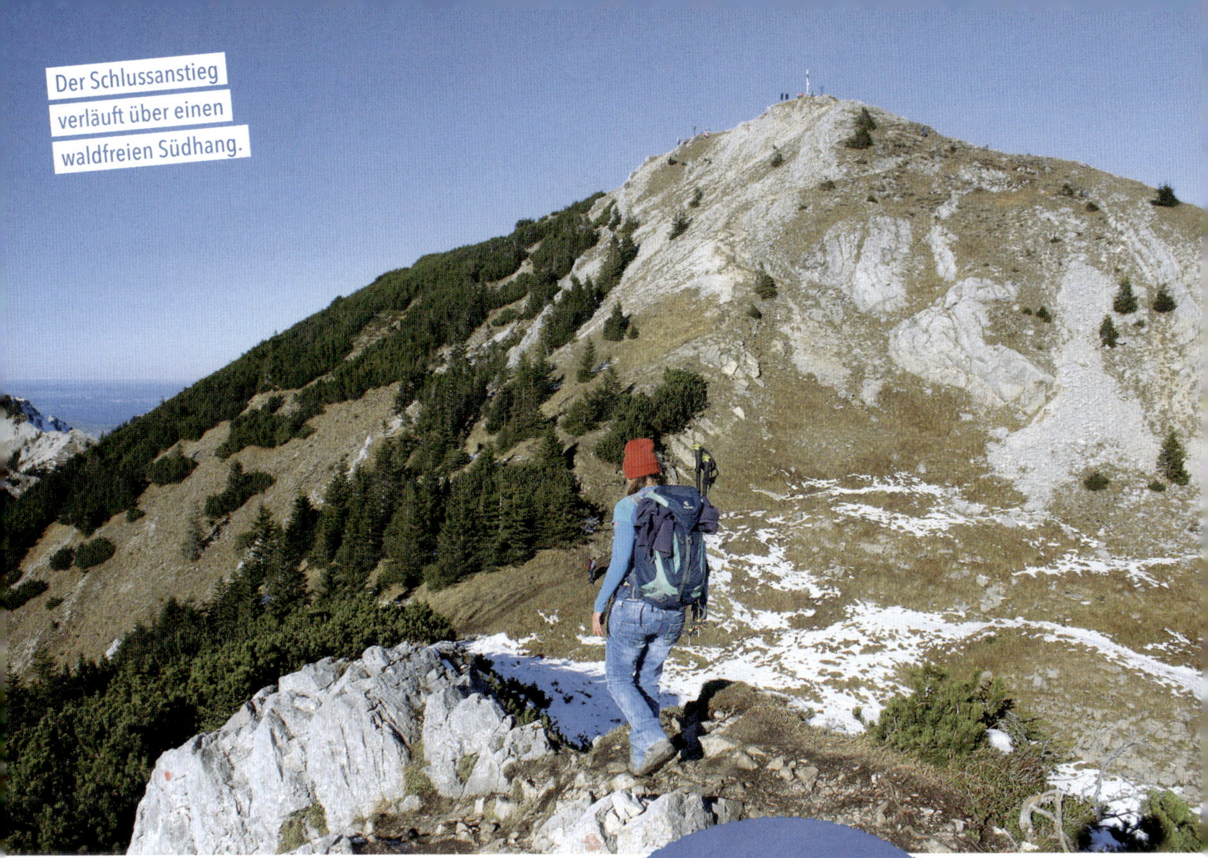

Der Schlussanstieg verläuft über einen waldfreien Südhang.

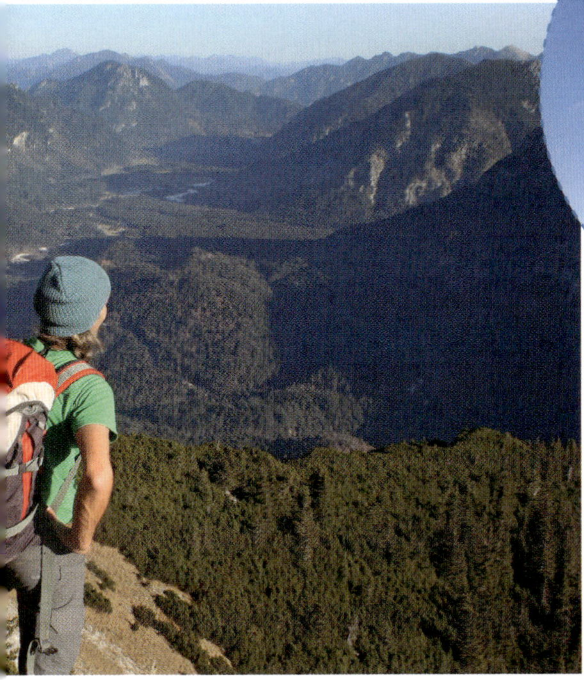

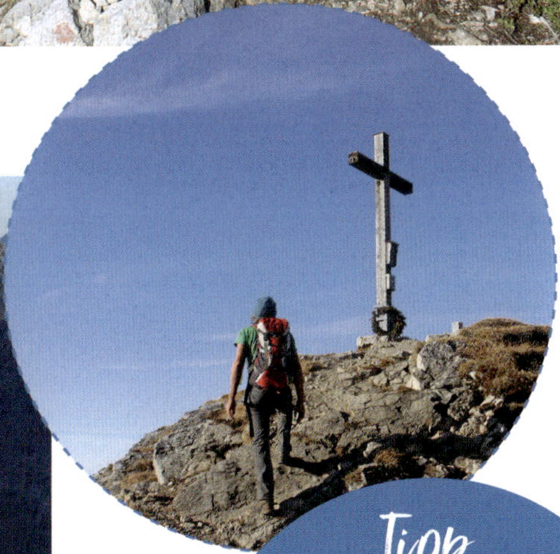

Tipp

Natürlich kann man die schöne Tour auf die Scheinbergspitze auch im Sommer unternehmen. Dann sollte man aber wegen der südseitigen Exposition an heißen Sonnentagen möglichst früh unterwegs sein und einen guten Sonnenschutz dabeihaben.

Gipfel-Endspurt

Hinter einem Latschenaufschwung legt sich das Gelände zurück und man wandert über einen Rücken, von dem man den Gipfel bereits vor sich aufragen sieht. Es geht ein kurzes Stück zu einem Sattel bergab und zum Schluss über den freien, südseitigen Gipfelhang der Scheinbergspitze zum höchsten Punkt (1929 m) empor.

Die großartige Aussicht reicht von der Zugspitze im Südosten bis zum Forggensee im Nordwesten. Aber auch der Blick auf die direkt gegenüber aufragende Kreuzspitze – den höchsten Gipfel der Ammergauer Alpen – ist beeindruckend.

Auf bekanntem Weg retour

Nachdem man sich satt gesehen und vielleicht dank mitgenommener Brotzeit auch satt gegessen hat, geht es auf demselben Weg hinab ins Tal zum Ausgangspunkt am Wanderparkplatz Stock.

Hinweis

Ab der Latschenzone muss man im späten Frühjahr bzw. im Frühsommer oft noch mit Altschneefeldern rechnen, die nach kalten Nächten hart sein können. In dieser Zeit sollte man zusätzlich zu Teleskopstöcken sicherheitshalber auch Grödel dabeihaben.

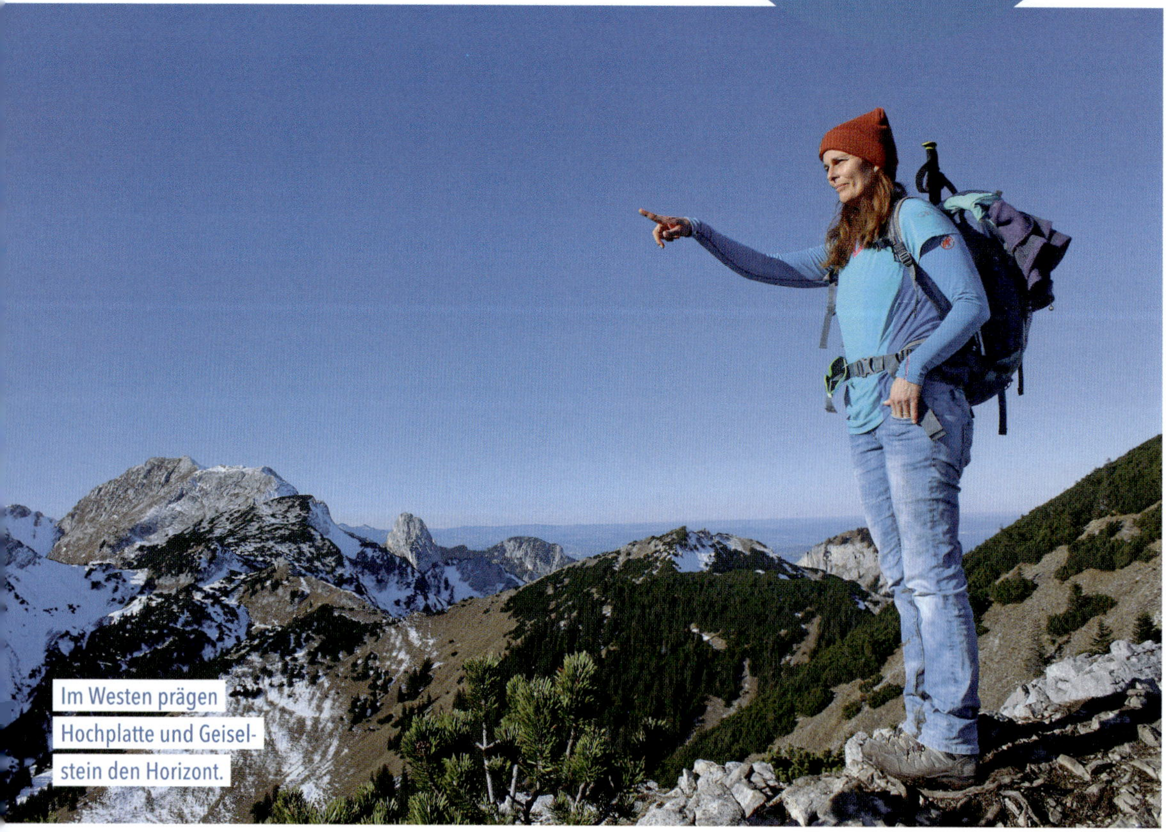

Im Westen prägen Hochplatte und Geiselstein den Horizont.

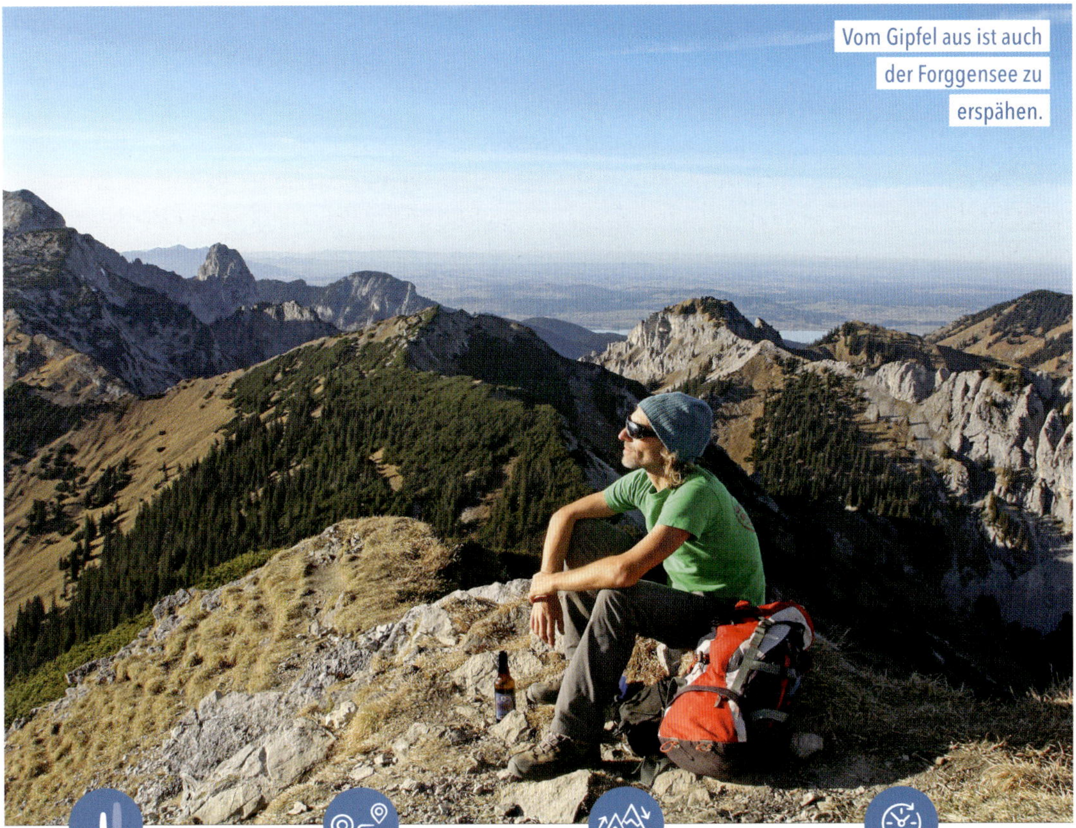

mittel | 6,7 km | 850 Hm | 4.15 h

Alles auf einen Blick

Tourencharakter
Schöner Anstieg durch lichten Bergwald. Im Gipfelbereich ist etwas Trittsicherheit erforderlich. Das tolle Gipfelpanorama reicht bis zum Forggensee.

Ausgangs-/Endpunkt
Wanderparkplatz Stock (1500 m) an der St2060

Anfahrt
ÖPNV: Von München Hbf. Regionalzug nach Oberau bzw. mit Umsteigen in Garmisch-Partenkirchen nach Reutte und mit Bus 9624 bis Haltestelle »Stock«. Verkehrt von 1.5. bis 30.9. an Wochenenden.
Auto: Auf der A95 und B2 nach Oberau, weiter auf der B23 nach Ettal. Hinter dem Ort auf der St2060 nach

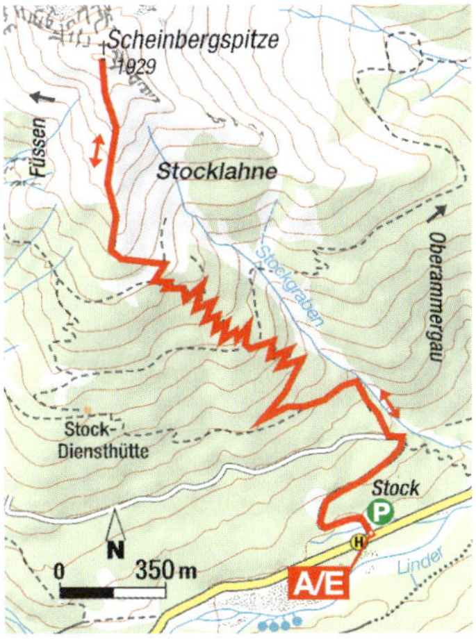

Linderhof und weiter der Talstraße folgen bis zu Wanderparkplatz Stock (auf der rechten Seite, ca. 6 km nach Linderhof und 800 m vor der Landesgrenze).

Einkehr
Unterwegs keine Möglichkeit. Nach der Tour sind in Graswang die Gröbl-Alm (groebl-alm.de) und in Ettal die Ettaler Mühle (ettaler-muehle.de) empfehlenswert.

Ausrüstung
Normale Bergwanderausrüstung

Karte
AV-Karte BY 6 »Ammergebirge West« 1:25.000

EINSAME STEIGE HOCH ÜBER DEM PLANSEE

6

Auf den Zunterkopf

Ganz im Südosten der Ammergauer Alpen gelegen stellt der Zunterkopf eine genauso schöne wie vergleichsweise unbekannte Bergtour auf einen herrlichen Panoramagipfel dar.

Würde der neue RVO-Bus 9624 auch an der Hubertuskapelle halten, könnte man von dort aus direkt zum Zunterkopf aufsteigen. So aber startet man bei ÖPNV-Anfahrt an der Bushaltestelle Seespitz und geht zunächst gemütliche zwei Kilometer am Kleinen Plansee entlang. Was einen durchaus schönen Auftakt darstellt, um den Kreislauf in Schwung zu bringen. Hinter der Hubertuskapelle befinden sich die Parkmöglichkeiten der Autobenutzer. Hier macht ein Schild »Zunterkopf« auf den Anstieg aufmerksam.

Von der Hubertuskapelle zum Tauern-Vorgipfel

Der gut angelegte Steig führt über zunehmend steiler werdende Bergwaldhänge ohne jegliche Orientierungsprobleme bergan. Nach einer guten Stunde lichtet sich der Wald, man gelangt in die Latschenzone, von wo aus man von einem Geländeabsatz erste tolle Tiefblicke in Richtung Reutte hat.

Nach einer flacheren Querung und einem kurz steileren Schlussanstieg erreicht man schließlich das Gipfelkreuz (1811 m). Für die grandiose Aussicht auf den Plansee, das Ammergebirge und die im Süden liegenden Lechtaler Alpen sollte man sich ausgiebig Zeit nehmen.

Abstieg auf dem Hinweg

Der Abstieg vom Zunterkopf zum Plansee erfolgt auf dem bekannten Anstiegsweg. Bergerfahrene können alternativ über den Nachbargipfel Tauern zum Plansee absteigen (siehe Variante).

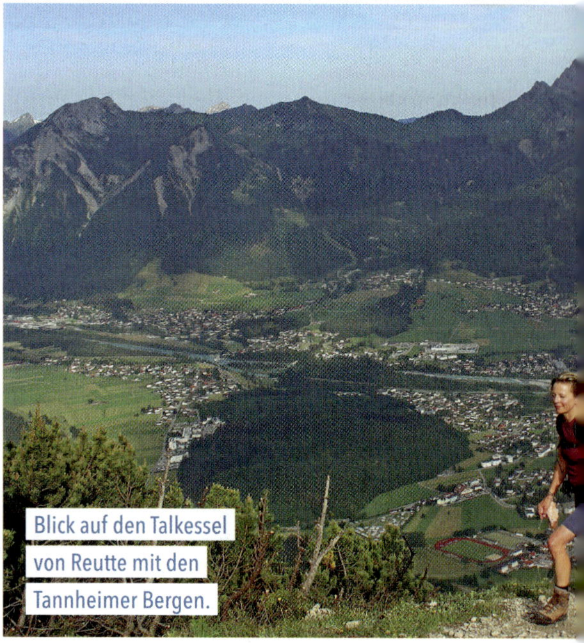

Blick auf den Talkessel von Reutte mit den Tannheimer Bergen.

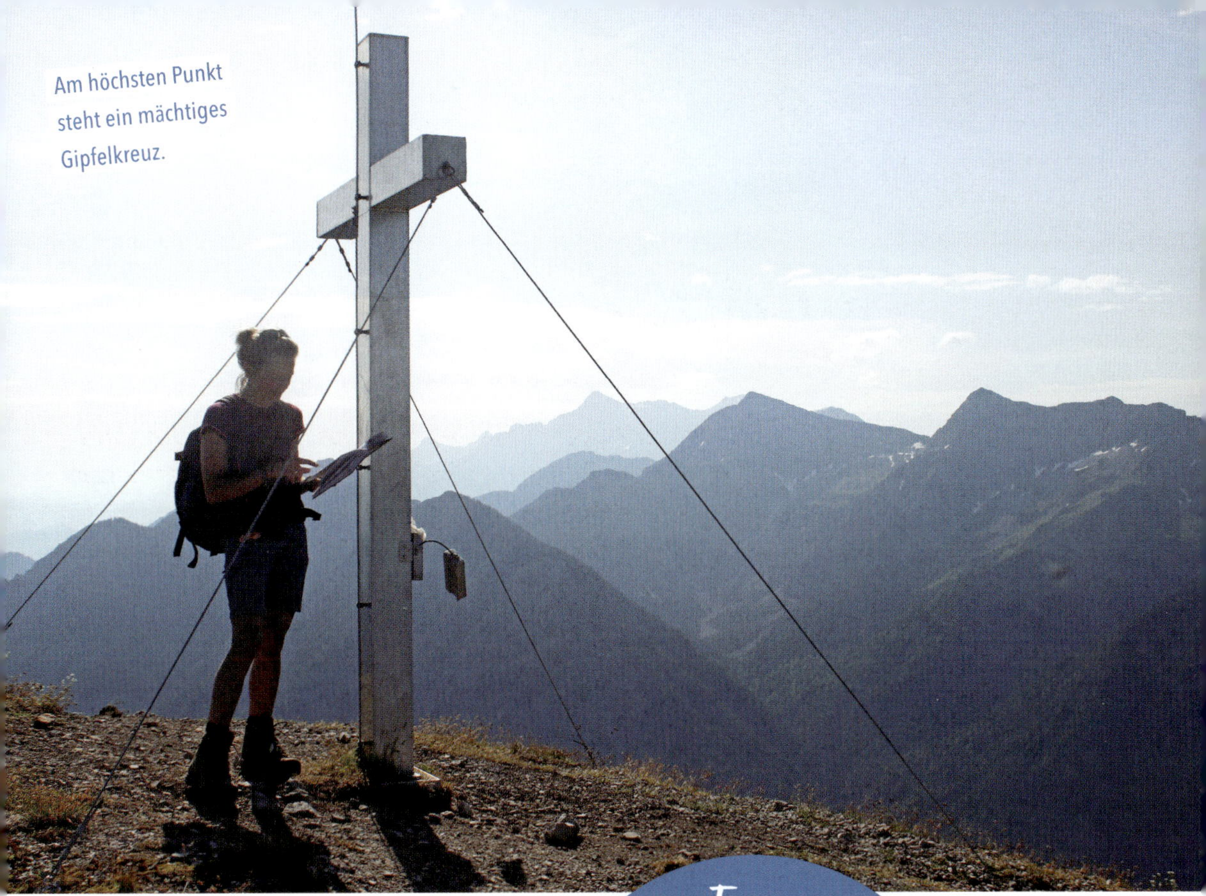

Am höchsten Punkt steht ein mächtiges Gipfelkreuz.

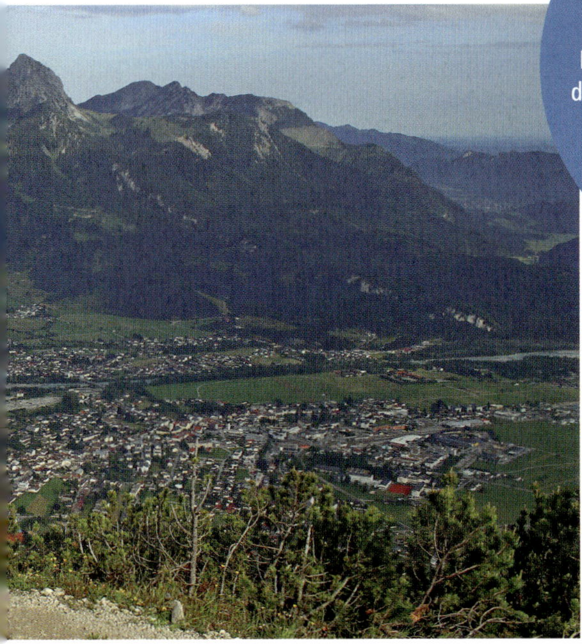

Tipp

Nach der Tour kann man die Seele sowie die heißgelaufenen Füße am bzw. im frischen, glasklaren Plansee baumeln lassen. Er gehört zu den saubersten Seen Tirols. Die Wassertemperatur überschreitet übrigens auch im Hochsommer selten die 18-Grad-Marke – Erfrischung ist garantiert.

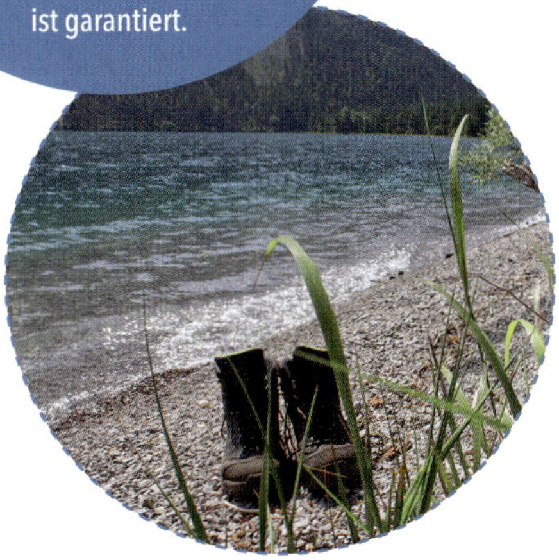

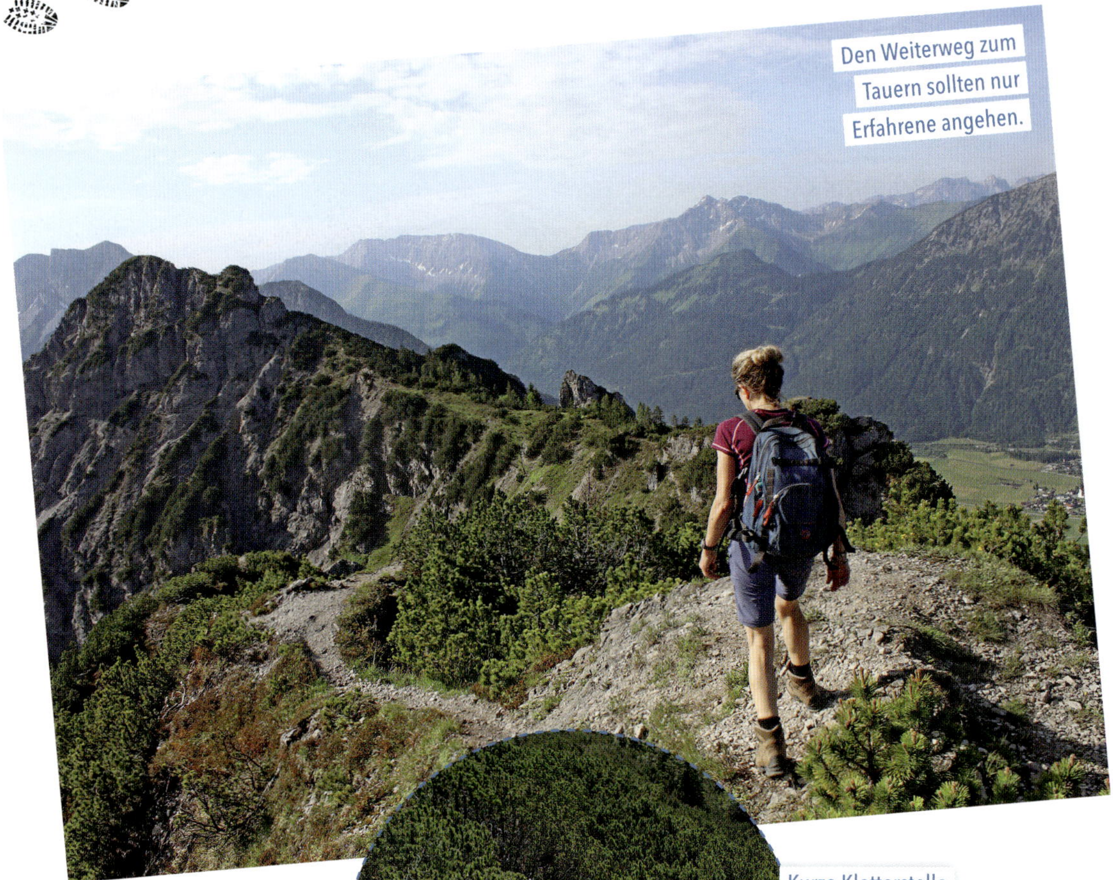

Den Weiterweg zum Tauern sollten nur Erfahrene angehen.

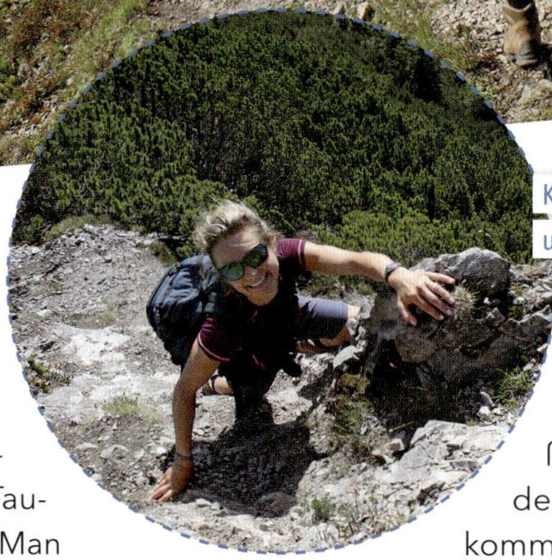

Kurze Kletterstelle unterhalb des Tauern

Anspruchsvolle Variante via Tauern

Vom Zunterkopf aus können erfahrene und trittsichere Bergwanderer über den Tauern zum Plansee absteigen. Man folgt hierfür in südliche Richtung dem Steig ein Stück bergab, wobei man sich an der Gabelung rechts hält und kurz über erodiertes Gelände absteigt. Der Kamm wird breiter und man wandert zunächst flach und zuletzt kurz felsig ansteigend zum Gipfel des Tauern (1841 m) hinüber.

Vom Tauern-Gipfel geht es zunächst kurz leicht ausgesetzt bergab. Ab jetzt muss man sehr gut auf den schmalen Steig achten, der ein gutes Stück nach Westen weiterführt. Nach einer größeren Bergwiese dreht der Steig nach Nordosten, kommt an einer Jagdhütte vorbei und führt zuletzt kurz steil und erodiert (hier ist ein Fixseil vorhanden) zu einem Geländeabsatz oberhalb des Plansees.

Von dort steigt man auf etwas breiterem Pfad zum Plansee hinab und geht nach links entlang des Uferwegs zum Ausgangspunkt zurück.

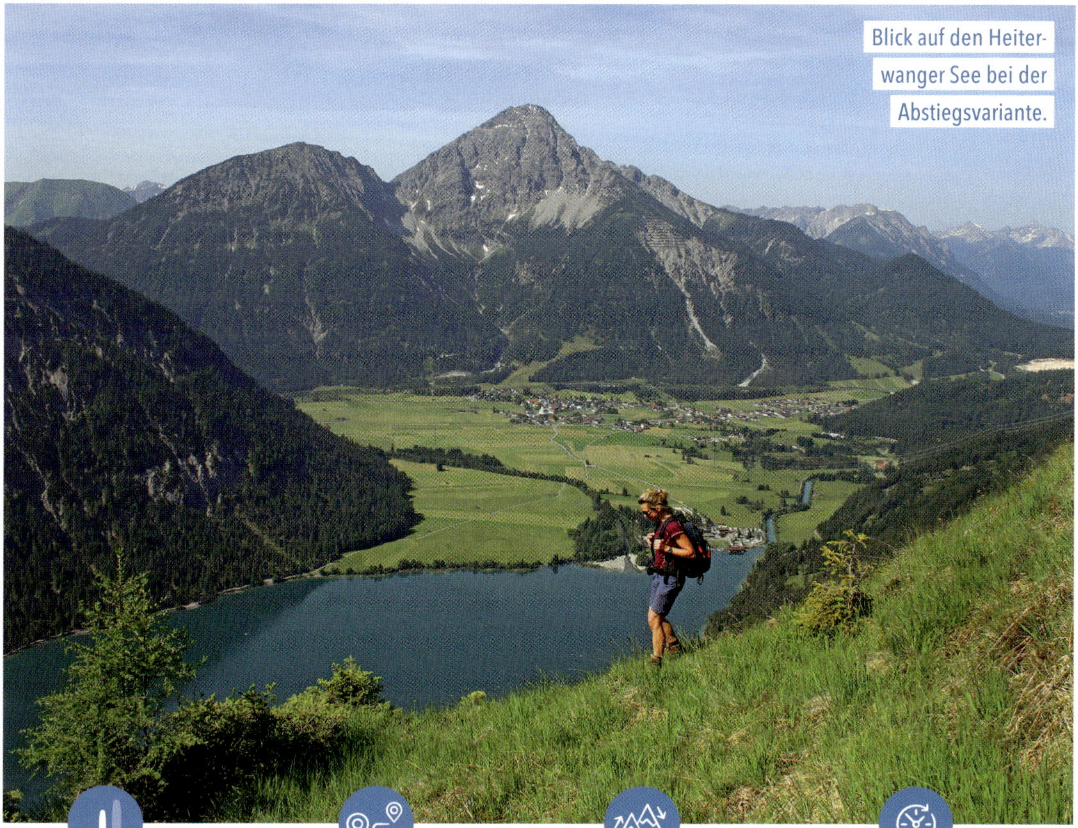

Blick auf den Heiterwanger See bei der Abstiegsvariante.

mittel | 5,7 km | 820 Hm | 4.00 h

Alles auf einen Blick

Tourencharakter
Recht einsame Bergtour mit wunderschönen Ausblicken auf den Plansee. Etwas Trittsicherheit ist erforderlich.

Ausgangs-/Endpunkt
Wanderparkplatz Hubertuskapelle (980 m) bzw. Bushaltestelle Plansee Seespitz (980 m)

Anfahrt
ÖPNV: Von München Hbf. Regionalzug nach Oberau bzw. mit Umsteigen in Garmisch-Partenkirchen nach Reutte und mit Bus 9624 bis Haltestelle »Plansee Seespitz«. Verkehrt von 1.5. bis 30.9. an Wochenenden.

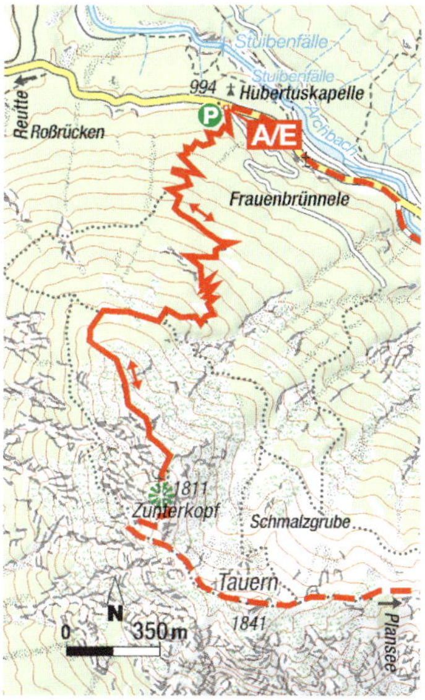

Auto: Auf der A95 und B2 nach Oberau und auf der B23 nach Ettal. Hinter dem Ort auf der St2060 über Linderhof und die Landesgrenze zum Plansee. Weiter auf der L 255 Richtung Reutte bis zum Wanderparkplatz bei der Hubertuskappelle.

Einkehr
Unterwegs keine Möglichkeit. Nach der Tour im Hotel Seespitze, hotel-seespitze.at

Ausrüstung
Normale Bergwanderausrüstung

Karte
AV-Karte BY 6 »Ammergebirge West« 1:25.000

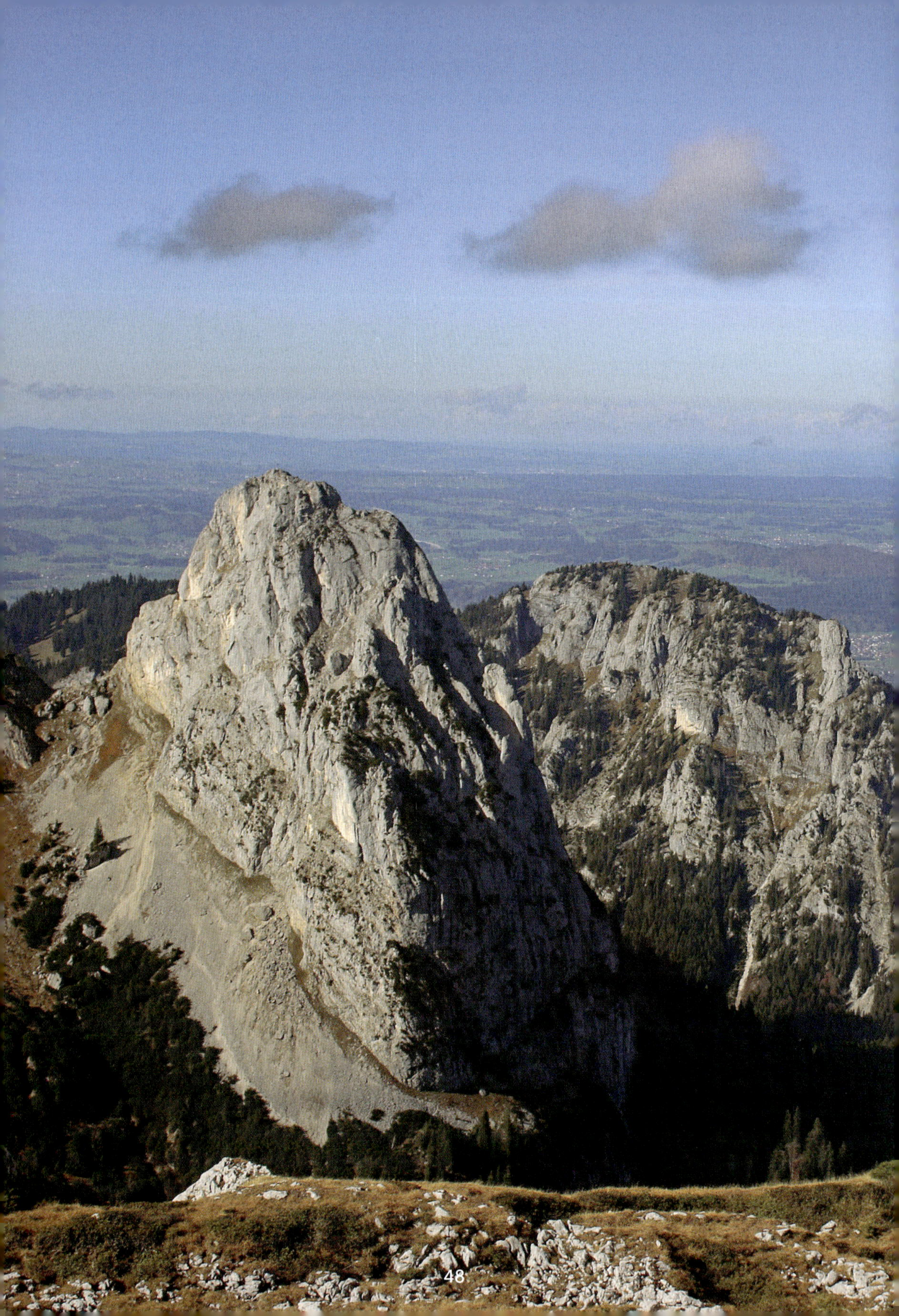

AMMERGAUER ALPEN

Touren im Sommer

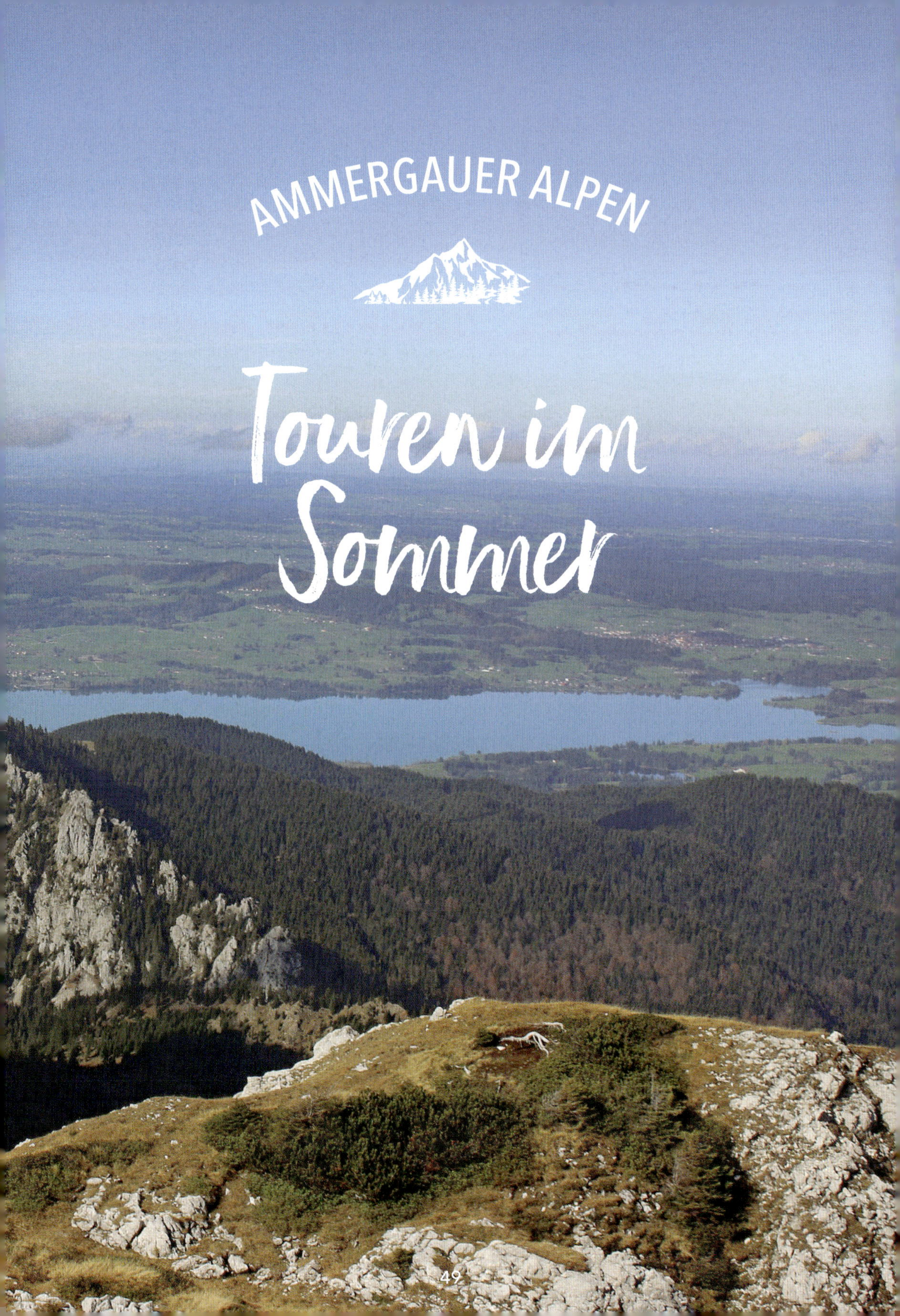

PER BIKE & HIKE ZU VERSTECKTEM KLEINOD

7

Rund um den Hasentalkopf

Der Hasentalkopf liegt in einer besonders schönen Ecke der Ammergauer Alpen und lockt nicht mit topografischen Rekorden, sondern mit einer bezaubernden Berglandschaft, an der man keinesfalls vorbeieilen sollte.

Man folgt vom großen Parkplatz aus (am besten mit dem Fahrrad) dem breiten Forstweg nach Osten, überquert die Linder und hält sich an der Gabelung rechts, um dem Sägertal zu folgen. Nach etwa drei Kilometern wird die Forststraße steiler. Hier lässt man am besten das Rad stehen.

Via Lösertalmösl zum Scheinbergjöchl

Weiter geht es zu Fuß bis zur Abzweigung zum »Lösertaljoch«. Hier geht man links und gelangt in einer schönen, hangparallelen Querung (den Hasentalgraben überquerend) ins wunderschöne Lösertalmösl.

In dem kleinen Hochtal wendet sich der Weg nach Westen und führt unter den Wänden des rechterhand gelegenen Hasentalkopfs zum Lösertaljoch hinauf. Hier hält man sich rechts Richtung »Kenzenhütte« und steigt in Serpentinen zum Scheinbergjöchl (1769 m) hinauf. Hier sollte man sich einen schönen Platz suchen, um die Aussicht zu genießen.

Trittsichere und schwindelfreie Bergwanderer können vom Scheinbergjoch aus den Haseltalkopf selbst besteigen (siehe Variante). Dann handelt es sich aber nicht mehr um eine leichte Bergtour.

Tipp

Wer flache »Forstweg-Hatscher« wie der Teufel das Weihwasser scheut, dem sei gleich zu Beginn empfohlen, die ersten drei flachen Kilometer entlang des Sägertalbaches mit einem Fahrrad zurückzulegen. Das muss auch kein Mountainbike oder gar E-Bike sein, ein ganz normales Trekkingrad reicht bis zur ersten richtigen Steigung völlig aus.

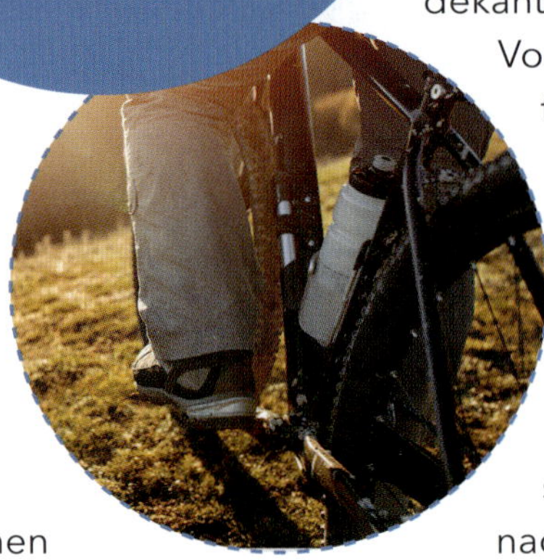

Abstieg über den Bäckenalmsattel

Vom Scheinbergjöchl führt der Weg anschließend absteigend in einen Bergkessel hinab und dann in etwa der gleichen Höhe in einem weiten Bogen zur Geländekante der Kesselwand. Von dort geht es etwas felsiger und steiler zum Bäckenalmsattel hinab. Dort wendet man sich nach rechts und folgt dem Talweg durch einen schönen Bergwald nach Osten bis zur

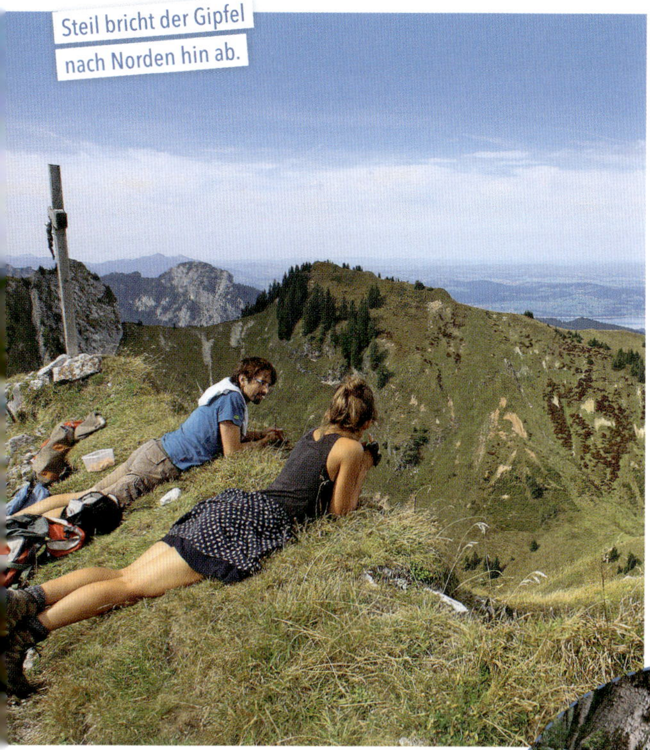
Steil bricht der Gipfel nach Norden hin ab.

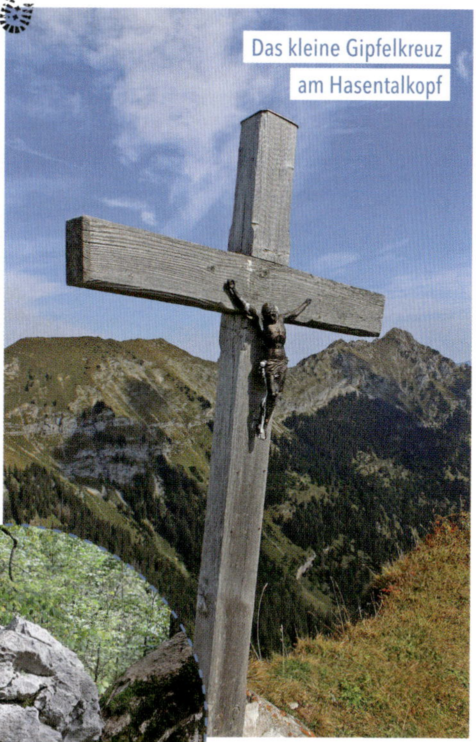
Das kleine Gipfelkreuz am Hasentalkopf

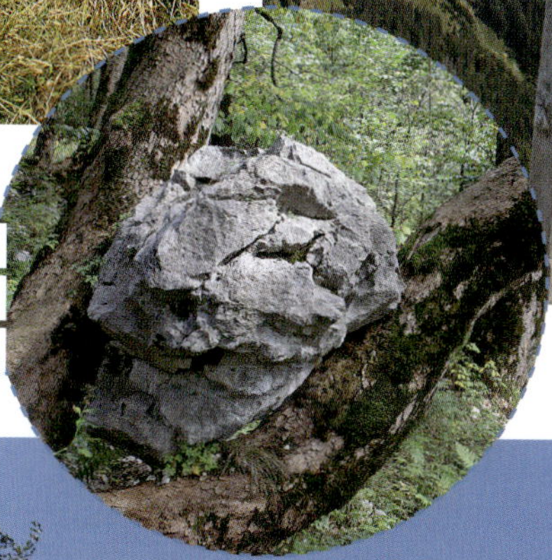
Bergahorne können mächtige Felsen aufhalten.

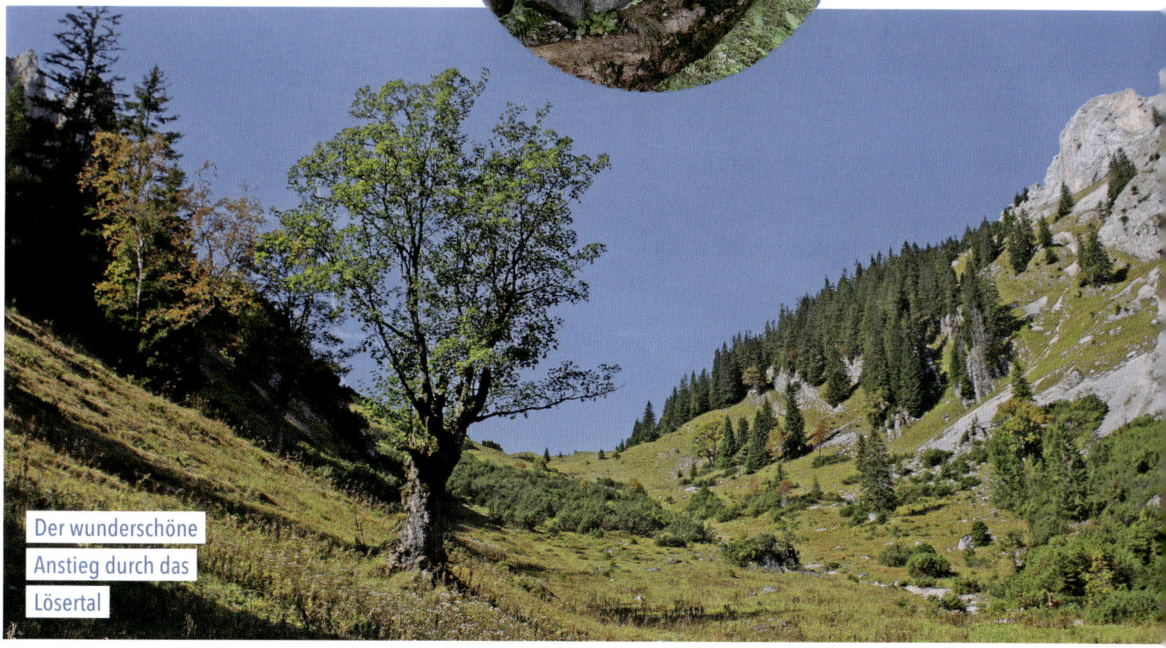
Der wunderschöne Anstieg durch das Lösertal

Abzweigung vom Beginn der Runde. Von dort geht es auf bekanntem Weg zum Ausgangspunkt am Wanderparkplatz zurück.

Gipfelvariante Hasentalkopf

Um den Hasentalkopf (1797 m) zu besteigen, zweigt man am Scheinbergjoch unbeschildert nach rechts ab und folgt immer dem Kammverlauf (deutlicher Pfad) bis zum Gipfelkreuz. Für den Abstieg können trittsichere Bergwanderer direkt einem südlich unterhalb des Gipfels nach Norden hinabführenden Pfad folgen. (Sehr steil, anfangs nur Wegspuren – nicht bei Nässe!).

Dieser wird weiter unten zu einem deutlicheren Pfad, führt einen Rücken entlang und wendet sich dann nach links (gut auf den Pfad achten), um über lichtes Waldgelände den Verbindungsweg zwischen Scheinbergjöchl und Bäckenalmsattel zu erreichen. (Wenn man sich das nicht zutraut oder wenn es feucht ist, geht man zurück zum Scheinbergjöchl und folgt dort diesem Weg nach Norden.)

Hinweis

Das Gebiet am und rund um den Hasentalkopf ist übrigens ein Wald-Wild-Schongebiet im Rahmen der DAV-Initiative »Skibergsteigen umweltfreundlich« (siehe S. 144). Das heißt, es ist ein freiwilliges Schutzgebiet, das im Winter keinesfalls befahren oder betreten werden sollte.

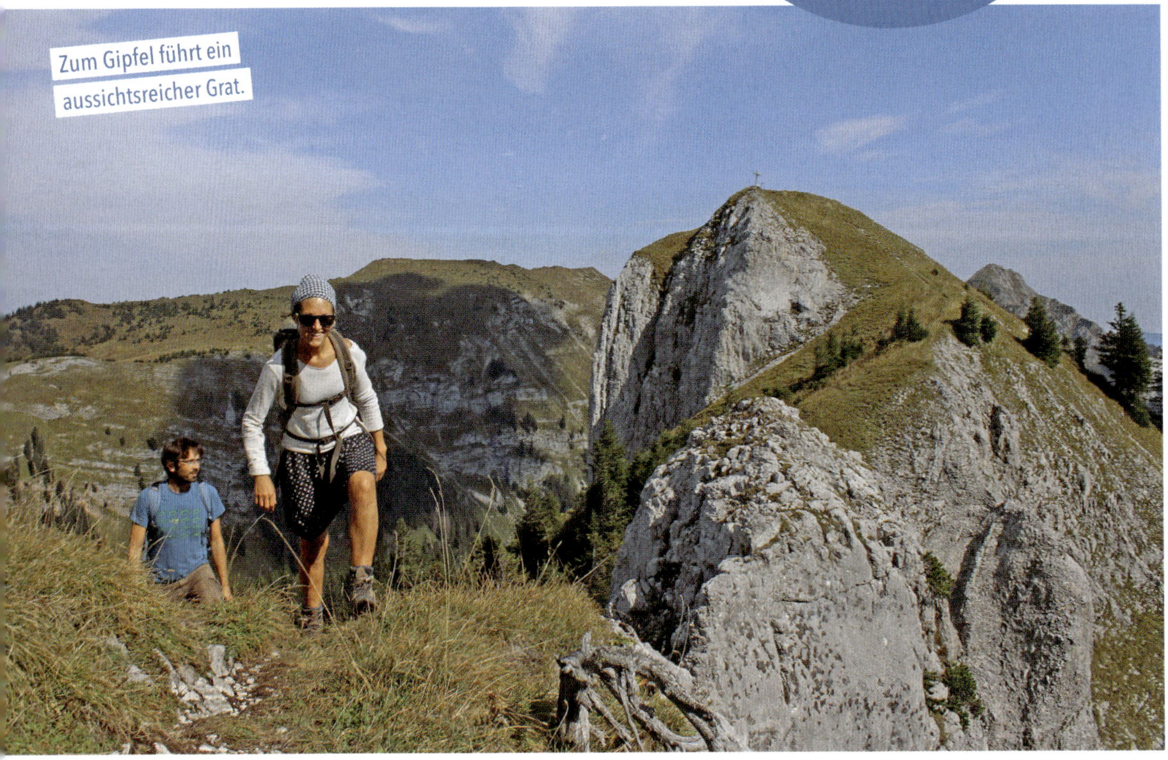

Zum Gipfel führt ein aussichtsreicher Grat.

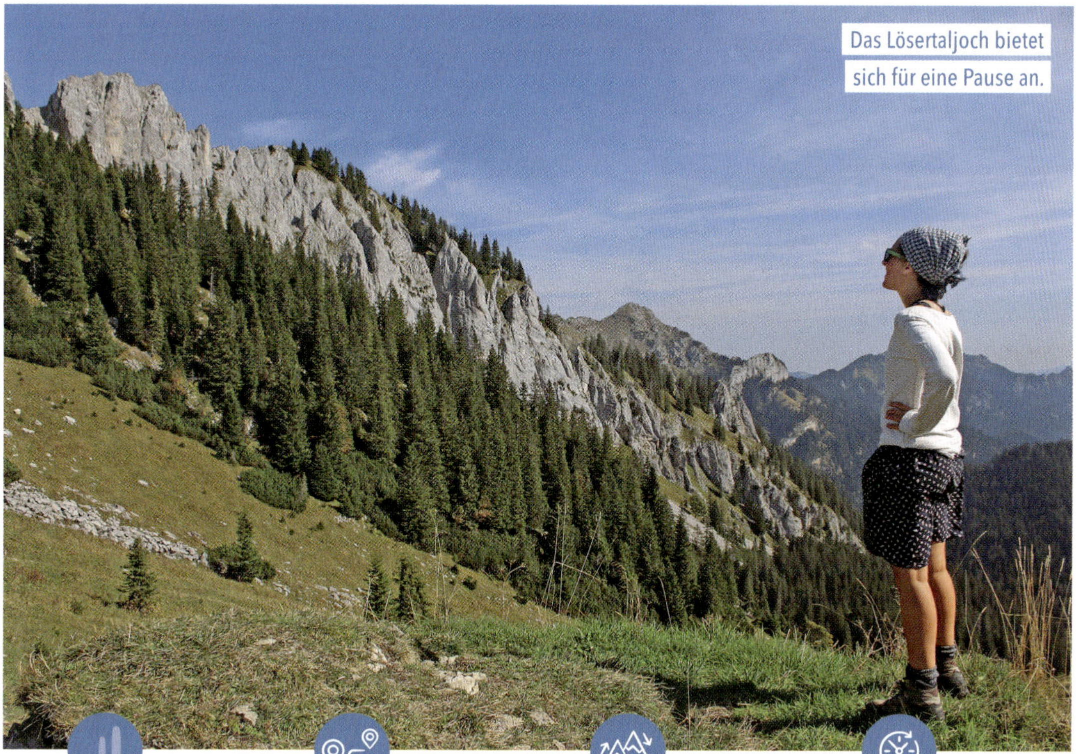

Das Lösertaljoch bietet sich für eine Pause an.

leicht | 14,1 km | 840 Hm | 5.30 h

Alles auf einen Blick

Tourencharakter
Wunderbare Rundtour ohne technische Schwierigkeiten. Für die optionale Gipfelbesteigung ist aber gute Trittsicherheit erforderlich (siehe Tipp S. 50).

Ausgangs-/Endpunkt
Wanderparkplatz Sägertal (970 m) an der St2060

Anfahrt
ÖPNV: Von München Hbf. Regionalzug nach Oberau bzw. mit Umsteigen in Garmisch-Partenkirchen nach Reutte und mit Bus 9624 bis Haltestelle »Stock«. Verkehrt von 1.5. bis 30.9. an Wochenenden.
Auto: Auf der A95 und B2 nach Oberau, weiter auf der B23 nach Ettal. Hinter dem Ort auf der St2060 nach Linderhof und weiter der Talstraße folgen bis zu Wanderparkplatz Sägertal (auf der rechten Seite, ca. 2 km nach Linderhof).

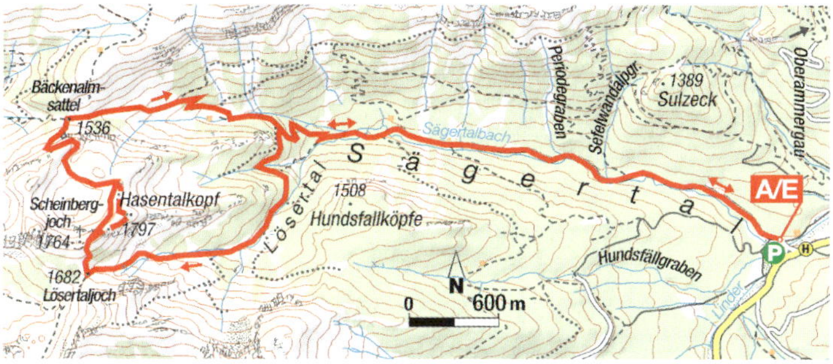

Einkehr
Unterwegs keine Möglichkeit. Nach der Tour sind in Graswang die Gröbl-Alm (groebl-alm.de) und in Ettal die Ettaler Mühle (ettaler-muehle.de) empfehlenswert.

Ausrüstung
Normale Bergwanderausrüstung; zusätzlich ist ein Trekking- oder Mountainbike zu empfehlen (»Bike & Hike«).

Karte
AV-Karte BY 6 »Ammergebirge West« 1:25.000

DREI TAGE AUF KÖNIGLICHEN SPUREN

8

Durch die Ammergauer Alpen

Diese grandiose Überschreitung ist die einzige Möglichkeit, eine Dreitagestour mit zwei Hüttenübernachtungen in den Ammergauer Alpen zu unternehmen. Denn es gibt nur wenige Bergsteigerunterkünfte zwischen Loisach und Lech.

Unterammergau ist der ideale Ort, um zu der herrlichen Ost-West-Durchquerung der Ammergauer Alpen aufzubrechen und in drei Tagen über das Pürschlinghaus und die Kenzenhütte nach Hohenschwangau zu wandern.

Tag 1: Unterammergau – August-Schuster-Haus (Pürschlinghaus)

Vom Bahnhof Unterammergau folgt man zunächst der Pürschlingstraße. Nach den letzten Häusern wird die Straße zur Schotterstraße und man wandert das Tal der Schleifmühlenlaine bergan. An einer Gabelung folgt man nach links dem Schild »Pürschling, Maximiliansweg«. Es geht auf schmalerem Weg ein Stück steiler bergauf. Nachdem es flacher wird, gelangt man auf eine große Lichtung, wo man das Pürschlinghaus in der Ferne sieht. Man stößt auf die breite Forststraße und folgt dieser geradeaus. An der nächsten Gabelung geht man halb links und über eine Brücke.

Nun wird es steiler. Man kommt an der Josefskapelle vorbei, hinter der der Weg in gleichbleibender Neigung die Nordflanke des Sonnenberggrates zum malerisch gelegenen August-Schuster-Haus quert.

Tag 2: August-Schuster-Haus (Pürschlinghaus) – Kenzenhütte

An der Hüttenterrasse folgt man dem Schild »Brunnenkopfhäuser«. Der schöne Bergweg zieht in immer der gleichen Höhe unterhalb des Laubenecks und des Hennenkopfs in Richtung Westen weiter. Nach einiger Zeit wird eine Abzweigung nach rechts hinauf zum Hennenkopf ignoriert.

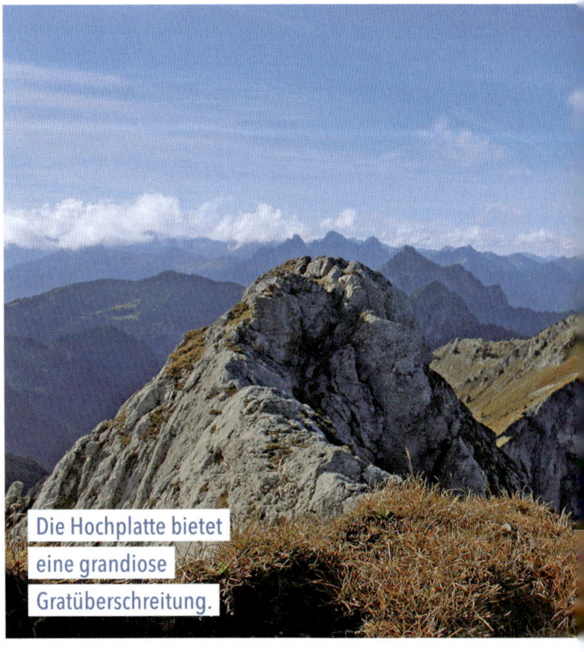

Die Hochplatte bietet eine grandiose Gratüberschreitung.

Erster Stützpunkt ist das traditionsreiche August-Schuster-Haus.

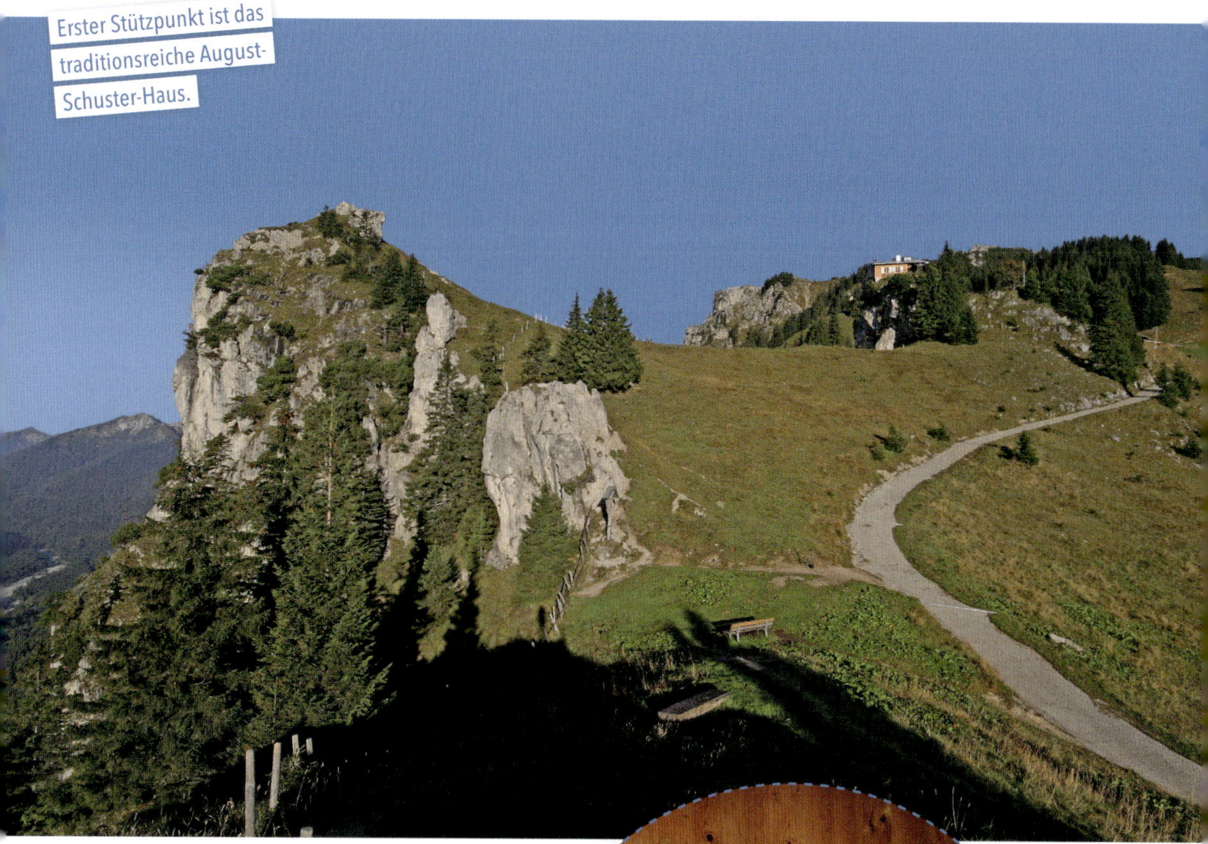

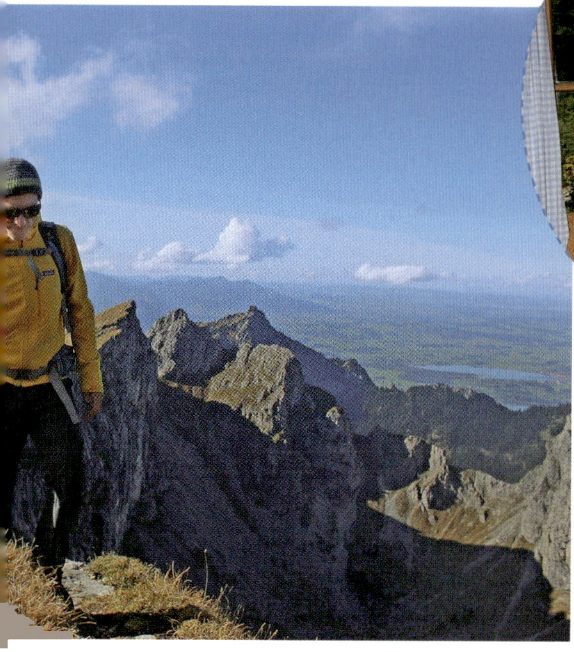

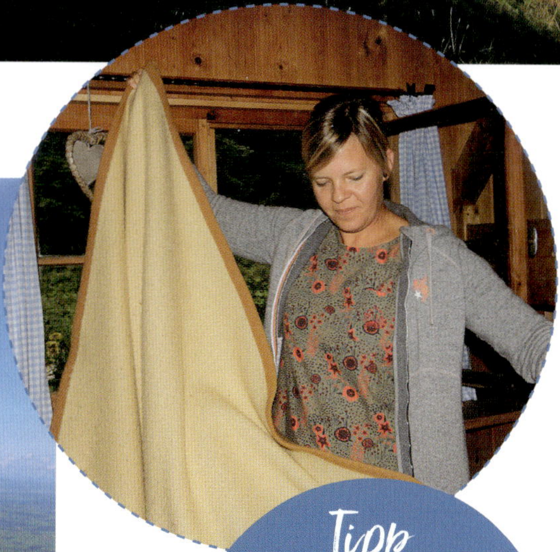

Tipp

Sowohl am August-Schuster-Haus als auch auf der Kenzenhütte macht es großen Sinn, vorab seine Schlafplätze zu reservieren – und dies nicht nur an Wochenenden.

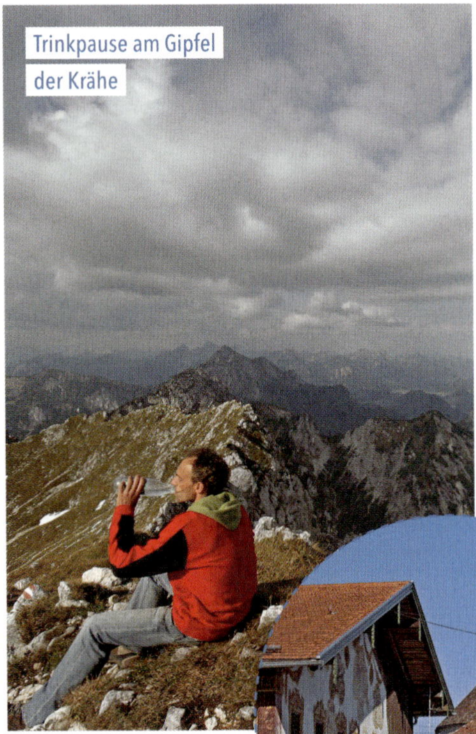

Trinkpause am Gipfel der Krähe

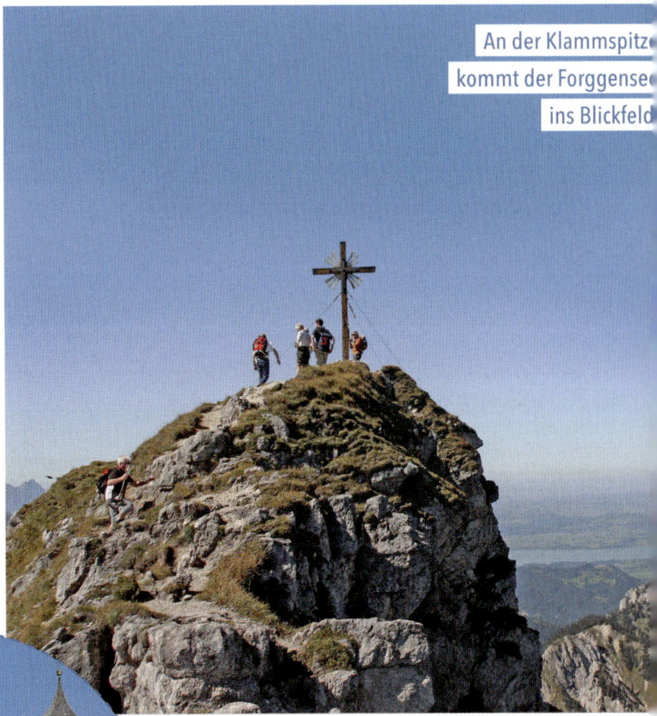

An der Klammspitze kommt der Forggensee ins Blickfeld

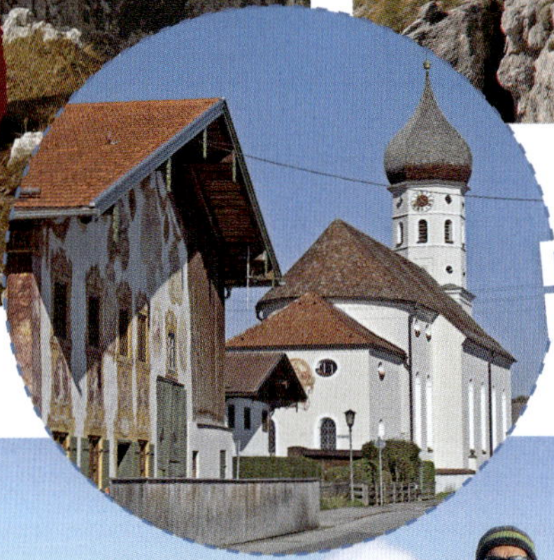

Die Tour startet in Unterammergau.

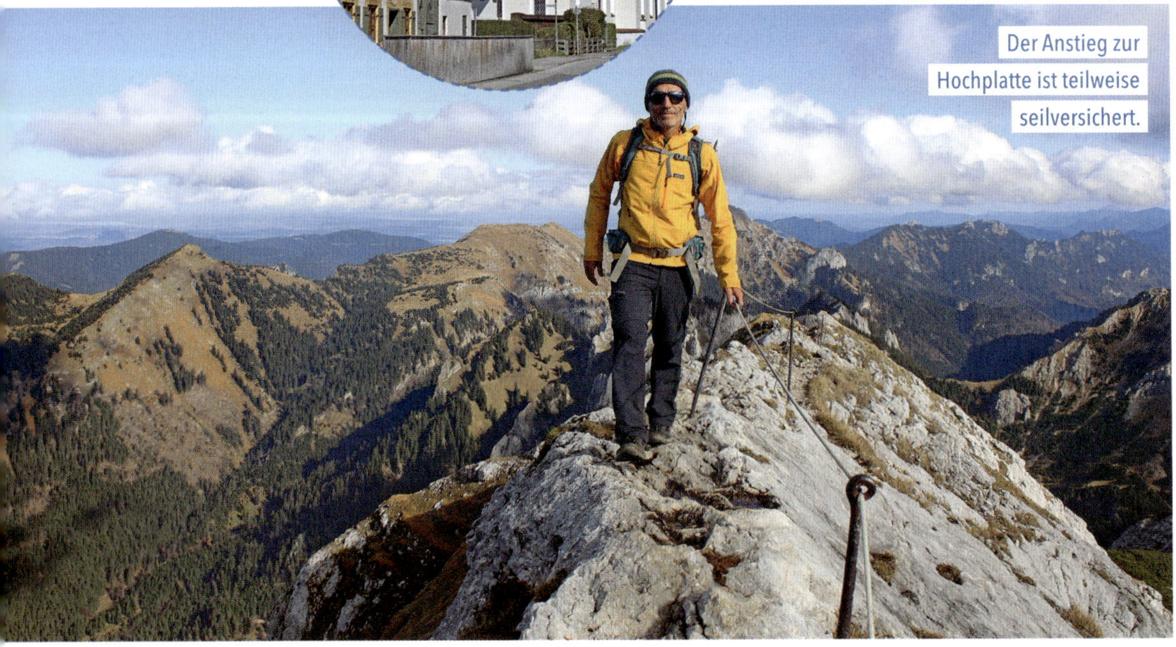

Der Anstieg zur Hochplatte ist teilweise seilversichert.

Leicht absteigend geht es weiter geradeaus. Der Weg verläuft ein Stück entlang des Kammes und stößt schließlich auf einen Fahrweg, der zu den Brunnenkopfhäusern leitet.

Bei der Hütte geht es nicht (!) nach rechts zum Brunnenkopf hinauf, sondern geradeaus weiter nach Westen (Schild »Alpine Erfahrung und Trittsicherheit notwendig«). Man überquert einen kleinen Sattel und bekommt dort einen Blick auf die Klammspitze. Leicht absteigend geht es in den Bergkessel östlich der Klammspitze und wieder steiler auf zuletzt schlechtem Weg zu einem Absatz. Von hier ist es nur ein Katzensprung zu einem Sattel, von dem es in leichter Kletterei über die Südflanke zum Gipfelkreuz der Großen Klammspitze (1924 m) hinaufgeht.

Vom Gipfel folgt man dem Grat nach Westen, zunächst bergab zu einem ersten Sattel. Ein ausgesetztes Gratstück wird links umgangen. Man erreicht eine Scharte (Stahlseil), und schließlich in einem kurzen Anstieg über Wiesenhänge den breiten Rücken des Feigenkopfes (1866 m), dem man nach Westen folgt. Der Weg wendet sich bald nach links (Schild »Kenzenhütte«) und führt als schmaler Wiesenpfad zu der bereits von oben sichtbaren Hirschwanghütte hinab. Bei der kleinen Holzhütte zieht der Pfad nach links und führt steiler (bei Nässe Rutschgefahr) zum Bäckenalmsattel hinab. Hier folgt man dem Fußweg nach rechts, der weiter unten auf einen alten Fahrweg trifft. Bevor dieser Karrenweg ganz steil wird, biegt man nach links von diesem ab und kommt auf einem Fußweg das letzte Stück hinab zur Kenzenhütte.

Tag 3: Kenzenhütte – Hohenschwangau

An der Kenzenhütte folgt man zunächst einem Fahrweg leicht bergan (Wegweiser »Hochplatte, Gabelschrofen, Geiselstein«) und zweigt dann in der ersten Kurve nach rechts in einen Fußweg ab. Gleich stößt man an eine Weggabelung und geht hier links Richtung »Hochplatte«. Steiler ansteigend gelangt man wieder auf den Fahrweg und geht nach rechts. Wieder flacher, durchwandert man bald ein schönes, freies Hochtal. Dort, wo es steiler wird und sich die Wegspuren aufteilen, hält man sich rechts und an einer Gabelung wieder rechts in Richtung »Hochplatte«. Zunächst flach, dann leicht ansteigend quert der Weg einen Bergkessel und führt kurz über Felsplatten in ein kleines Tälchen. An den nächsten zwei Weggabelungen geht es erneut rechts in Richtung Hochplatte.

Durch Latschen- und Karstgelände leiten nun rote Markierungen weiter. Nach einem Aufschwung wird mithilfe eines Geländers ein ausgesetztes Gratstück überschritten, von dem aus man dem breiteren Kamm zum Gipfel der Hochplatte (2082 m) folgt. Weiter geht es immer entlang des teilweise ausgesetzten Grates nach Westen. Auf dem ziemlich schmalen Steig ist Trittsicherheit erforderlich, nur wenige Stellen sind mit Drahtseilen gesichert. Über einen wieder breiteren

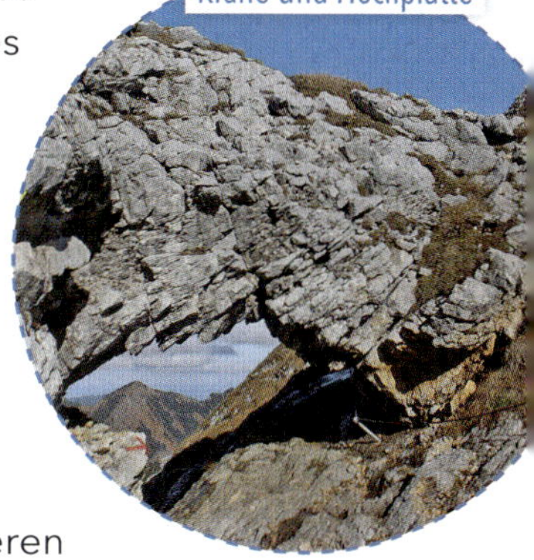

Das »Fensterl« zwischen Krähe und Hochplatte

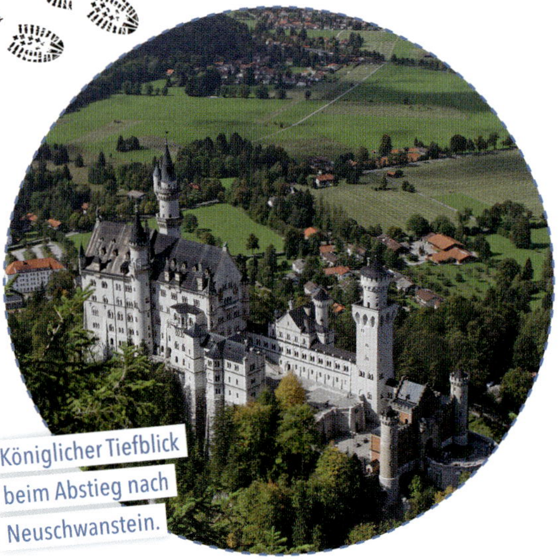

Königlicher Tiefblick beim Abstieg nach Neuschwanstein.

Rücken steigt man in den Sattel zwischen Hochplatte und Krähe ab, wo sich im Fels das markante »Fensterl« befindet.

Immer in derselben Richtung geht es zunächst flach, dann etwas ansteigend zum Gipfel der Krähe (2010 m) weiter. Man steigt nun den Kamm in eine Scharte hinab, wo man sich nach rechts in die Nordflanke wendet und bald darauf den Gabelschrofensattel erreicht. Hier folgt man dem Wegweiser »Niederer Straußbergsattel«. Der Weg ist zunächst schlecht, führt dann aber in guten Serpentinen in den Schwangauer Kessel. Hier wendet er sich nach links und zieht zunächst in einer langen Querung (Abzweiger in Richtung Geiselstein ignorieren) und dann über zwei lange Serpentinen zum Niederen Straußbergsattel bergab. Man geht rechts (Richtung »Tegelberghaus«), steigt ein kurzes Stück leicht bergab und quert einen feuchten Wiesenkessel (zum Teil Holzstege), um auf der anderen Seite zum Ahornsattel aufzusteigen. Hier geht es nach rechts zum Tegelberghaus. Der Weg quert leicht ansteigend nach Westen, wobei ein erodiertes Wegstück umgangen wird. Man kommt auf einen Absatz und sieht den Branderschrofen (das ist der Gipfel des Tegelbergmassivs) vor sich aufragen. Nachdem man ein letztes Mal zu einem Sattel abgestiegen ist, geht man geradeaus weiter. Zunächst ansteigend und dann flach führt der Fußweg zum Tegelberghaus.

Dort wendet man sich nach rechts und steigt über eine breite Trasse bergab. An der folgenden Gabelung geht man links in Richtung »Hohenschwangau«. Den bald danach folgenden Abzweiger nach rechts zur »Gelben Wand« ignoriert man und steigt weiter geradeaus ab. Es folgen viele Serpentinen, dann ein leichter Anstieg, hinter dem man einen Aussichtspunkt zu den Königsschlössern mitnehmen kann. Ohne Orientierungsprobleme führt der Weg mit schönen Talblicken bergab und erreicht schließlich die Marienbrücke. Dahinter führt ein Teerweg zu einem Buswendeplatz. Hier geht man kurz nach rechts und dann nach links, um dem »autofreien Weg nach Hohenschwangau« zu folgen. Über diese breite Fahrstraße kommt man schließlich nach Hohenschwangau hinab. Nun rechts kommt man zur Bushaltestelle.

Abkürzung 1: Kenzenhütte – Gabelschrofensattel

Wer die letzte Etappe verkürzen möchte, kann von der Kenzenhütte direkt zum Kenzensattel und zum Gabelschrofensattel ansteigen. Man folgt hierfür an der ersten Weggabelung dem Wegweiser Richtung »Geiselstein/Gabelschrofen«. Der Weg führt erst entlang des Baches nach Süden und wendet sich dann nach rechts, um steiler ansteigend den Kenzensattel zu erreichen.

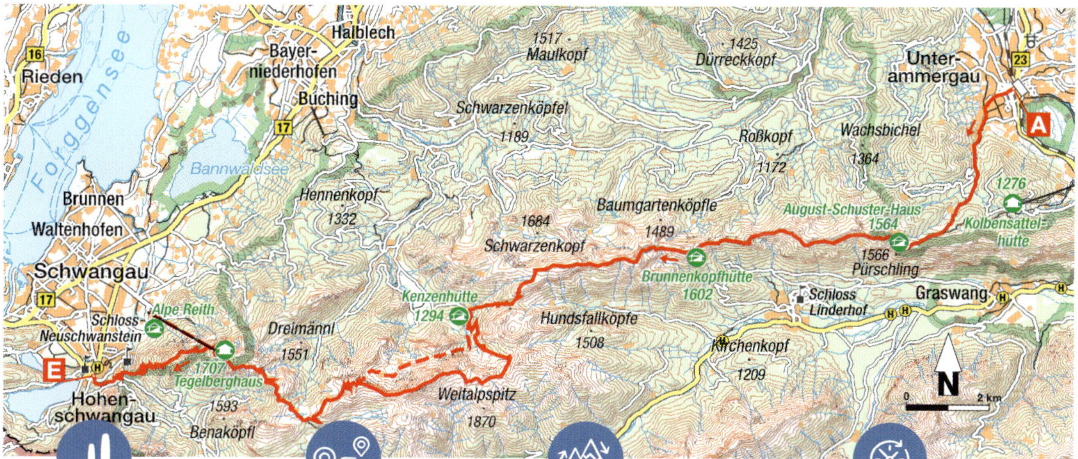

schwer

37,3 km

2650/2660 Hm

16.00 h

Alles auf einen Blick

Tourencharakter
Großartige Gebirgsüberschreitung, die abschnittsweise Trittsicherheit, bei der Überschreitung der Hochplatte auch Schwindelfreiheit erfordert. Für den dritten Tag braucht man eine gute Kondition.

Ausgangspunkt
Unterammergau, Bahnhof (830 m)

Endpunkt
Hohenschwangau, Bushaltestelle bei der Touristinformation (810 m)

Anfahrt
ÖPNV: Von München Hbf. Regionalzug mit Umsteigen in Murnau nach Unterammergau. Rückreise mit Bus 73 (mehrmals stündlich) zum Bahnhof Füssen, von dort Züge direkt bzw. mit Umsteigen in Kempten oder Buchloe in Richtung München.

Einkehr/Unterkunft
August-Schuster-Haus/Pürschlinghaus (1564 m), DAV, 54 Zimmerlager- und 12 Matratzenlagerplätze, august-schuster-haus.de; Brunnenkopfhütte (1602 m), DAV, 36 Matratzenlagerplätze, brunnenkopfhuette.com; Kenzenhütte (1294 m), privat, 8 Stockbettenzimmer und 33 Matratzenlagerplätze, kenzenhuette.de; Tegelberghaus (1707 m), keine Übernachtung, tegelbergbahn.de

Ausrüstung
Normale Bergwanderausrüstung; zusätzliche Ausrüstung für Hüttenübernachtung (u. a. Hüttenschlafsack, Hausschuhe, Waschzeug)

Karten
AV-Karte BY 6 »Ammergebirge West« und BY 7 »Ammergebirge Ost« 1:25.000

Weitere Informationen
■ Seilbahn: Tegelbergbahn (Großkabinenbahn), im Sommer von April bis Anfang November in Betrieb, tegelbergbahn.de

Von dort geht es nun unterhalb der gewaltigen Hochplatte-Nordflanke nach Westen weiter. Bei den ersten beiden Gabelungen hält man sich links, bei der dritten rechts, und steigt erst noch flach, dann zunehmend steiler zum Gabelschrofensattel auf. Von dort weiter wie oben beschrieben.

Abkürzung 2: Abfahrt mit der Tegelbergbahn
Man kann sich den 900 Höhenmeter langen Abstieg nach Hohenschwangau sparen, indem man die Tegelbergbahn benutzt. Die letzte Talfahrt ist um 17 Uhr, von der Talstation verkehren Busse nach Füssen.

ALLES WISSENSWERTE ÜBER

Die Wittelsbacher und ihr Ammergebirge

Von Heinrich Mann wissen wir, wie sehr der Bourbonenkönig Heinrich IV. seine Pyrenäen liebte. Von der Zuneigung der Wittelsbacher zum Ammergebirge gibt es zwar keine literarischen, dafür viele architektonische Zeugnisse.

Direkt an der Westgrenze des Ammergebirges setzten Vater und Sohn außergewöhnliche architektonische Duftmarken. Schon Maximilian II. verliebte sich in die Ecke zwischen Lech und Tegelberg und ließ 1832 die alte Burg Schwanstein zum heutigen Schloss Hohenschwangau umbauen. Sein Sohn, König Ludwig II. optimierte nach dem Tod des Vaters zwar dessen Ausstattung, war aber mit dem Ergebnis wohl nicht ganz glücklich. Jedenfalls ließ er gute drei Jahrzehnte später auf dem gegenüberliegenden Hügel seine idealisierte Vorstellung einer Ritterburg aus dem Mittelalter errichten. Das Schloss

Der Vater Ludwigs II. baute Hohenschwangau zum Schloss um.

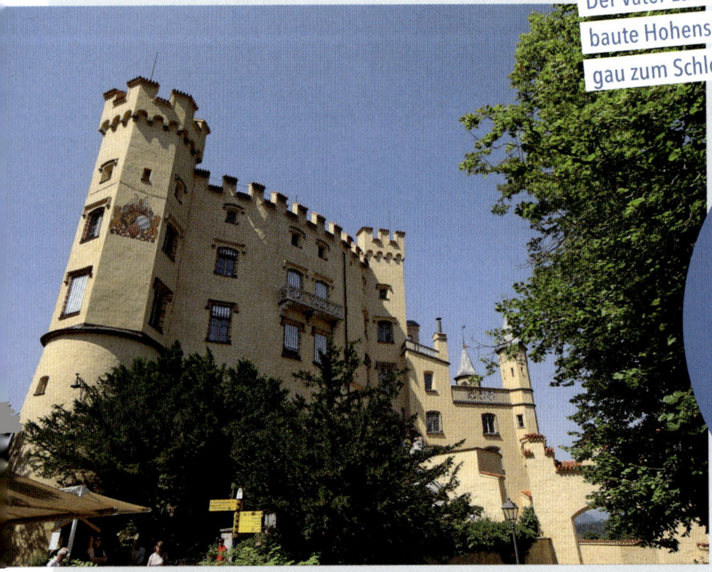

Museum der bayerischen Könige

In einem ehemaligen Grandhotel am Alpsee, zu Füßen der Königsschlösser Neuschwanstein und Hohenschwangau, können Besucher im modernen Museum der bayerischen Könige in die Welt der Wittelsbacher eintauchen – von ihren Anfängen im Mittelalter bis zu den heutigen Nachfahren. Infos unter: hohenschwangau.de

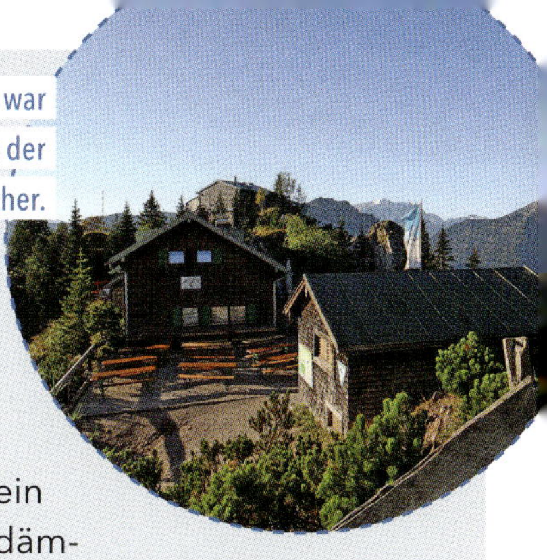

Das Pürschlinghaus war einst ein Jagdhaus der Wittelsbacher.

Neuschwanstein ist mit 706.000 Besuchern (im Jahr 2022) das meistbesuchte Schloss Bayerns. Immerhin 206.000 Besucher kann das deutlich kleinere Schloss Linderhof verzeichnen, das der Märchenkönig nicht am Rand der Ammergauer Alpen, sondern in ihrem Herzen, im schönen Lindertal, erbauen ließ.

Aber nicht nur in den Tälern hinterließen die Wittelsbacher ihre Spuren. Vor allem Maximilian II. liebte die Jagd. Und da der Adel ungern im Freien übernachtet, wurden an besonders schönen Bergplätzen Jagdunterkünfte erbaut. So gehen die beliebten, heutigen Berggasthäuser Tegelberghaus, Brunnenkopfhäuser und Pürschlinghaus auf Jagdhütten der Wittelsbacher zurück.

Der Märchenkönig in den Ammergauer Alpen

In den Jahren 1871 bis 1879 verbrachte König Ludwig II. viel Zeit auf den Brunnenkopfhäusern – auch, um seinen schwermütigen Gedanken nachzuhängen: »Auf den Bergen ist Freiheit, und überall, wo der Mensch nicht hinkommt. Ich genieße noch ein paar Wochen lang die mir sowohl bekommende kalte Bergesluft vor der unseligen Einkerkerung im wenig geliebten München [...] Ich liebe nicht das Befassen mit neuen Menschen [...], auch will ich mich der verdammten Höllendämmerung, die mich beständig in ihren qualmenden Dunstkreis reißen will, entziehen, um selig zu sein in der Götterdämmerung der erhabenen Berges-Einsamkeit, fern von dem Tage, dem verhassten Feind, fern von der Tages-Sonne sengendem Schein! Fern der profanen Alltagswelt, der heillosen Politik, die mit ihren Polypenarmen mich umschlingen will und jede Poesie so gerne gänzlich ersticken möchte, [...] auf der Höhe des Brunnenkopfs, nicht sehr entfernt von Ettal, dem Gralstempel ähnlichen Bau!«

Der Maximiliansweg

Schließlich folgt auch das Wegenetz im Ammergebirge teils königlichen Spuren. Wer von Unterammergau nach Füssen wandert, der kommt auf einem besonders aussichtsreichen Teil des Maximiliansweges aus dem Schauen nicht mehr heraus. Der Wanderweg wurde nach dem Vater von Ludwig II. und Otto I., Maximilian II. Joseph von Bayern, benannt, der im Sommer 1858 eine mehrwöchige Reise von Lindau nach Berchtesgaden unternahm. Meist fuhr der Monarch zwar in Kutschen, aber einige Stücke legte er zu Pferd zurück. Hierfür wurden sogenannte Reitwege angelegt, von denen aus er dann auch einige Gipfel bestieg.

EIN HÖHEPUNKT DES AMMERGEBIRGES

9

Rund um den Geiselstein

Wilde Gämsen, steile Wände, mutige Kletterer: Bei der Umrundung des markanten Geiselsteins, die unterhalb der mächtigen Hochplatte-Nordwand vorbeiführt, bewegt man sich – wenn auch mit etwas Abstand – in richtig alpinem Ambiente.

Nachdem man mit dem Wanderbus von Halblech bequem zur Kenzenhütte chauffiert worden ist, folgt man von dort zunächst dem Weg Richtung »Hochplatte/Geiselsteinsattel« nach Süden. An der ersten Abzweigung wendet man sich dann Richtung »Geiselsteinsattel/Kenzensattel«.

Vorbei am Kenzenwasserfall

Der Weg wird steiler und überwindet eine Felsstufe, über die der Kenzenwasserfall herabstürzt. Es wird ein Stück lang flacher und man quert an einem Waldrand einen Bach. Nun wendet sich der Weg nach Westen, um wieder steiler über die sogenannte Gasse zum Kenzensattel aufzusteigen. Oben angekommen wird schlagartig ein beeindruckender Blick auf die mächtigen Nordwände der links aufragenden Hochplatte und auf den markanten Kalkzacken des Geiselsteins frei.

Vom Kenzensattel aus ist für trittsichere Bergwanderer ein Abstecher nach rechts zum knapp 100 Meter höheren Kenzenkopf möglich, der eine tolle Aussicht zu bieten hat, die unter anderem bis zum Forggensee reicht.

Vom Kenzen- zum Geiselsteinsattel

Vom Kenzensattel führt der Weg in einer längeren Querung leicht absteigend ins große Gumpenkar, das von Felssturzblöcken, Karstlöchern und Dolinen geprägt ist. An einer Abzweigung hält man sich rechts und folgt einem Steig, der direkt auf den

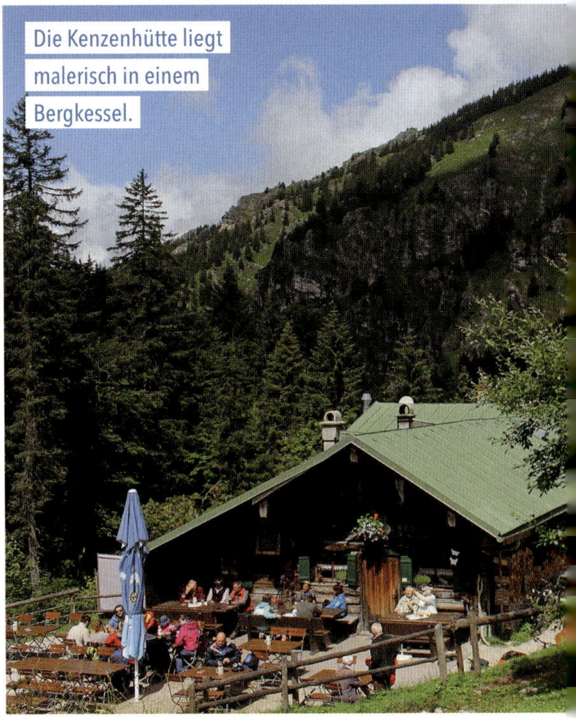

Die Kenzenhütte liegt malerisch in einem Bergkessel.

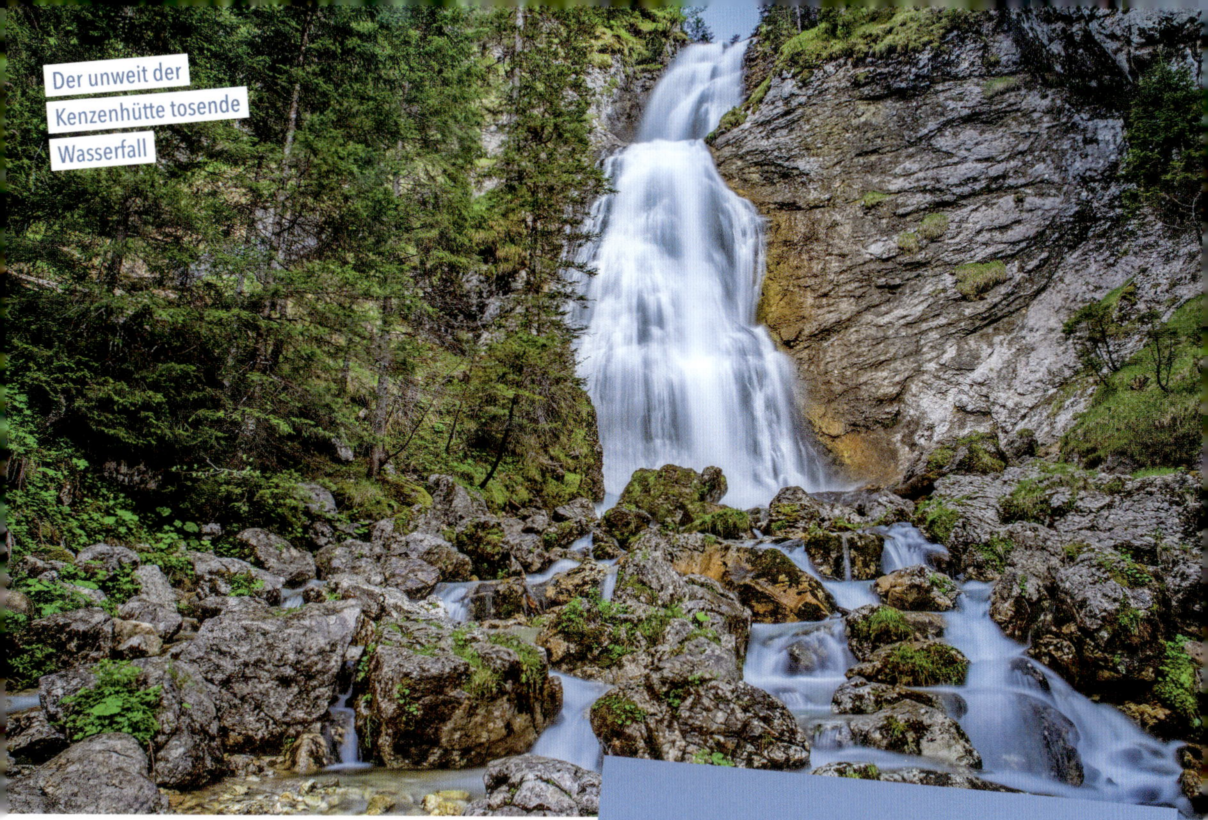

Der unweit der Kenzenhütte tosende Wasserfall

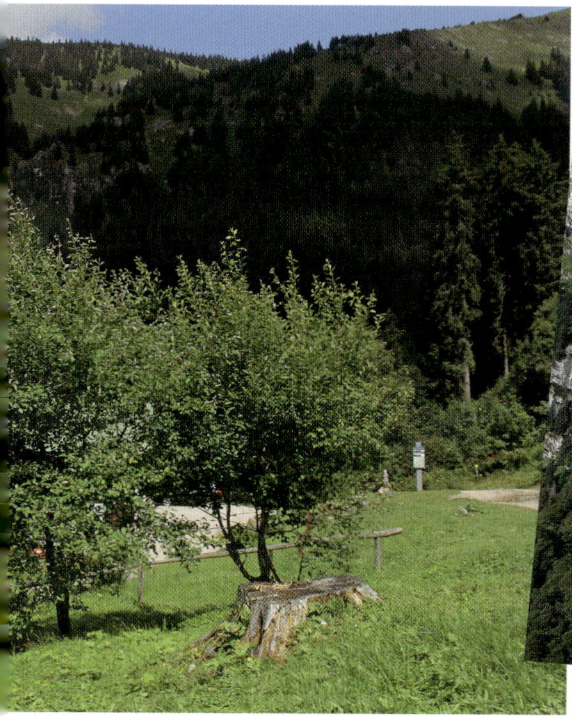

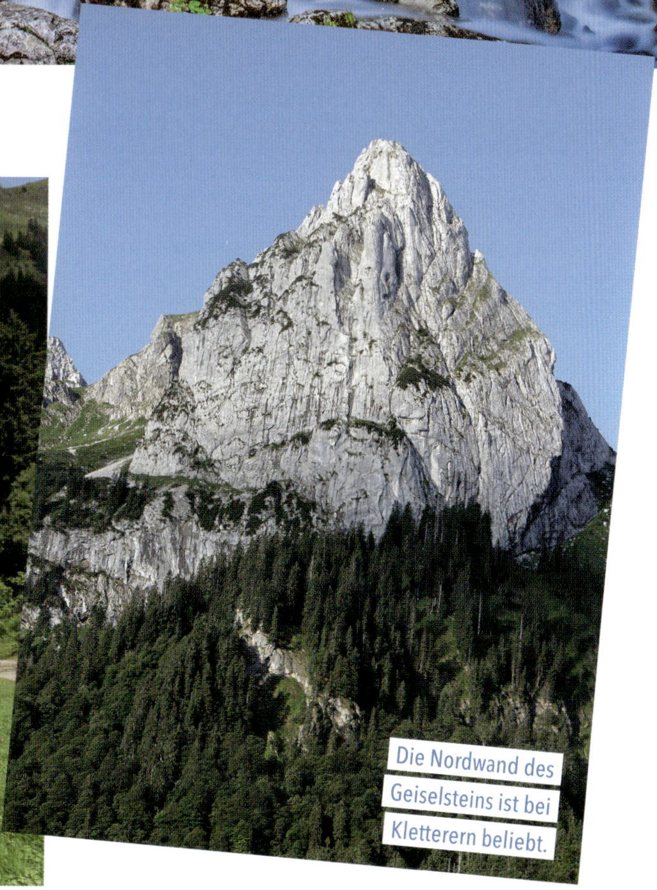

Die Nordwand des Geiselsteins ist bei Kletterern beliebt.

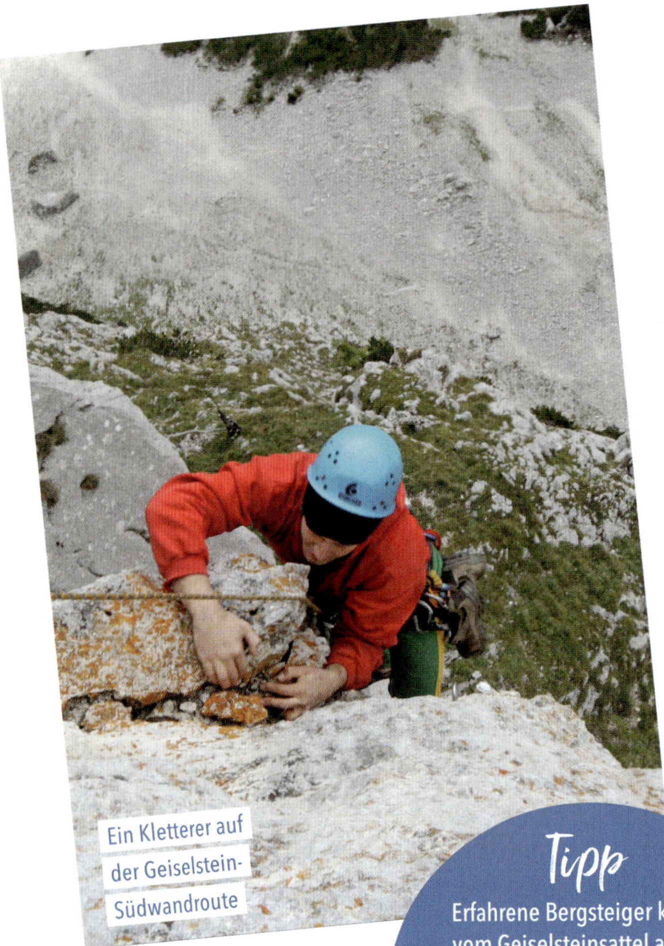

Ein Kletterer auf der Geiselstein-Südwandroute

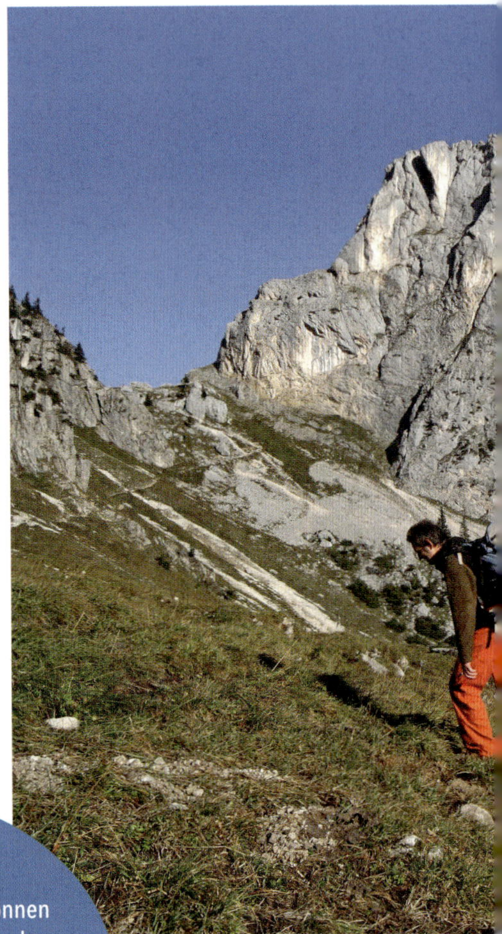

Tipp

Erfahrene Bergsteiger können vom Geiselsteinsattel aus den Gipfel (1882 m) besteigen, wobei Kletterstellen bis II. Schwierigkeitsgrad (UIAA) und ausgesetzte Passagen zu meistern sind. Der Anstieg ist mit roten Punkten markiert, aber nicht seilversichert.

markanten Geiselstein zu führt. Wegen ihrer markanten Gestalt wird das frei stehende Felsmassiv manchmal als »Matterhorn der Ammergauer Alpen« bezeichnet. Die Nordwand fällt immerhin ca. 400 Meter ins Tal ab. An Tagen mit stabilen Wetterverhältnissen wird man hier bestimmt einige Kletterer hören und später auch sehen können, die sich über eine Route der Südwand zum höchsten Punkt hinauf kämpfen.

Bald steigt der Pfad wieder steiler an und führt ohne jegliche Orientierungsprobleme zum Geiselsteinsattel (1720 m) hinauf.

Dieser schöne Ort bietet sich natürlich für eine längere Pause an, wobei sich – je länger man so dasitzt – womöglich die Frage aufdrängt, ob man nicht den Geiselsteingipfel auch ohne Seil besteigen könnte (siehe Tipp).

Hinab in den Wankerfleck

Vom Geiselsteinsattel aus geht es im letzten Teil der Rundtour in vielen Kehren nach Westen hinab. Nach einer Gabelung (hier rechts) quert der weiterhin schmale Bergweg ein Stück lang flacher in Richtung Nordosten, um wieder steiler durch den

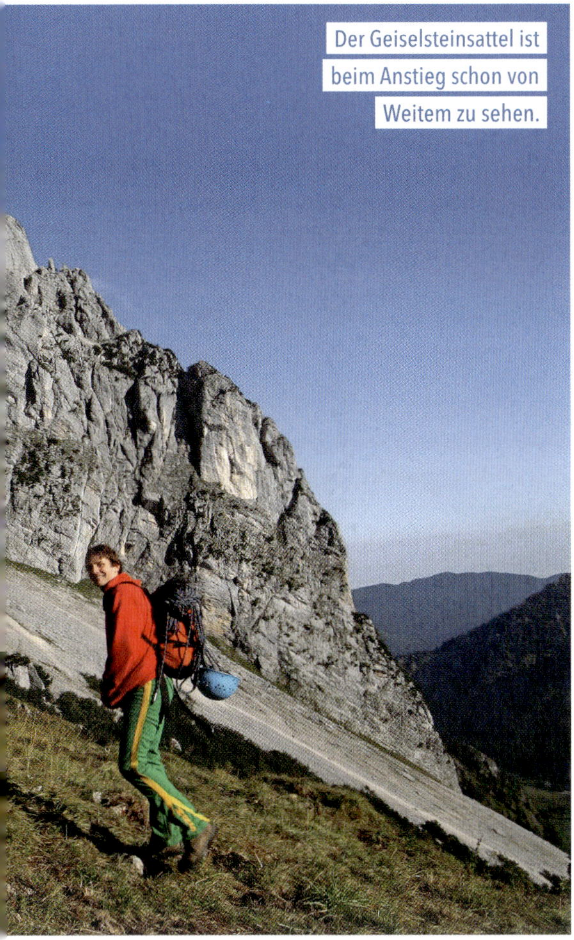

Der Geiselsteinsattel ist beim Anstieg schon von Weitem zu sehen.

recht lichten Wald bergab zu führen. Den Abstieg begleiten wunderschöne, teils uralte Bergahorn-Bäume.

Schließlich erreicht man einen Fahrweg und kurz darauf über diesen den flachen, Wankerfleck genannten Talboden. Man überquert den Gumpenbach und folgt einem meist vorhandenen Pfad über die große Wiese zu einer kleinen Kapelle, wo sich auch die Haltestelle des Kenzenbusses befindet. Ist das Gras auf der Wiese hingegen zu hoch, folgt man besser dem Fahrweg ein Stück nach links, um dann über eine Brücke den Kenzenbach zu überqueren und über einen weiteren Fahrweg die Bushaltestelle zu erreichen.

mittel

7,2 km

530/690 Hm

3.45 h

Auf einen Blick

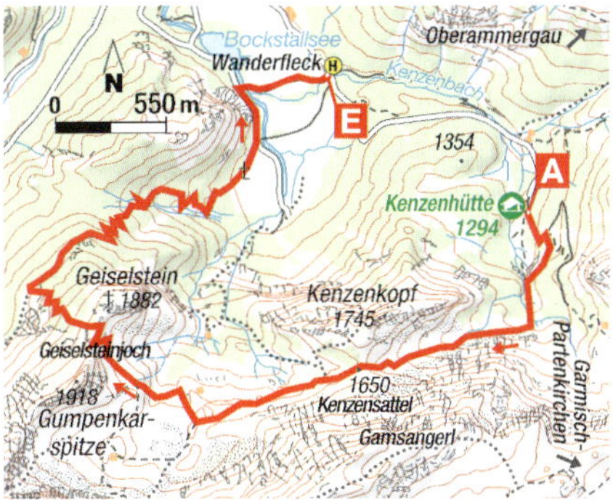

Tourencharakter
Landschaftlich äußerst abwechslungsreiche Rundtour, auf zeitweise auch steilen, aber immer recht gut begehbaren Bergwegen.

Ausgangspunkt
Kenzenhütte (1294 m)

Endpunkt
Bushaltestelle Wankerfleck (1148 m)

Anfahrt
ÖPNV: Regionalzug nach Füssen und mit Bus 9651 nach Halblech. Von dort ca. 500 m Fußweg zum Parkplatz Kenzenhütte. Weiter zur Hütte mit dem Kenzenbus (stündlich Mitte Mai bis Ende Oktober, halblech.de/kenzenhuette.html). Auto: Auf der A95 bis »Landsberg Nord« und auf der B17 über Steingaden nach Halblech. Hier kurz vor Ortsende links in Straße »Am Mühlbach« zum Kenzenparkplatz. Von dort weiter mit dem Wanderbus (s. o.) zur Kenzenhütte.

Einkehr
Unterwegs keine Möglichkeit

Ausrüstung
Normale Bergwanderausrüstung

Karte
AV-Karte BY 6 »Ammergebirge West« 1:25.000

EINSAME KAMMTOUR HOCH ÜBER DEM LINDERTAL

10

Über den Kuchelberg

Direkt neben dem höchsten Gipfel der Ammergauer Alpen gelegen, bietet sich am Kuchelberg eine wunderbare, sehr aussichtsreiche, aber auch lange Rundtour an, die man unbedingt einmal gemacht haben sollte.

Vom Wanderparkplatz am Elmaubach wandert man (oder besser: radelt man) ziemlich genau dreieinhalb Kilometer auf der Forststraße ins Tal des Elmaugries bis zu einer großen Lichtung. Hier kann man ggf. das Fahrrad abstellen.

Über Wald- und Wiesenhänge zum Grat hinauf

Am südlichen Ende der Lichtung steht eine große Buche. Direkt vor dieser zweigt nach rechts ein unbeschilderter Pfad in den Bergwald ab, dem wir bergan folgen. Im Wald wird der schmale Bergweg deutlicher und führt nun länger in angenehmer Neigung und entsprechend vielen Serpentinen zur kleinen Kuchelberg-Diensthütte hinauf. Hier lichtet sich der Wald und man sieht bereits den Kuchelberggrat vor sich aufragen.

In einer ansteigenden Querung geht es durch Wiesenhänge und lichtes Latschengelände weiter bergan, bis ein altes DAV-Schild zum Kuchelberggrat hinweist. Von nun an findet man vereinzelt rote Punkte. (Hier nicht dem gestrichelten Wegverlauf in der AV-Karte folgen, welcher den Grat nicht erreicht.)

Immer am Kamm entlang

An der Kammlinie angekommen folgt man dieser sehr schön und leicht ansteigend weiter nach Westen (teilweise auch weglos) bis man die Kuchelbergspitz (2020 m) erreicht. Anschließend folgt man am besten immer dem Kammverlauf, wobei man leicht

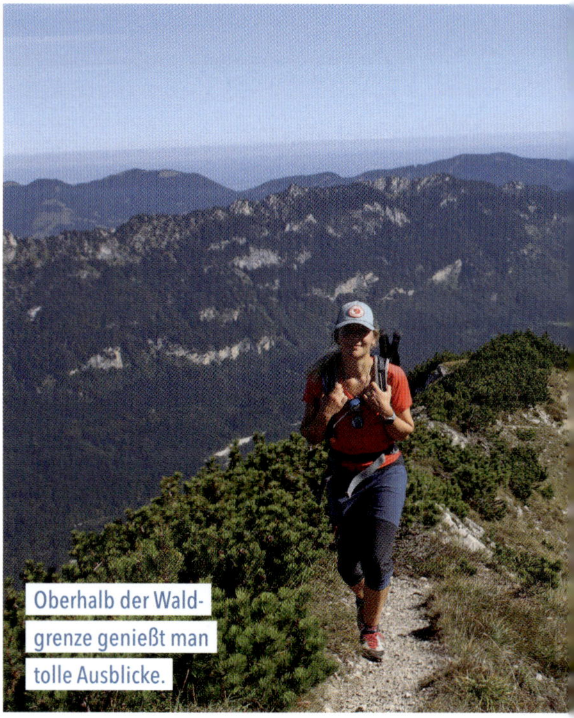

Oberhalb der Waldgrenze genießt man tolle Ausblicke.

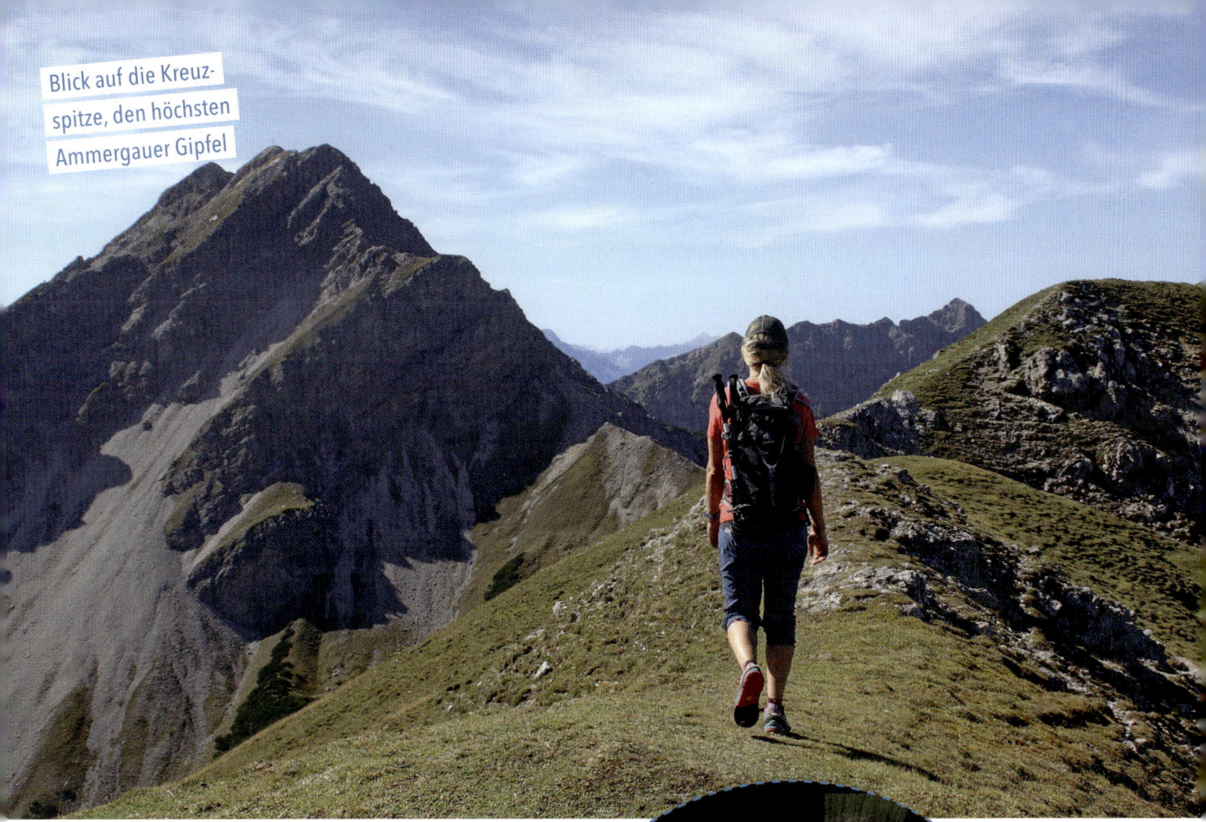

Blick auf die Kreuzspitze, den höchsten Ammergauer Gipfel

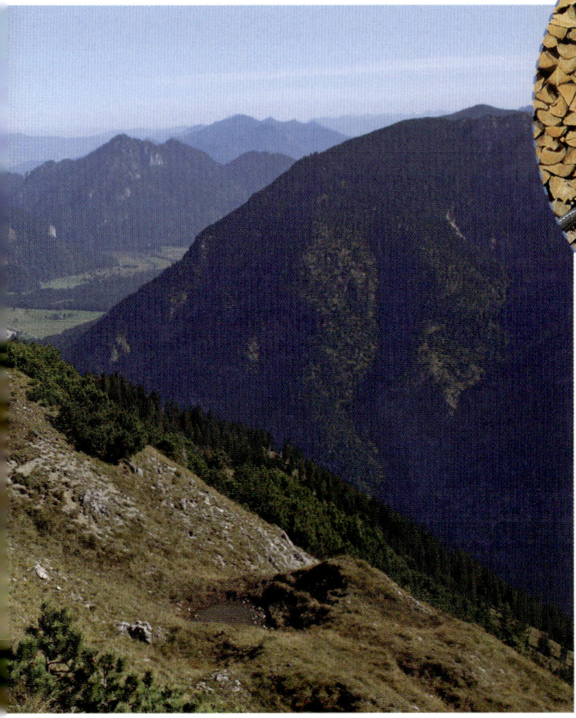

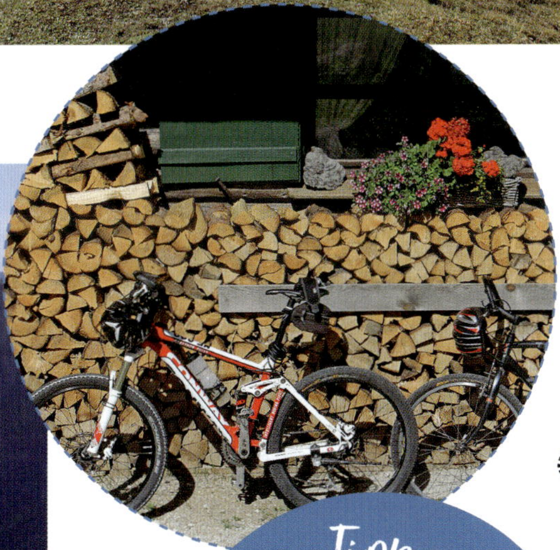

Tipp

Für die ersten dreieinhalb flachen Kilometer auf der Forststraße ins Tal des Elmaugries macht es großen Sinn, ein Fahrrad zu benutzen. Es muss nicht unbedingt ein Mountainbike sein, ein normales Trekkingrad reicht dafür vollkommen aus.

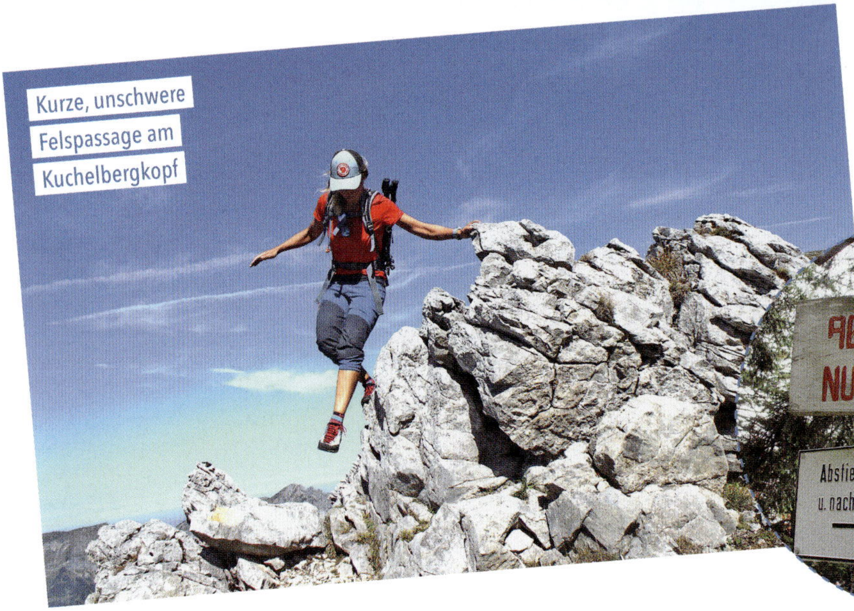

Kurze, unschwere Felspassage am Kuchelbergkopf

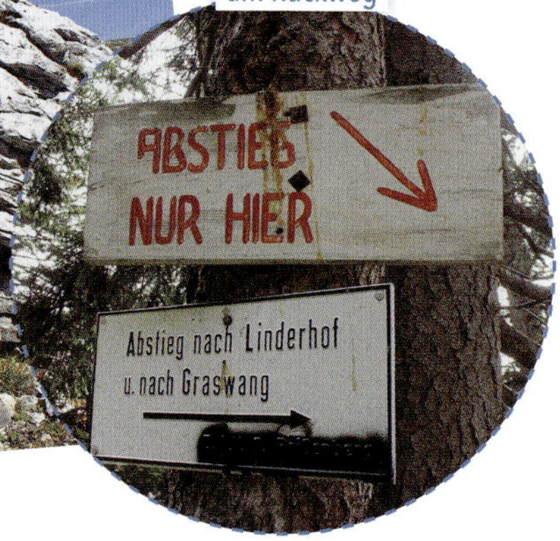

Eindeutiger Hinweis am Rückweg

ausgesetzte Passagen in Gehrichtung links umgehen kann. Man sollte sich aber nicht von nach links abführenden Steigspuren irritieren lassen, sondern grundsätzlich immer an der Kammlinie bleiben. Schließlich wird der Kamm zu einem breiten Rücken, weswegen der Kuchelbergkopf (2026 m) kaum den Charakter eines eigenständigen Gipfels hat.

Hinter dem Kuchelbergkopf wendet sich der Kammverlauf nach Süden und führt unschwer zum Sattel vor der Kreuzspitze hinab, wo sich eine Weggabelung befindet.

Abstieg Richtung Kuchlbachtal

Hier wendet man sich nach links und folgt somit der Beschilderung »Graswang über Kuchelbach«. Der schmale Bergsteig (teils erodierte Passagen) quert nun ein langes Stück mit nur wenigem bis keinem Gefälle zurück in Richtung Osten. Nach einer breiten Rinne wendet er sich schließlich nach rechts und führt in vielen Kehren durch die Latschenzone in den Waldbereich hinab.

Auch dort ist der schmale, wunderschöne Pfad stellenweise zugewachsen. Dennoch ist die Orientierung kein größeres Problem. Immer oberhalb des Kuchelbaches bzw. in Serpentinen zu ihm absteigend gelangt man schließlich ans Ende der Forststraße (ggf. Fahrrad-Abstellplatz) und wandert oder radelt über diese wieder zum Ausgangspunkt zurück.

Variante für richtig Bergerfahrene

Wer wirklich trittsicher und schwindelfrei ist, kann von der Gabelung am Ende des Kuchelberggrates auch die Kreuzspitze (2185 m) besteigen (teils Schrofengelände und seilversicherte Passagen) und auf ihrem Normalweg zum Parkplatz bzw. zur Bushaltestelle an der Talstraße direkt an der Landesgrenze absteigen.

Sowohl der An- als auch der Abstieg sind gut markiert. Die gesamte Wegstrecke ist dabei sogar kürzer, man muss aber zusätzliche 300 Höhenmeter bewältigen. Und eine Fahrradbenutzung zum Beginn der Tour macht bei dieser Variante natürlich keinen Sinn.

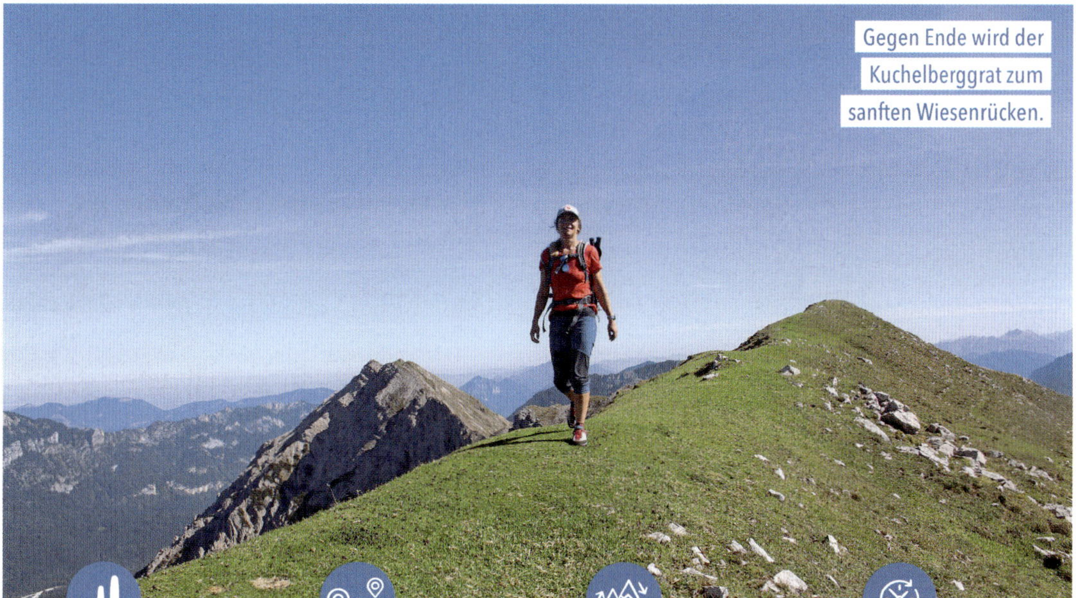

Gegen Ende wird der Kuchelberggrat zum sanften Wiesenrücken.

schwer | 22,4 km | 1200 Hm | 7.30 h

Alles auf einen Blick

Tourencharakter
Nach dem Beginn auf flachem Forstweg durchwegs schöne, schmale Bergwege und am Kamm auch wegloses Gelände. Trittsicherheit und Schwindelfreiheit notwendig.

Ausgangs-/Endpunkt
Wanderparkplatz am Elmaubach bzw. Bushaltestelle Graswang Brandwiese (905 m)

Anfahrt
ÖPNV: Von München Hbf. Regionalzug nach Oberau bzw. mit Umsteigen in Garmisch-Partenkirchen nach Reutte und mit Bus 9624 bis Haltestelle »Graswang Brandwiese«. Verkehrt von 1.5. bis 30.9. an Wochenenden.
Auto: Auf der A95 und B2 nach Oberau, weiter auf der B23 nach Ettal. Hinter dem Ort auf der St2060 über Linderhof nach Graswang. Gut 2,5 km weiter der Talstraße folgen und direkt nach der zweiten Brücke links zum Wanderparkplatz.

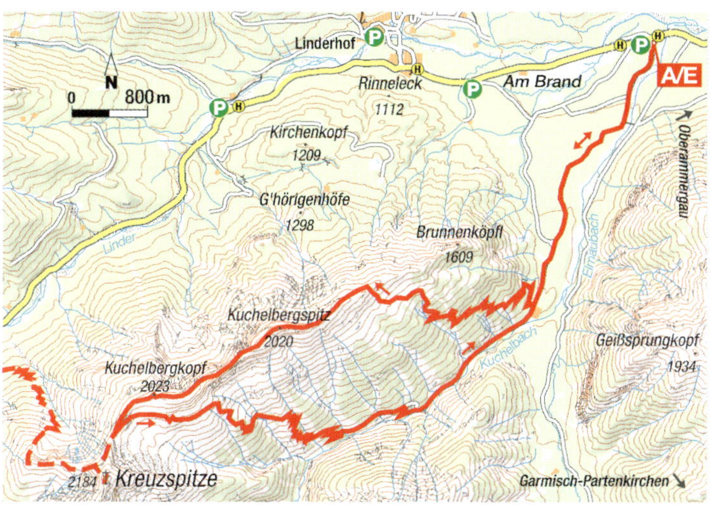

Einkehr
Unterwegs keine Möglichkeit. Nach der Tour sind in Graswang die Gröbl-Alm (groebl-alm.de) und in Ettal die Ettaler Mühle (ettaler-muehle.de) empfehlenswert.

Ausrüstung
Normale Bergwanderausrüstung; zusätzlich ist ein Trekking- oder Mountainbike zu empfehlen (»Bike & Hike«).

Karte
AV-Karte BY 7 »Ammergebirge Ost« 1:25.000

ALLES WISSENSWERTE ÜBER

Die Vogelwelt zwischen Loisach und Lech

Der Naturpark und das Naturschutzgebiet Ammergauer Alpen ist Lebensraum vieler bedrohter Tierarten. Gerade auch seltene Vogelarten finden zwischen Loisach und Lech einen wichtigen Rückzugsort.

Majestätisch ziehen sie bei guter Thermik ihre weiten Kreise und haben mit mehr als zwei Metern die größte Spannweite aller Vögel links und rechts des Lindertals: die Steinadler. Mit etwa acht Brutpaaren besitzen die Ammergauer Alpen vermutlich die größte Steinadlerdichte Deutschlands. Schließlich benötigt ein Paar ein Revier von mindestens 30 Quadratkilometern. Mit einem sogenannten Girlandenflug, einem wellenförmigen Auf und Ab, balzen die Adler um ihre Weibchen.

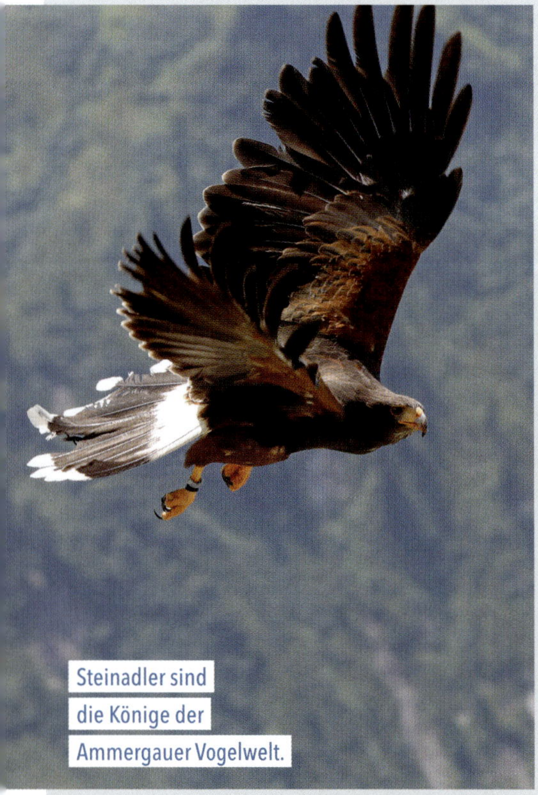

Steinadler sind die Könige der Ammergauer Vogelwelt.

Auch für andere einzigartige Vögel, wie die Kolkraben stellt das Ammergebirge einen wichtigen Rückzugsraum dar. Dort verteilen sich etwa zehn Brutpaare auf 280 Quadratkilometer Fläche und verteidigen konsequent ihre Reviere. Auch gegen eindringende Steinadler, die gegen die Attacken der wendigen Raben kaum eine Chance haben. Die Paare leben monogam, bleiben in der Regel bis zum Tod zusammen und halten schon mal an die zwanzig Jahre einem Revier die Treue.

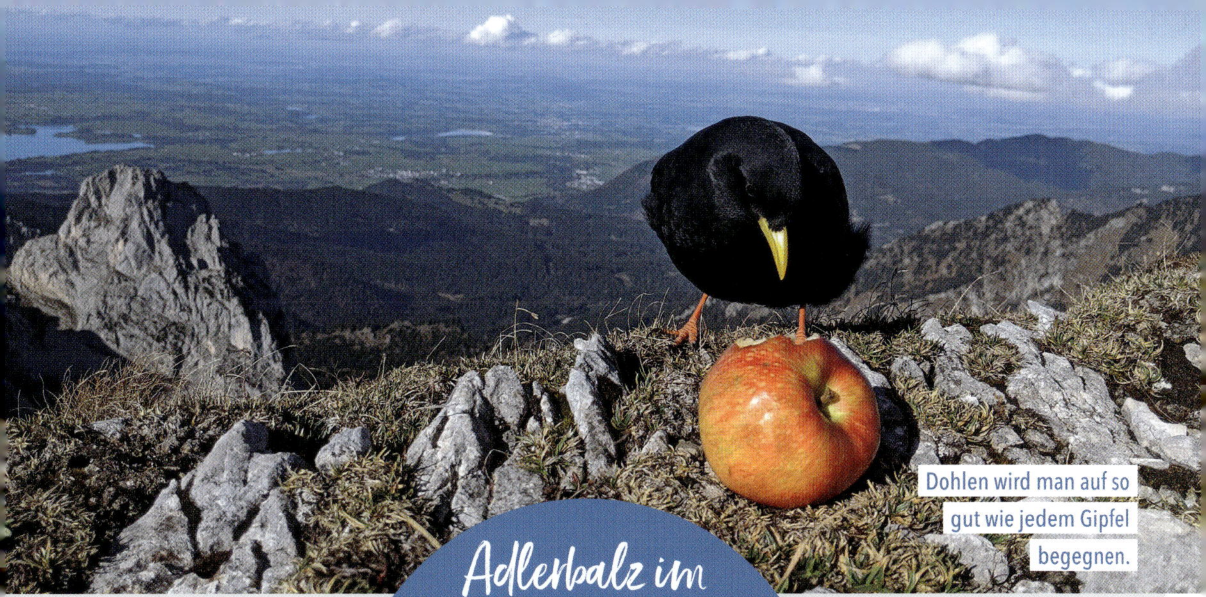

Dohlen wird man auf so gut wie jedem Gipfel begegnen.

Adlerbalz im Graswangtal

Wer diesem imposanten Schauspiel beiwohnen möchte kann, sich dem Vogelkundler Markus Gerum anschließen, der von Mitte Februar bis Anfang April jeden Sonntag geführte Exkursionen zur Balz der Steinadler im Graswangtal anbietet (Infos und Anmeldung unter Tel. +49 151 18478726).

Population gesichert?

Während der Erhaltungszustand im Rahmen einer Erhebung für einen Wildtier-Managementplan der Ammergauer Alpen im Jahr 2022 für den Steinadler als »gut« angesehen wurde, ist dieser für die Raufußhühner »mittel bis schlecht«. Die dazu gehörenden Arten Schneehuhn, Auerhuhn, Birkhuhn und Haselhuhn halten sich in lichten Hochlagen-Nadelwäldern, an Beerensträuchern reichen Tannenwäldern und in den obersten Lagen der Bergmischwälder auf und sind sehr störanfällig. Gerade im Winter ist es sehr wichtig ihre Lebensräume möglichst nicht zu betreten.

Bei Uhu, Sperling- und Rauhfußkauz konnten die Ornithologen wiederum erfreulich hohe Siedlungsdichten und gute Lebensraumbedingungen feststellen, weswegen deren Erhaltungszustand im Ammergebirge als »gut« bis »sehr gut« bewertet wurde.

Last but not least gibt es heutzutage deutlich mehr Bergdohlen als vor etwa hundert Jahren. Denn dank der Brotzeitüberreste der Bergwanderer finden die flinken Vögel, welche das ganze Jahr oben am Berg bleiben, zu allen Jahreszeiten gute Nahrungsquellen.

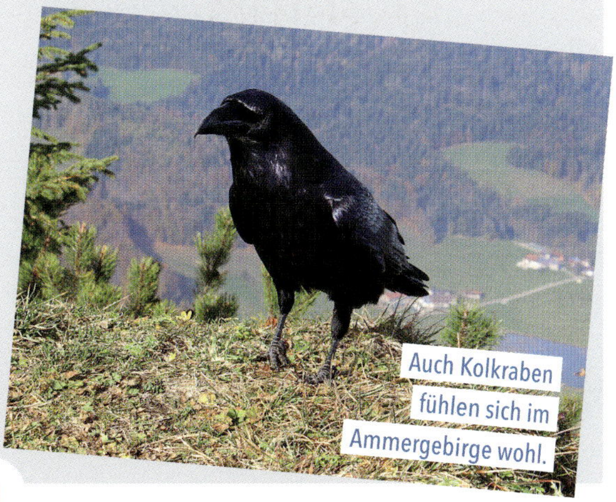

Auch Kolkraben fühlen sich im Ammergebirge wohl.

GEMÜTLICHE RUNDE AM GLASKLAREN WASSER

11

Rund um den Plansee

Es muss nicht immer ein Gipfel sein. Im Herzen der Ammergauer Alpen bietet sich am glitzernden Plansee eine wunderschöne Rundwanderung an, im Hochsommer mit möglichen Badestopps – auch wenn das Wasser recht frisch ist.

Vom Hotel Forelle geht man am Denkmal für König Maximilian II. vorbei. Am Ortsrand von Plansee zweigt dann rechts der beschilderte »Plansee-Rundweg« ab.

Am Nordufer zum Seespitz

Zu Beginn geht es ein Stück lang etwas steiler bergauf. Dann verläuft der Weg im leichten Auf und Ab immer in Richtung Südwesten oberhalb der Uferstraße und quert dabei einige Seitenbäche und Geröllreißen.

Bei einer breiten Geröllreiße verzweigt sich der Weg. Man hält sich rechts und bleibt am Hang, folgt ein paar Meter einer Forststraße, um sie wieder nach links zu verlassen. Dann geht es ein paar Höhenmeter zur Uferstraße hinab und zum Hotel Seespitze, wo sich eine erste Bademöglichkeit bietet. Direkt nach dem Hotel überquert man nach links einen Seitenarm des Plansees mittels einer Brücke. Man gelangt auf einen schönen Uferweg, der erst nach Südosten, dann nach Süden zum Steg über den Kanal zwischen Plansee und Heiterwanger See führt. Dieser wurde 1908 erbaut und ist etwa 300 Meter lang. Durch den ursprünglich etwa 70 Zentimeter höher gelegenen Heiterwanger See bezieht der Plansee, neben den weiteren Zuflüssen Spießbach und Torsäulenbach, sein Wasser.

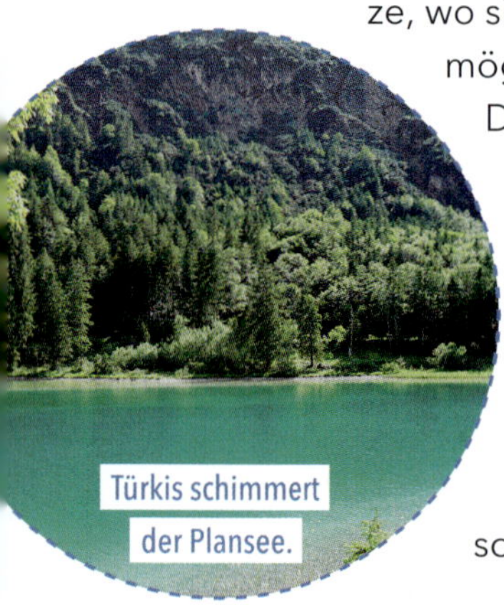

Türkis schimmert der Plansee.

Am Südufer zurück

Hinter der Brücke folgt man nach links weiter der Beschilderung »Plansee-Rundweg«.

Ein Fahrweg führt zwischenzeitlich durch den Wald vom See weg und wieder zum See hin. Nun geht es sehr schön, mehr oder weniger nah zum Südufer nach Nordosten weiter, wobei wieder einige Geröllreißen gequert werden. Der Weg wird dabei schmaler und auch wurzeliger.

Es geht wieder leicht bergauf und bergab, dann über einen Treppenweg direkt ans Ufer hinab und an der Fürchterlich-Hütte vorbei. Wenige Meter später gelangt man zum hübschen Seewinkl. Dort folgt man nach links einem Fahrweg, der später asphaltiert ist und über eine weitere Badewiese zum Ausgangspunkt am Hotel Forelle zurückführt.

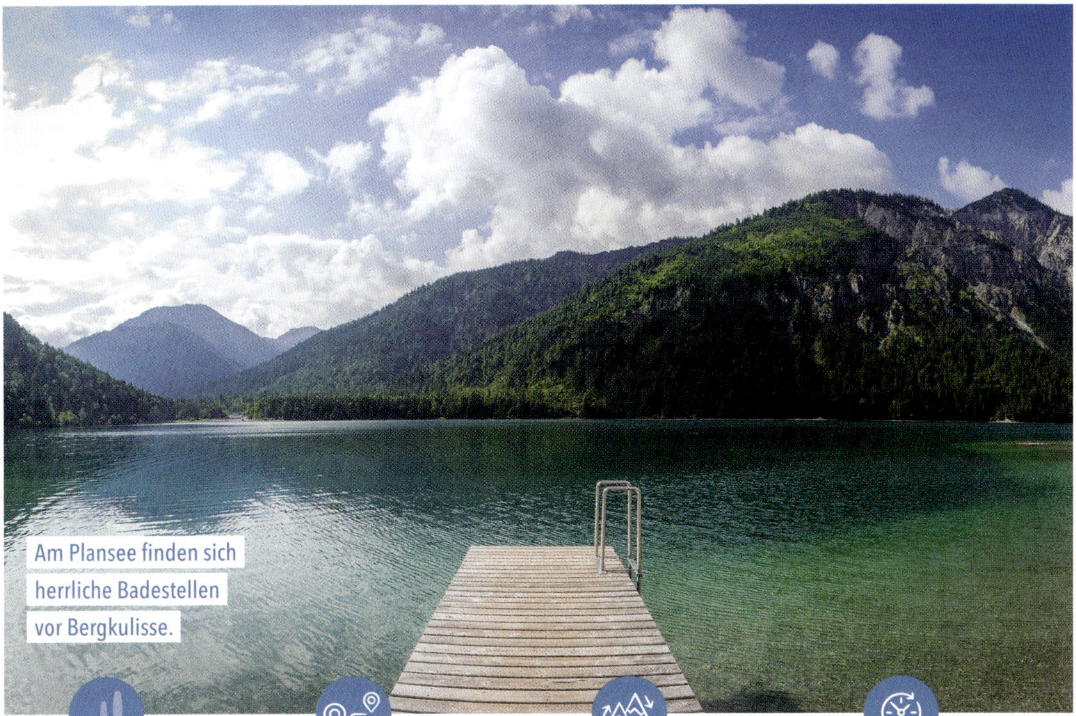

Am Plansee finden sich herrliche Badestellen vor Bergkulisse.

leicht | 13,9 km | 60 Hm | 3.30 h

Alles auf einen Blick

Tourencharakter
Ausgedehnte Rundwanderung, die auf der ersten Hälfte etwas oberhalb des Sees, auf der zweiten Hälfte meist aber am Ufer entlangführt.

Ausgangs-/Endpunkt
Hotel Forelle am Plansee (980 m)

Anfahrt
ÖPNV: Von München Hbf. Regionalzug nach Oberau bzw. mit Umsteigen in Garmisch-Partenkirchen nach Reutte und mit Bus 9624 bis Haltestelle »Am Plansee«. Verkehrt von 1.5. bis 30.9. an Wochenenden.
Auto: Auf der A95 und B2 nach Oberau und auf der B23 nach Ettal. Hinter dem Ort auf der St2060 über Linderhof und nach der Landesgrenze weiter auf der L255 zum Plansee.

Einkehr
Griessers Seespitzkiosk am Campingplatz Seespitz; Kiosk Seeblick Plansee am Campingplatz Sennalpe; Café-Restaurant im Hotel Forelle, hotelforelle.at

Ausrüstung
Normale Wanderausrüstung

Karte
AV-Karte BY 6 »Ammergebirge West« 1:25.000

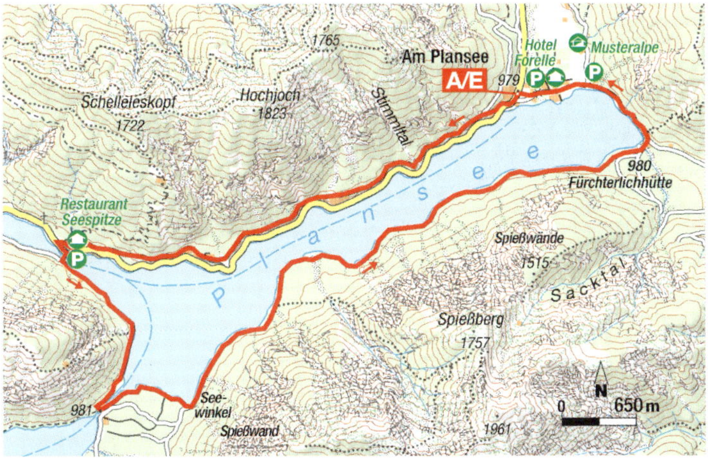

UNBEKANNTES GRAT-SCHMANKERL

12

Überschreitung der Geierköpfe

Hoch über dem Lindertal verbindet ein spannender Grat drei Gipfel der Geierköpfe. Deren Überschreitung ist alles andere als überlaufen – was auch daran liegen dürfte, dass es sich um eine recht anspruchsvolle Bergtour handelt.

Vom Parkplatz bzw. der Bushaltestelle Grenze folgt man dem Wegweiser »Geierköpfe 4 Std.« und wandert im Kiesbett des Neualmbaches nach Süden. Nach wenigen hundert Metern muss man aufpassen. Ein gelbes Schild weist rechts aus dem Bachbett heraus.

Via Neualpsattel zum Grat hinauf

Von nun an geht es auf schmalem Pfad teils ansteigend, teils den Hang querend nach Südosten. Das Gelände wird flacher, der Weg wendet sich nach rechts und man erreicht am Neualpsattel wieder einen Wegweiser.

Man folgt diesem noch ein Stück lang nach rechts. Sobald das Latschengelände etwas lichter wird, muss man aufpassen: Es zweigt nach rechts ein unmarkierter, etwas undeutlicher Steig ab, der durch die Latschen in Richtung Grat führt. Man kann auch ein Stück weitergehen und einer zweiten Steigspur und einer Schneise folgen. Hier muss man gut auf die Durchschlupfe aufpassen. Oberhalb der Latschen kommen beide Möglichkeiten zusammen. In einer ansteigenden Querung erreicht man schließlich den Kammverlauf.

Gratwanderung für Fortgeschrittene

Bald kommt die erste Schlüsselstelle: Man klettert eine kurze Felsrinne zu einer leicht ausgesetzten Scharte hinab und muss auf der anderen Seite eine kleine Felsstufe (II UIAA) hinaufklettern. Dann geht es direkt am Grat entlang, bis man vor einem Abbruch (undeutlichen) Steigspuren folgend ein Stück nach Süden absteigt. Sobald man

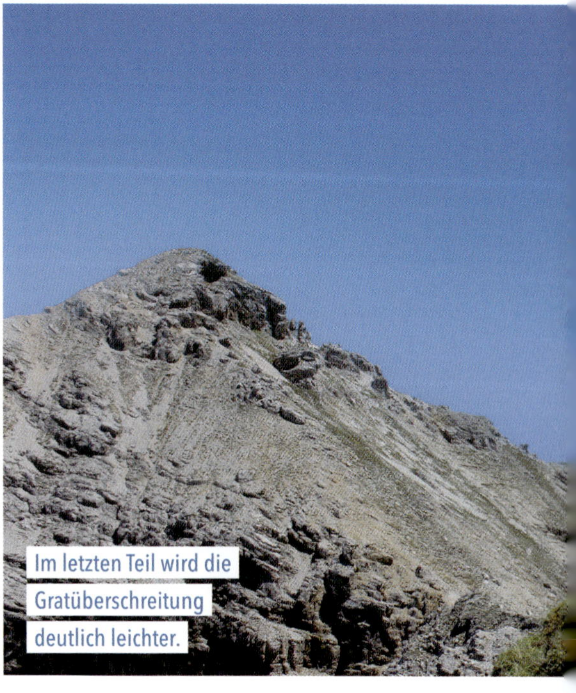

Im letzten Teil wird die Gratüberschreitung deutlich leichter.

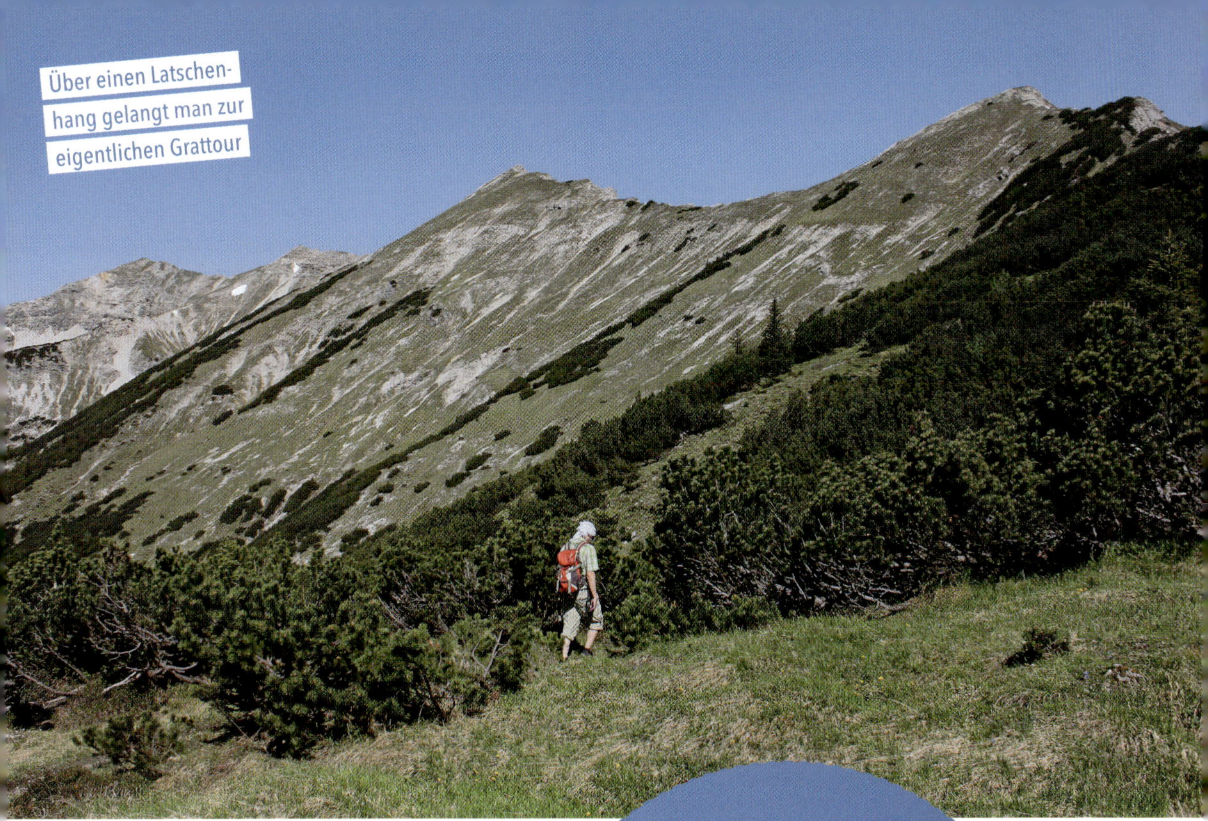

Über einen Latschenhang gelangt man zur eigentlichen Grattour

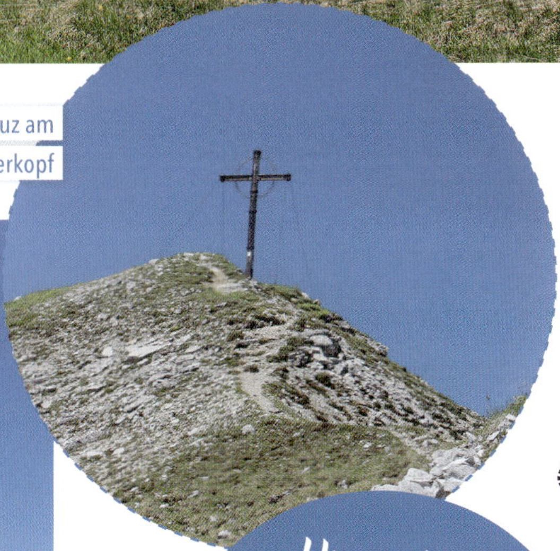

Das Gipfelkreuz am Westlichen Geierkopf

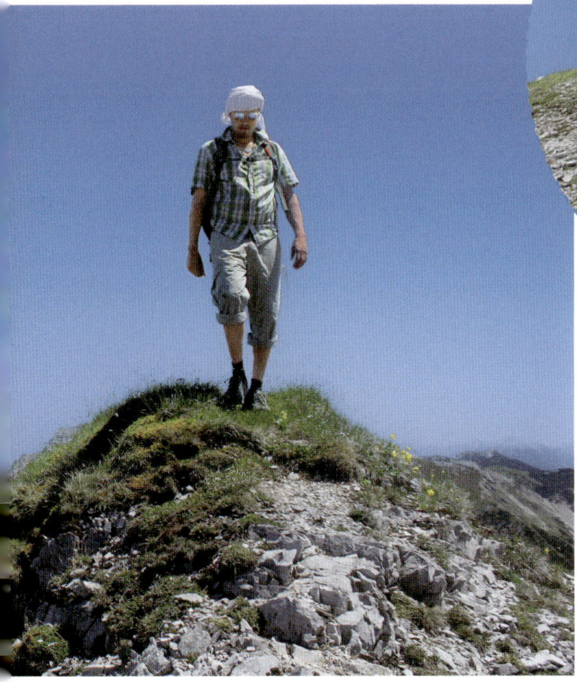

Hinweis

Bei der Überschreitung des Geierkopf-Grates muss man sich unbedingt vorab gut über das Bergwetter informieren. Man braucht eine stabile Hochdruckwetterlage ohne Gewittergefahr. Zudem sollten trockenen Wegverhältnisse herrschen.

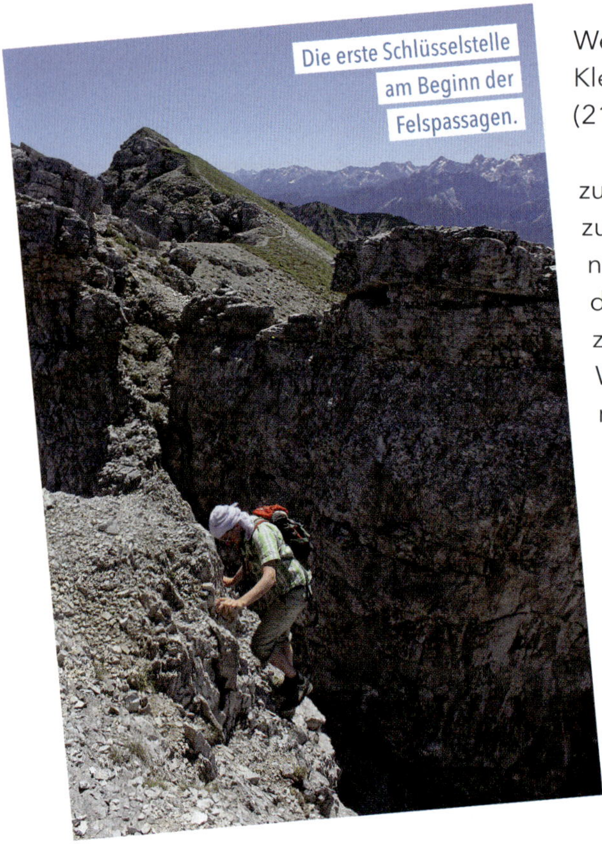

Die erste Schlüsselstelle am Beginn der Felspassagen.

in Höhe der großen, rechtsliegenden Scharte ist, quert man nach rechts im Schrofengelände zu dieser hinüber. Dort angekommen darf man nicht (!) einem Steinmann folgen, der über einem Felsaufschwung steht, sondern man umgeht diesen, indem man auf einem Band weiter Richtung Westen quert.

Sobald das Gelände einfacher wird, wendet man sich nach rechts und steigt über eine bröselige Rinne wieder Richtung Grat auf. Man umgeht einen Felskopf und kann nun entweder über eine Felsstufe (wieder II UIAA) direkt auf den Grat klettern oder diese Stelle links davon ansteigend umgehen. Nun geht es deutlich leichter nach Westen weiter, bevor es rechts in leichter Kletterei zum Geierköpfe-Hauptgipfel (2161 m) hinaufgeht.

Von hier ist der weitere Wegverlauf zum Westgipfel bereits gut zu sehen, der zunächst über die schottrige Gipfelflanke nach Südwesten absteigend, dann immer dem Gratverlauf folgend deutlich leichter zum Gipfelkreuz führt. Vom Geierköpfe-Westgipfel (2143 m) folgt man dem Normalweg nach Süden, bis zur Gabelung am Kreuzjöchl (1900 m) mit Wegweiser. Hier gibt es zwei Abstiegsmöglichkeiten.

Abstiegsvariante 1: Normalweg

Man folgt nach links dem Normalweg zurück zum Neualpsattel, der sich als schmaler Steig über die breite Südflanke nach Osten zieht. Vom Neualpsattel geht es dann auf bekanntem Weg zurück zum Parkplatz Grenze.

Abstiegsvariante 2: Richtung Plansee

Landschaftlich reizvoller ist es, dem Weg nach rechts Richtung Plansee bis zur Zwerchenbergalm zu folgen. Hinter dem Holzgebäude folgt man rechts (unbeschildert) einem Wiesenpfad in den Wald. Hier wird der Steig deutlicher und quert nach Nordwesten, bevor er in vielen Serpentinen zur Talstraße (L255) hinabführt, die man bei einem kleinen Parkplatz vor der Brücke über den Teufelsbach erreicht. Von dort geht es nur per Autostopp zurück zum Ausgangspunkt, die nächste Bushaltestelle ist »Hotel Ammerwald« (ca. 2 km nördlich).

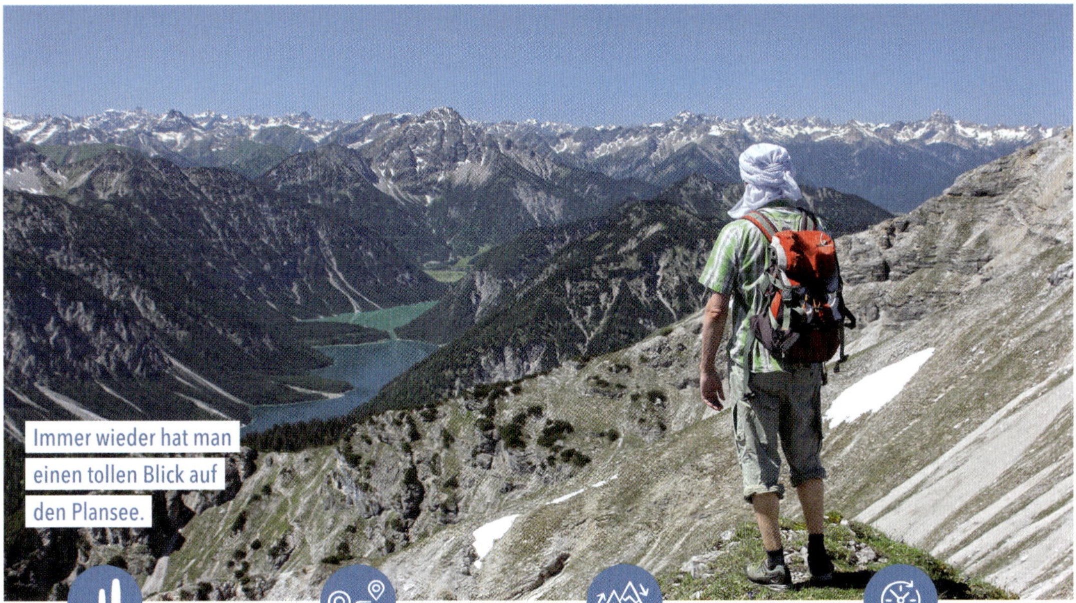

Immer wieder hat man einen tollen Blick auf den Plansee.

schwer | 15,0 km | 1200 Hm | 7.30 h

Alles auf einen Blick

Tourencharakter
Anspruchsvolle Bergtour (bis II UIAA). Tolle Gratüberschreitung in teils brüchigem Gestein, die Trittsicherheit, Schwindelfreiheit und gutes Orientierungsvermögen erfordert. Im Sommer genug zum Trinken mitnehmen.

Ausgang-/Endpunkt
Parkplatz Grenze (1090 m) bzw. gleichnamige Bushaltestelle an der Talstraße L255

Anfahrt
ÖPNV: Von München Hbf. Regionalzug nach Oberau bzw. mit Umsteigen in Garmisch-Partenkirchen nach Reutte und mit Bus 9624 bis Haltestelle »Parkplatz Grenze«. Verkehrt von 1.5. bis 30.9. an Wochenenden.

Auto: Auf der A95 und B2 nach Oberau und auf der B23 nach Ettal. Hinter dem Ort auf der St2060 über Linderhof bis zum Parkplatz gleich hinter der Landesgrenze auf Tiroler Seite.

Einkehr
Unterwegs keine Möglichkeit. Nach der Tour sind in Graswang die Gröbl-Alm (groebl-alm.de) und in Ettal die Ettaler Mühle (ettaler-muehle.de) empfehlenswert.

Ausrüstung
Normale Bergwanderausrüstung

Karte
AV-Karte BY 6 »Ammergebirge West« 1:25.000

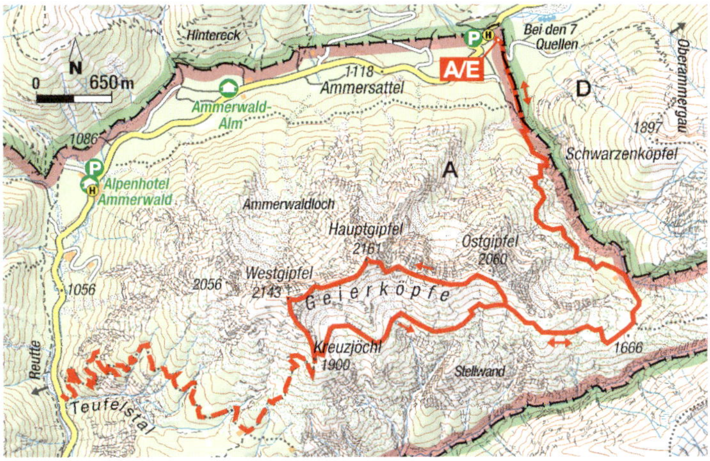

ALLES WISSENSWERTE ÜBER

Orientierung mit Karte und GPS-Gerät

»Gib mir eine Grundlinie sowie zwei Winkel und ich vermesse dir die Welt.« Mit seinen Grundregeln der Triangulation legte der deutsche Mathematiker Carl Friedrich Gauß (1777–1855) den Grundstein für quasi alle topografischen Karten.

Waren diese zu Beginn noch eher Näherungsversuche an die reale Landschaft, kann man heutzutage mit ein bisschen Übung kleinste Details aus ihnen herauslesen. Das gilt vor allem für die exakten Alpenvereinskarten im Maßstab 1:25.000. In ihnen sind beispielsweise neben den rot markierten Wanderwegen auch schwarz gestrichelte Steige zu finden, die – mit etwas Erfahrung – spannende Touren abseits bekannter Pfade ermöglichen.

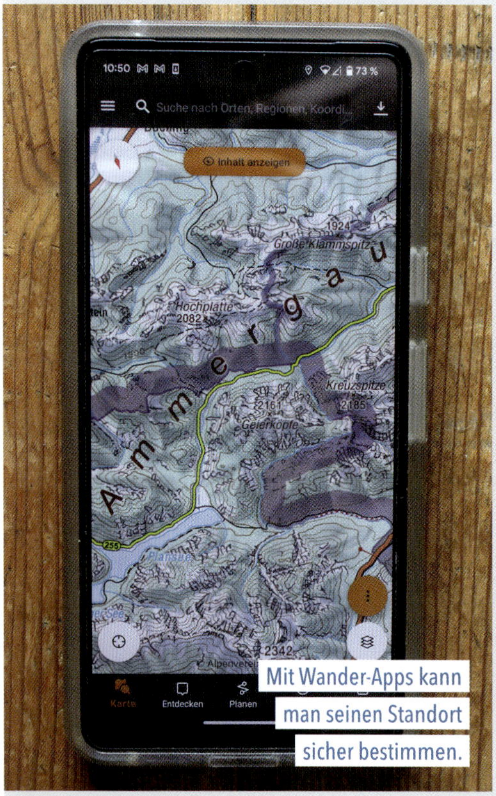

Mit Wander-Apps kann man seinen Standort sicher bestimmen.

Apps im Aufschwung

Dass Landkarten bei Wind nicht gerade handlich sind, mag ein Mitgrund für den Erfolg digitaler Kartenanwendungen auf Smartphones sein. Zudem geben Wander-Apps auf dem Mobiltelefon oder ein GPS-Gerät eine Sicherheit, indem sie die Gefahr des Verlaufens reduzieren. GPS-Outdoor-Geräte bieten zwar in der Praxis vor allem Robustheit und längere Akkulaufzeiten. Aber in jüngerer Zeit hat die App-Navigation auf dem Smartphone deutlich mehr an Nachfrage zugelegt.

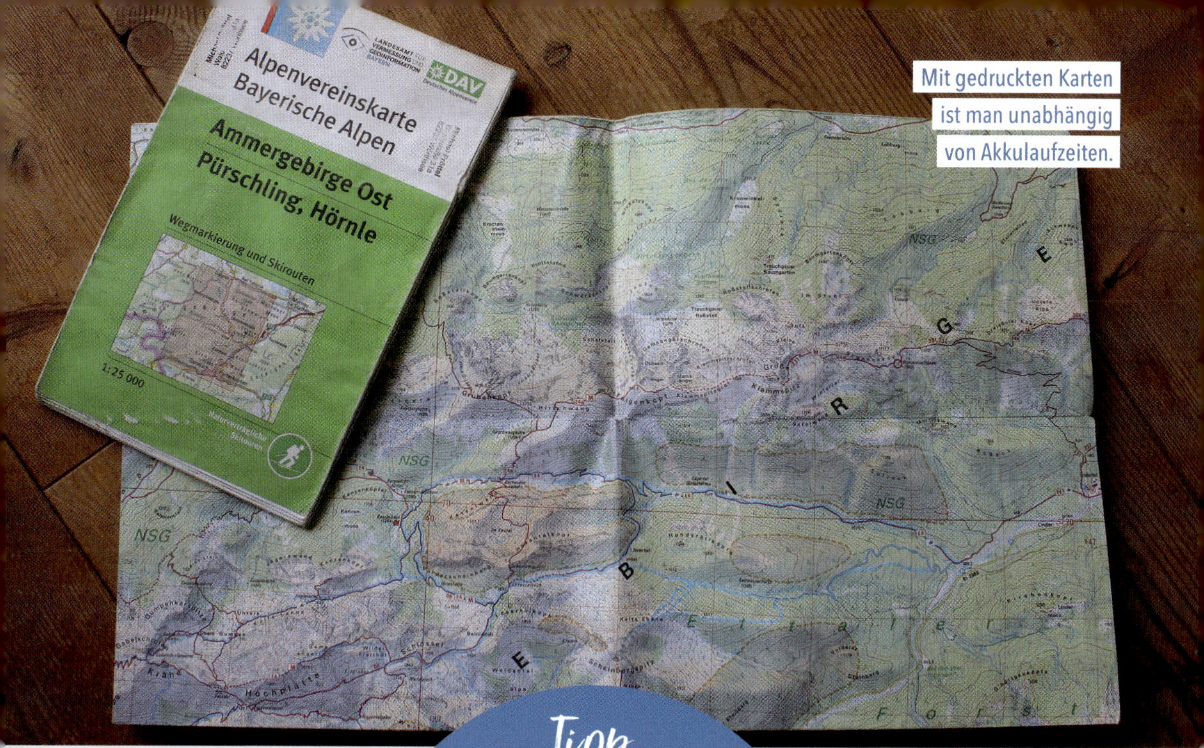

Mit gedruckten Karten ist man unabhängig von Akkulaufzeiten.

Tipp

Wichtig ist bei der Navigation per Smartphone: Zur Sicherheit sollte man den einschlägigen Kartenbereich samt Route vorab aus der App herunterladen, damit dieser auch offline zur Verfügung steht, wenn z. B. das GPS-Signal »abgeschattet« ist. Bei längeren Touren sollte man auch die Mitnahme einer Powerbank erwägen, da Apps oft relativ viel Energie verbrauchen.

Unter den Apps ist besonders die von alpenvereinaktiv.com hervorzuheben, die als digitale Kartengrundlage neben dem lizenzfreien OpenStreetMap auch die Alpenvereinskarten anbietet. Wie bei den Mitbewerbern ist auf der App alpenvereinaktiv die Weglängen- und Gehzeiten-Berechnung zur individuellen Tourenplanung sehr hilfreich (Infos unter alpenvereinaktiv.com/de/mobile-app.html).

Ein großes Plus an Sicherheit bietet bei den Smartphone-Apps die genaue Standortbestimmung per GPS. Sie wird im Gebiet der Ammergauer Alpen allerdings wohl überwiegend nur im Winter zum Einsatz kommen, wenn Schnee liegt und keine Spuren vorhanden sind. Ansonsten sind die An- und Abstiege der vorgestellten Touren nämlich meist deutlich zu sehen und gut beschildert.

Kombination GPS und Karte

Alles in allem stellen Karte und Smartphone keinen Gegensatz, sondern eine sehr gute Ergänzung dar. Will man unterwegs z. B. seine genaue Höhe bestimmen, hat die App die Nase vorn. Schwächelt hingegen der Akku, wird man sehr froh sein, eine gedruckte Karte in der Deckeltasche dabei zu haben – zumal sich auf ihr die umliegenden Gipfel am schönsten bestimmen lassen.

ZWISCHEN LOISACH- UND LINDERTAL

13

Über Notkarspitze und Kienjoch

Wer an schönen Bergwochenenden möglichst allein unterwegs sein möchte, ist auf dieser Tour genau richtig. Gute Kondition und Orientierungssinn muss man aber für die im Mittelteil sehr einsame Unternehmung mitbringen.

Die lange und großteils sehr einsame Streckenwanderung startet an der Ettaler Mühle am westlichen Ortsausgang von Ettal. Von der Gaststätte folgt man der Beschilderung »Notkarspitze« zunächst flach in den Wald hinein.

Über die Notkarspitze zum Vorderen Felderkopf

Im Wald geht es auf steilem Steig zur Notkarspitze hinauf. Dabei gibt es auf felsigen Abschnitten mit Stahlseilen versicherte Passagen, bevor eine flache Querung ins Notkar führt. Nachdem man dieses gequert hat, steilt das Gelände auf und der Steig führt durch die Latschenzone in Serpentinen zum sehr aussichtsreichen Gipfel der Notkarspitze (1888 m) hinauf.

Von der Notkarspitze folgt man (ohne Beschilderung) dem Südrücken auf zuerst noch deutlichem, markiertem Bergweg zum Hasenjöchl. Ab jetzt muss man gut auf Pfadspuren achten, um den besten Aufstieg zum Brünstelkopf (nicht zu weit links zum Brünstelkreuz abzweigen) zu erwischen. Auf diesem eher breiten Latschen- und Wiesengipfel wendet sich der Pfad nach Westen und quert im Wechsel von Latschengelände und freien Bergwiesen zum Zunderkopf.

Am Sattel zwischen Zunderkopf und Felderkopf wendet man sich nach links, um bald darauf das Gipfelkreuz des Vorderen Felderkopf (1928 m) zu erreichen. Spätestens hier sollte man eine ausgiebige Pause einlegen. Denn vom höchsten Punkt aus hat man noch einmal einen tollen Ausblick hinab ins Loisachtal.

Tipp

Sollte sich das Wetter verschlechtern, oder die Kondition nachlassen, kann man das Kienjoch auch weglassen und am Sattel zwischen Windstierlkopf und Kienjoch der Beschilderung nach rechts Richtung Graswang folgen.

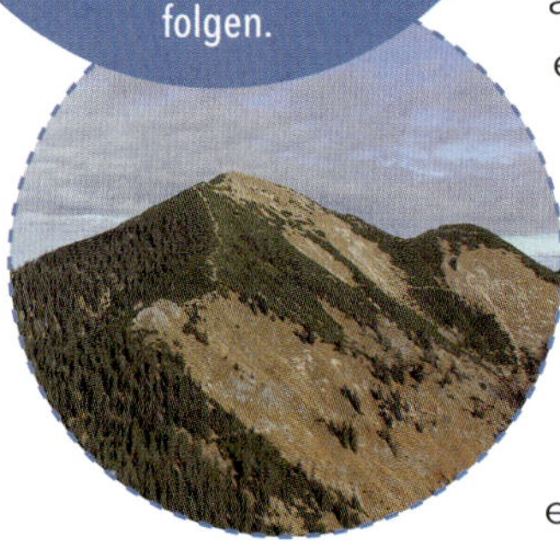

Weiter zum Kienjoch

Vom Gipfelkreuz weiter nach Westen wandernd wird nach der Querung eines Wiesenplateaus (hier meist weglos, nur Pfadspuren) der unscheinbare Windstierlkopf überschritten, wobei man sich an einer Gabelung rechts hält.

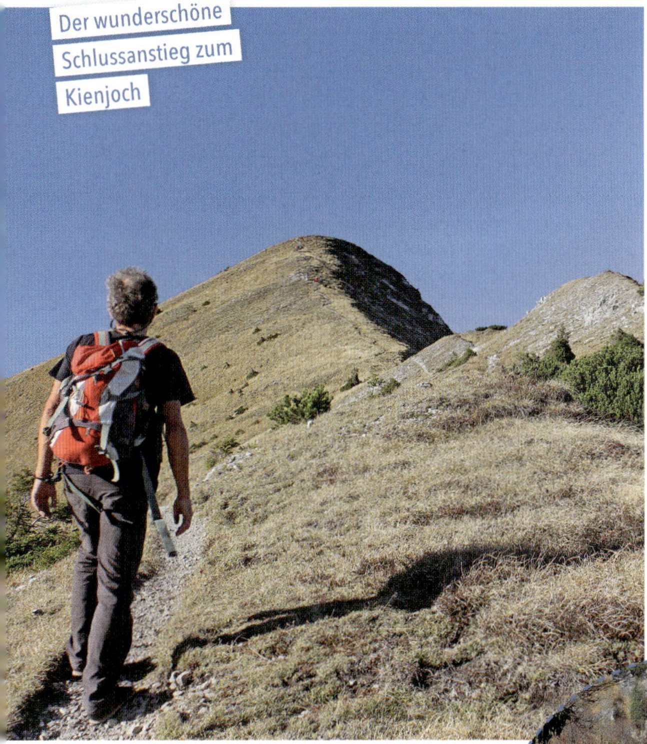

Der wunderschöne Schlussanstieg zum Kienjoch

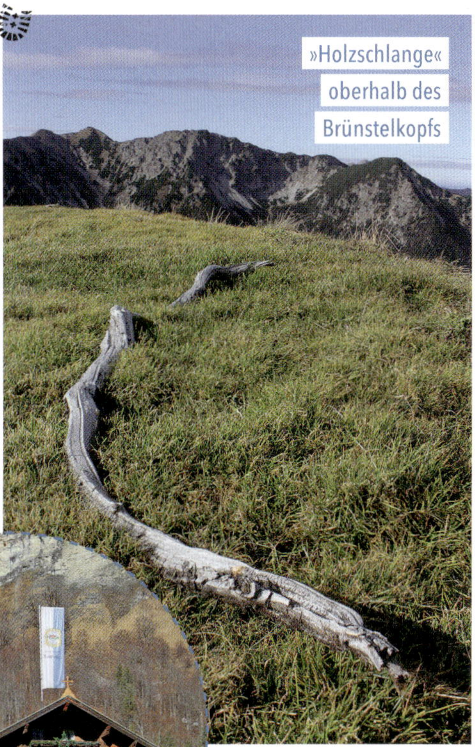

»Holzschlange« oberhalb des Brünstelkopfs

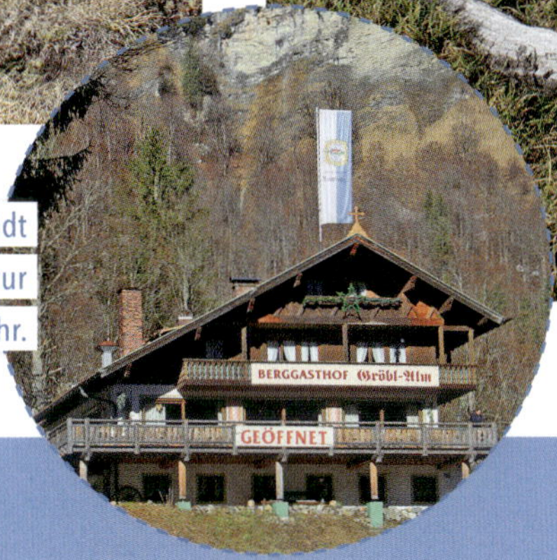

Die Gröbl-Alm lädt am Tourende zur gemütlichen Einkehr.

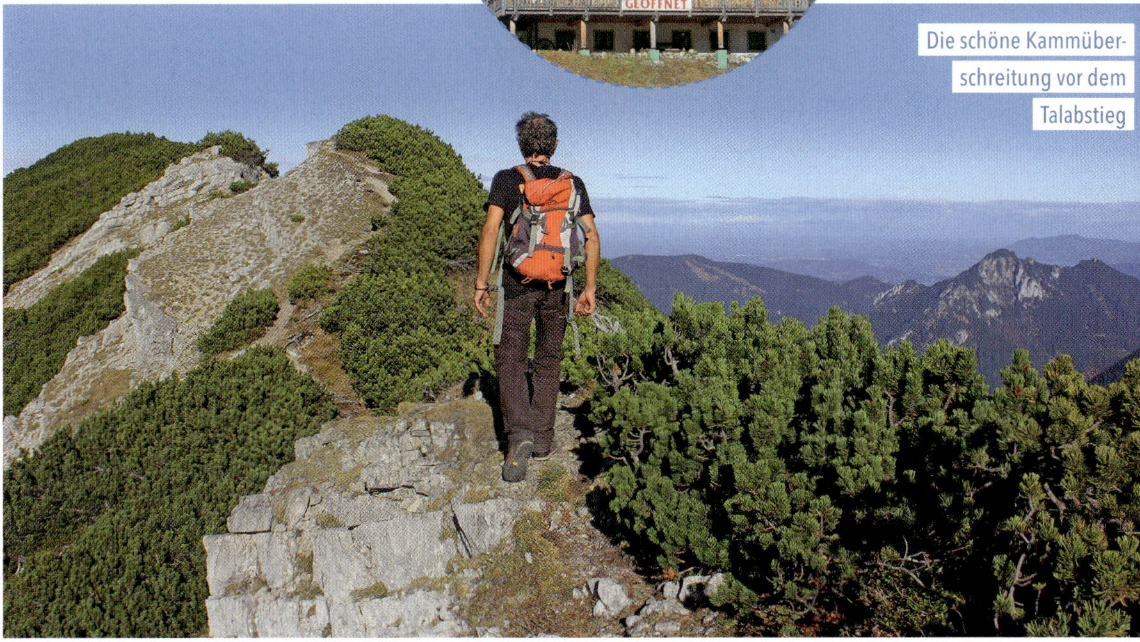

Die schöne Kammüberschreitung vor dem Talabstieg

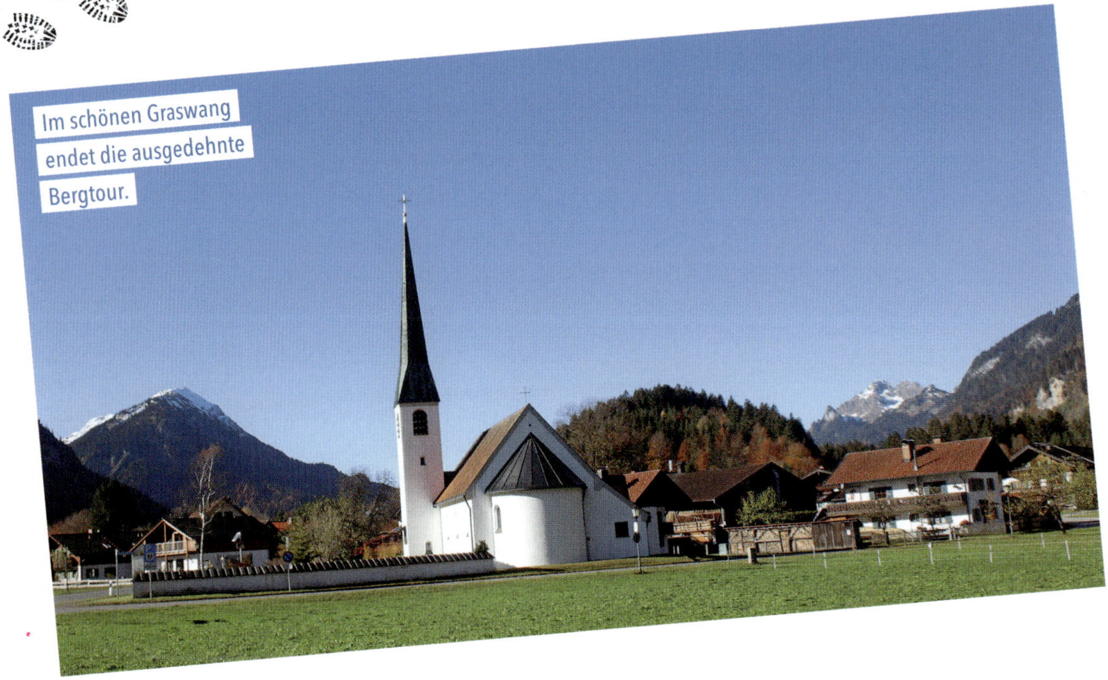

Im schönen Graswang endet die ausgedehnte Bergtour.

Es geht ein Stück lang in Serpentinen durch Latschen bergab. Der Steig folgt einem Kamm nach Norden und stößt auf den Normalanstieg zum Kienjoch. Auf einem letzten größeren Gegenanstieg steigt man entlang des Bergkammes zuerst nach Nordwesten und dann nach Nordosten zum höchsten Punkt hinauf. Das Kienjoch (1953 m) bietet eine schöne Aussicht auf die beeindruckend lange, bereits zurückgelegte Bergrunde.

Auf schmalem Steig hinab

Vom Gipfel geht es weiter dem Gratverlauf folgend nun in Richtung Norden weiter, um über die Kieneckspitz (hier ist Trittsicherheit erforderlich) auf schmalem, aber deutlichem Bergpfad nach Graswang abzusteigen. Auf den teils felsigen Wegabschnitten und auch beim Abstieg durch Latschen- und Geröllhänge ist Trittsicherheit gefragt. Der Abstieg ist nicht markiert, aber meist deutlich zu erkennen. Man gelangt in den Waldbereich, wo der Steig nach einiger Zeit eine Forststraße quert.

Schlussspurt nach Graswang

Schließlich erreicht man den üblichen, von Graswang herkommenden Anstiegsweg zum Kienjoch und wandert den Beschilderungen »Graswang« folgend zuletzt entlang des grünen Talbodens zum Ort.

Wenn man hier länger auf den Bus warten muss, kann man entweder gleich per Autostopp zurück zur Ettaler Mühle gelangen, oder sich die Zeit bis zur Abfahrt des nächsten Linienbusses mit einer wohlverdienten Stärkung in der Gröbl-Alm (auch Haltestelle von Buslinie 9622) verkürzen. Aber auch die Ettaler Mühle mit ihrem Biergarten ist eine sehr empfehlenswerte Gaststätte, um auf diese ebenso große wie schöne Bergrunde anzustoßen. Wer zum Bahnhof zurück muss, kann mit dem Bus von Graswang natürlich auch gleich nach Oberammergau weiterfahren.

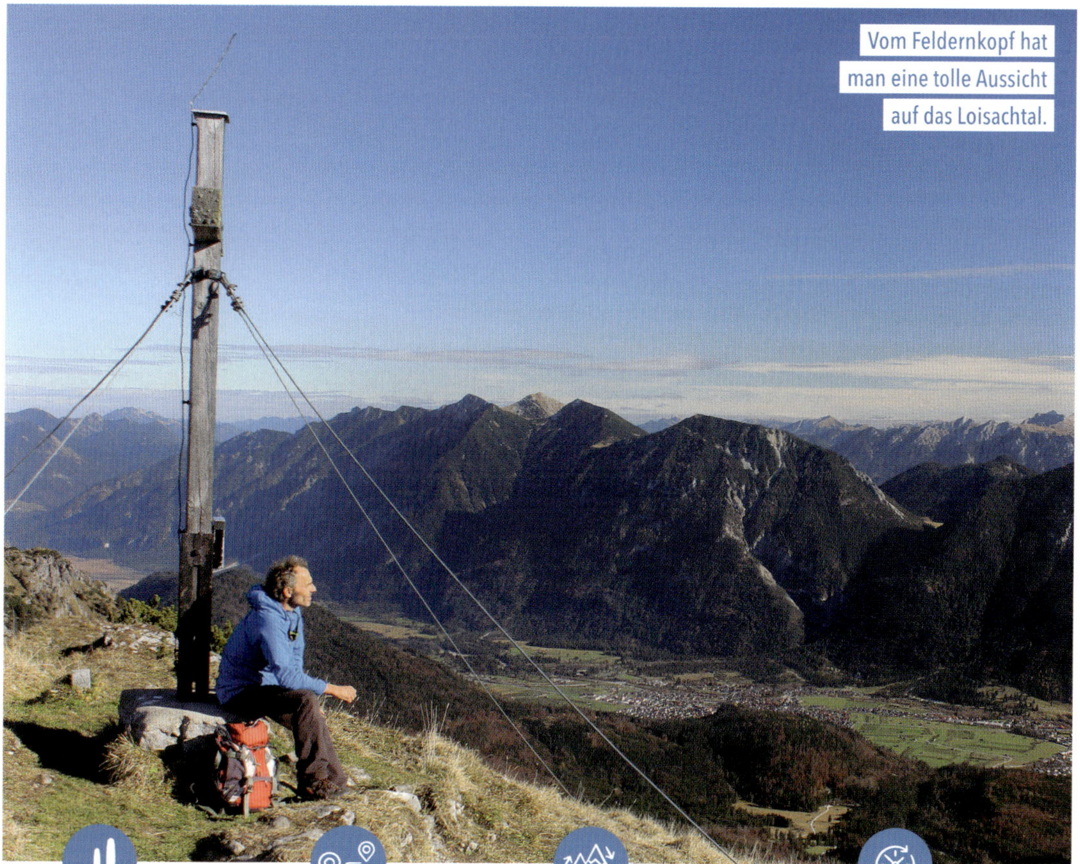

Vom Feldernkopf hat man eine tolle Aussicht auf das Loisachtal.

schwer | 19,2 km | 1800/1780 Hm | 9.00 h

Alles auf einen Blick

Tourencharakter
Dem steilen Anstieg zur Notkarspitze folgt eine wunderschöne, sehr lange U-förmige Kammüberschreitung (meist unmarkiert und teils weglos) mit dann meist moderaten Anstiegen. Am und beim Abstieg vom Kienjoch ist Trittsicherheit erforderlich.

Ausgangspunkt
Ettaler Mühle (860 m)

Endpunkt
Bushaltestelle Graswang (870 m) oder Gröbl-Alm (880 m)

Anfahrt
ÖPNV: Von München Hbf. Regionalzug mit Umsteigen in Murnau nach Oberammergau und vom Bahnhof mit Bus 9622 zur Ettaler Mühle. Zurück von Graswang ebenfalls mit Bus 9622.

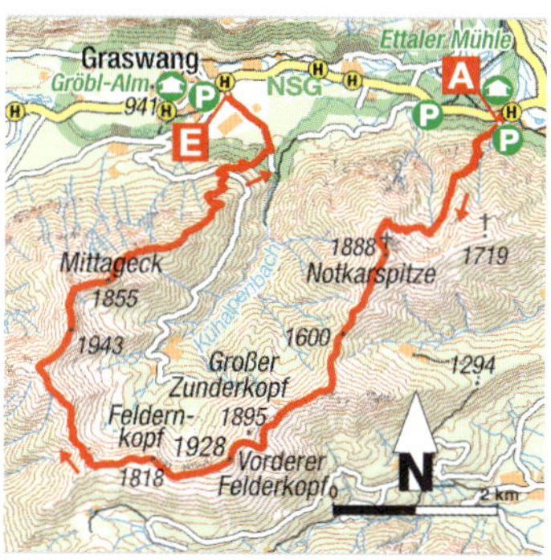

Auto: Auf der A95 und B2 nach Oberau, weiter auf der B23 nach Ettal. Hinter dem Ort auf die St2060 Richtung Linderhof und nach 500 m rechts an der Ettaler Mühle parken.

Einkehr
Unterwegs keine Möglichkeit. In Graswang die Gröbl-Alm, groebl-alm.de; am Ausgangspunkt die Ettaler Mühle, ettaler-muehle.de

Ausrüstung
Normale Bergwanderausrüstung

Karte
AV-Karte BY 7 »Ammergebirge Ost« 1:25.000

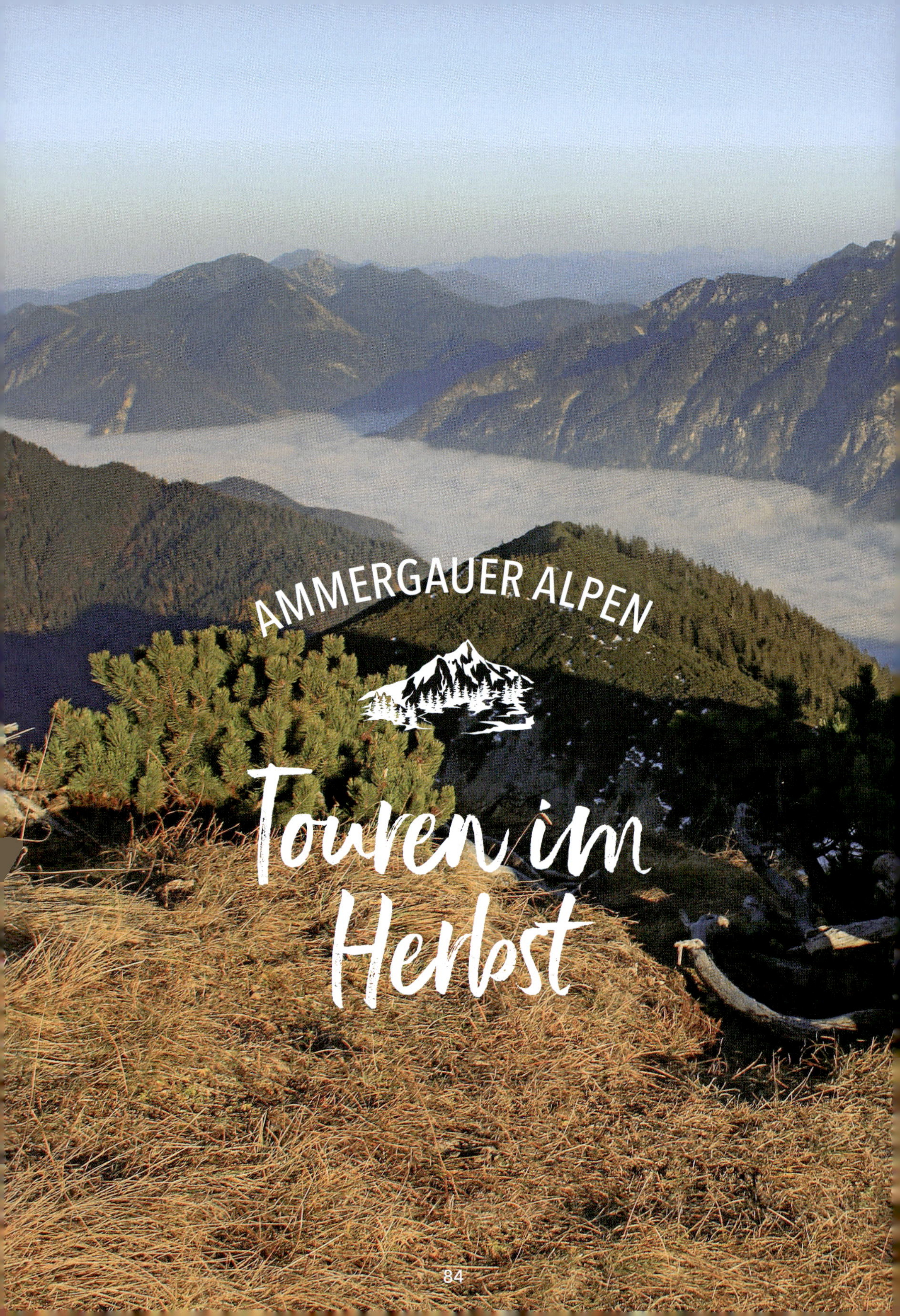

Ammergauer Alpen

Touren im Herbst

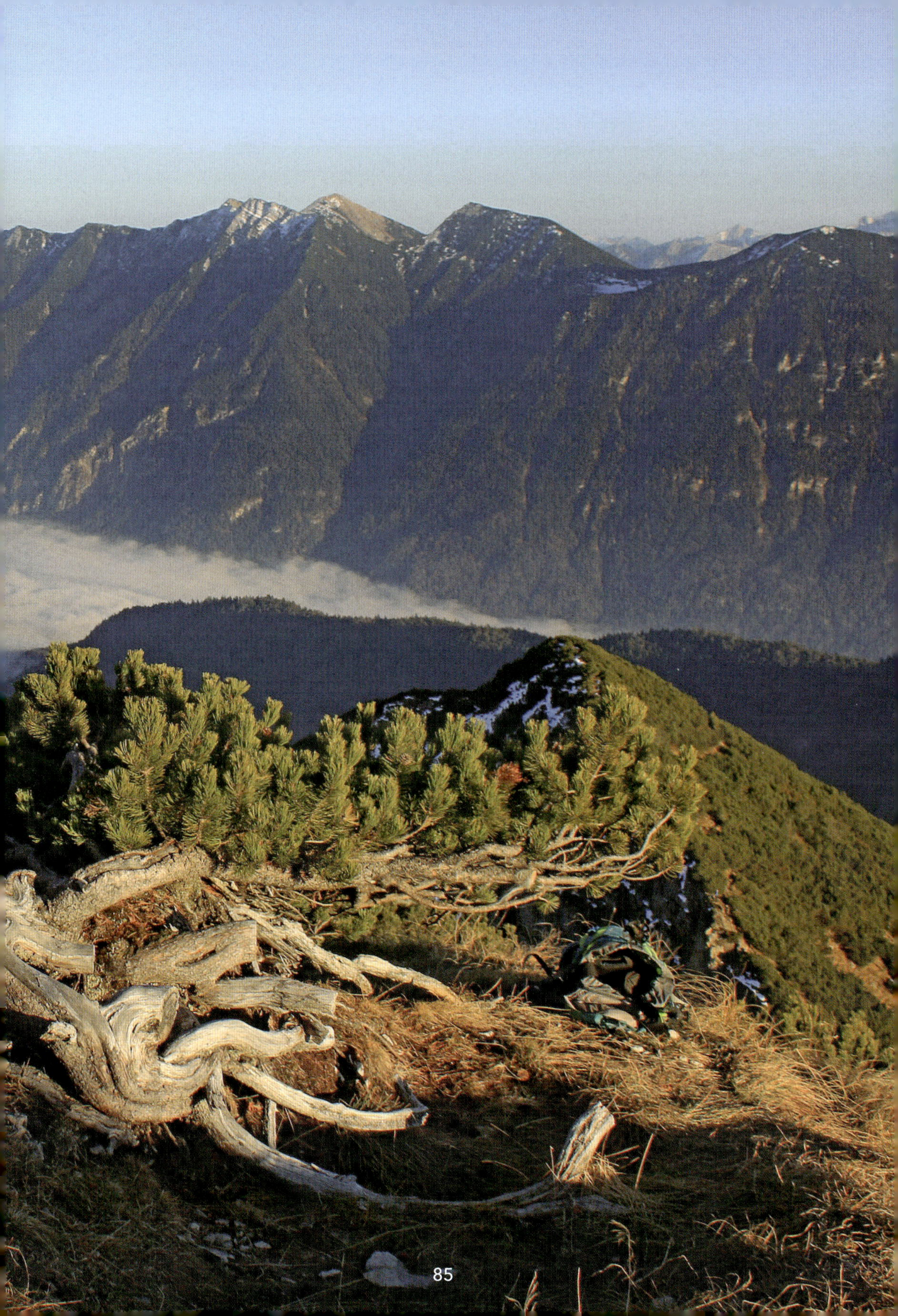

AN DEN QUELLTÖPFEN DER AMMER

14

Herbsttour im Weidmoos

Wenn sich die Gräser herbstlich verfärben und Nebelschwaden über die Feuchtwiesen ziehen und der Bergwald sich golden färbt, ist die schönste Zeit, um am Beginn des Lindertales dem geschützten Weidmoos einen Besuch abzustatten.

Am Parkplatz geht man vor der Ettaler Mühle nach rechts und überquert eine Brücke. Auf einem breiten Talweg geht es nun nach Nordwesten sogleich an den Wiesen des Feuchtgebietes entlang.

Zu den Quelltöpfen der Ammer

Nach einer weiteren Brücke – man überquert hier genau die Stelle, wo die aus den Bergen kommende Linder zur Ammer wird – ist der Weg ein Stück lang ganz gerade und macht dann einen Knick. Kurz danach kann man am Wegesrand schon kleinere Quelltöpfe der Ammer sehen. Es herrscht hier allerdings Wegegebot, das heißt, man darf die Feuchtwiesen nicht betreten. Der Feldweg trifft im Anschluss auf eine schmale Teerstraße. Wenn man diese überquert und direkt zur bereits sichtbaren Brücke weitergeht, kann man einen schönen Quelltopf anschauen, in dem Luftblasen aufsteigen. Dann geht man wieder zur Straße zurück und folgt dieser auf der anderen Seite nach rechts, bis ein Wegweiser auf den weiteren Weg nach Graswang aufmerksam macht. Man überquert also noch einmal die Teerstraße. Links und rechts des Talwegs sind nun kleine, mäandrierende Bachläufe zu sehen. Das sind die Wasserarme der jungen Ammer, die sich aus vielen kleinen Quelltöpfen speisen. In der Karte sind diese übrigens als »Kleine Ammerquellen« eingezeichnet. Die »Großen Ammerquellen« befinden sich im Wald südlich der Talstraße.

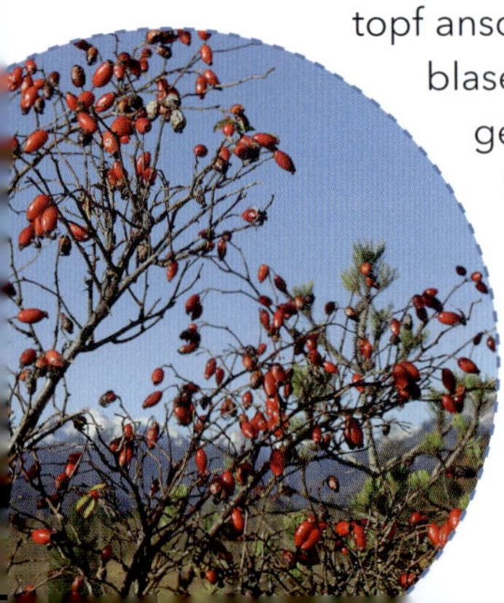

Weiter nach Graswang und retour

Der Weg führt dann auf den Waldrand unterhalb des Rappenkopfes zu. Von nun an wandert man immer direkt am Hangfuß, also am Waldrand, ohne jegliche Orientierungsprobleme über die Rahmbauernhöfe weiter nach Graswang. Da südseitig des Weges die freien Wiesen des Talbodens liegen, kann man an einem schönen Herbsttag hier noch mal so richtig Sonne tanken.

An einer Weggabelung in Höhe der links liegenden Häuser von Graswang hält man sich links, um in den kleinen Ort hineinzuwandern. Dort kann man in der Gröbl-Alm einkehren, bevor es auf demselben Weg zurück zur Ettaler Mühle geht.

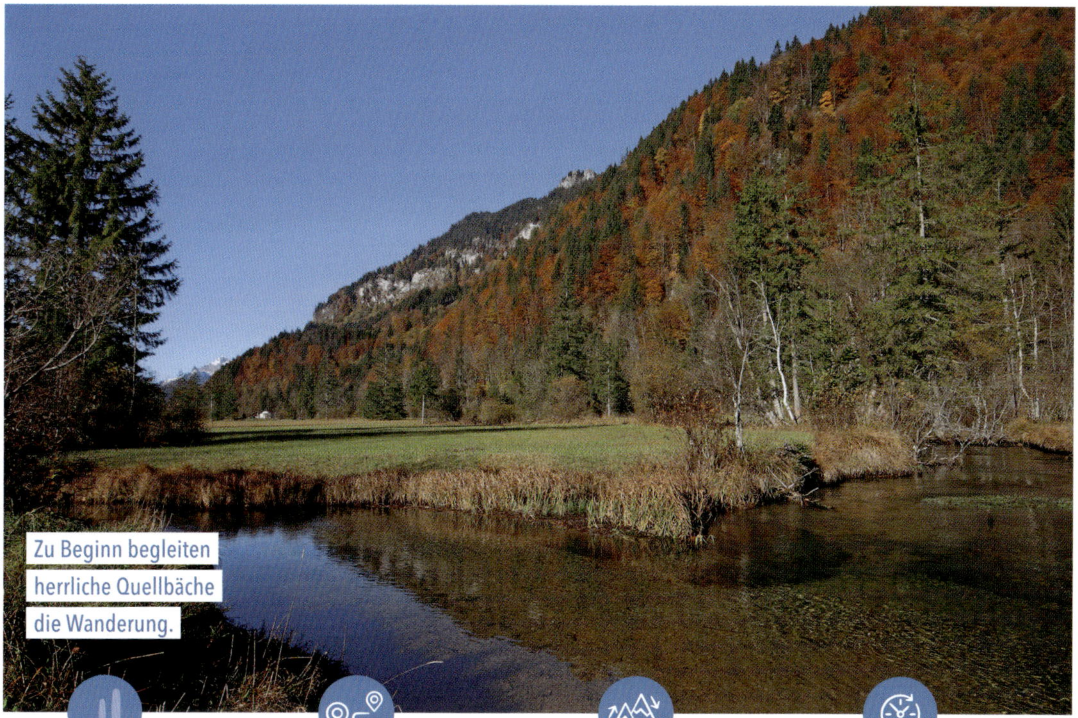

Zu Beginn begleiten herrliche Quellbäche die Wanderung.

leicht | 10,5 km | 30 Hm | 2.30 h

Alles auf einen Blick

Tourencharakter
Wunderschöne Talwanderung ohne jegliche konditionellen oder technischen Schwierigkeiten.

Ausgangs-/Endpunkt
Ettaler Mühle (860 m)

Anfahrt
ÖPNV: Von München Hbf. Regionalzug mit Umsteigen in Murnau nach Oberammergau und mit Bus 9622 zur Ettaler Mühle. Zurück von Graswang ebenfalls mit Bus 9622. Auto: Über die A95 und B2 nach Oberau und die B23 nach Ettal. Hinter dem Ort auf der St2060 Richtung Linderhof und nach 500 m rechts an der Ettaler Mühle parken.

Einkehr
In Graswang die Gröbl-Alm, groebl-alm.de; am Ausgangspunkt die Ettaler Mühle, ettaler-muehle.de

Ausrüstung
Normale Wanderausrüstung

Karte
AV-Karte BY 7 »Ammergebirge Ost« 1:25.000

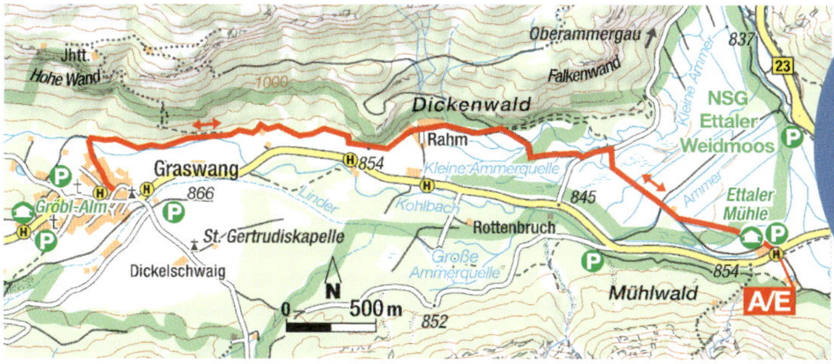

Tipp

Wer nicht denselben Weg hin und zurück machen will, der kann auch mit dem Bus 9622 von Graswang (Haltestelle Gröbl-Alm oder im Ort) zur Ettaler Mühle bzw. zum Bahnhof Oberammergau zurückfahren.

ALLES WISSENSWERTE ÜBER

Das Naturjuwel Ettaler Weidmoos

Östlich von Ettal, am Beginn des Lindertals, befindet sich ein ganz besonderes Naturjuwel der Ammergauer Alpen: das Ettaler Weidmoos. Es hat eine Fläche von etwa 160 Hektar und ist bereits seit 1982 ein Naturschutzgebiet.

Im Moos zwischen Oberammergau und Ettal, zwischen Kofel, Laberberg und Notkarspitze stellt das Zusammentreffen von Nieder-, Übergangs- und Hochmoorkomplex eine Rarität unter den bayerischen Mooren dar. Die hydrologische Dynamik ist hier einzigartig: Denn im Ettaler Weidmoos tritt versickertes Wasser des Gebirgsbachs Linder in kleinen Quelltrichtern, bei den Rahmbauernhöfen und nahe der

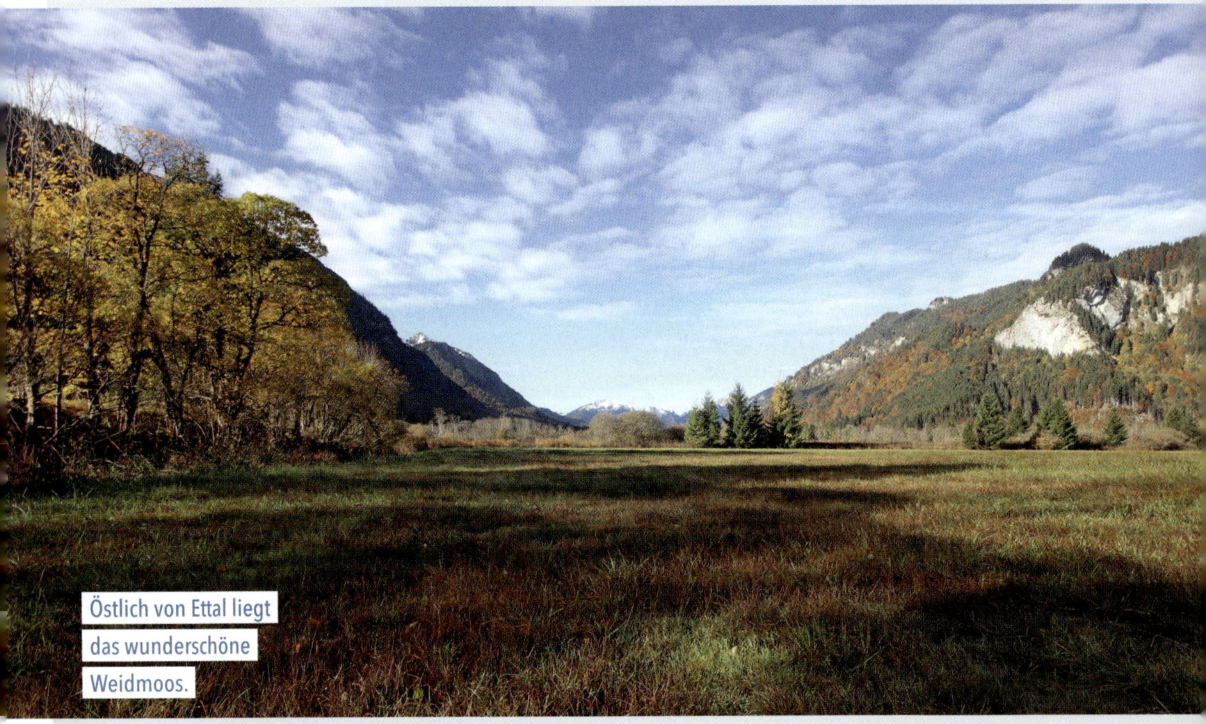

Östlich von Ettal liegt das wunderschöne Weidmoos.

Ettaler Mühle wieder an die Oberfläche. Luftblasen steigen in kleinen Trauben aus den glasklaren Quellen nach oben. In etwa dreißig Quelltöpfen entspringen Bäche, die zusammenfließen und die Kleine Ammer bilden. Diese fließt mit dem südlich verlaufenden Linderbach zusammen und bildet gemeinsam dann die Ammer.

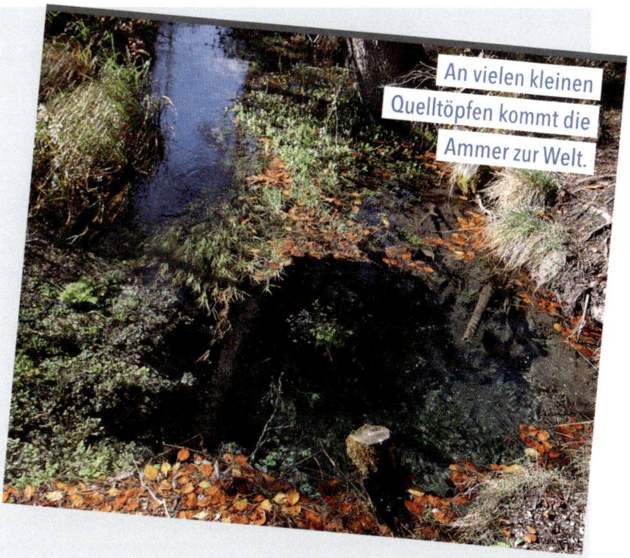
An vielen kleinen Quelltöpfen kommt die Ammer zur Welt.

Fauna und Flora im Weidmoos

Das Weidmoos ist durch die Verlandung eines Schmelzwassersees am Ende der Eiszeit entstanden. Ein Großteil des Areals ist durch Streuwiesen geprägt, die eine hohe botanische Artenvielfalt aufweisen.

Das Moos ist berühmt für seine Frühlingsknotenblumen unmittelbar nach der Schneeschmelze. Kurze Zeit später ist es voll von stengellosen Enzianen, Mehlprimeln, Trollblumen und Knabenkräutern. Im Sommer blühen im Weidmoos mehr als ein Dutzend Orchideenarten, dazu Lungenenzian, Moorenzian und Fieberklee. Kurz vor der Ettaler Mühle liegt ein Teich. Dies ist ein Quellgebiet, in dem Wasser zu Tage kommt, das unterirdisch in einem mächtigen Kieskörper dahinsickert. Stockenten, Reiherenten und Gänsesäger lassen sich dort beobachten.

Naturverträglich unterwegs

Um die einzigartige Landschaft zu schützen, herrscht im Naturschutzgebiet Weidmoos Wegegebot. Das heißt, man darf nicht in die sensiblen Feuchtwiesen hineinwandern. Aber es gibt einige Quelltöpfe, die vom Weg aus gut zu sehen sind. Besonders schön ist das Moor auch im Herbst, wenn erste Nebelschwaden über die Feuchtwiesen ziehen. Dies kann man mit etwas Glück nachmittags auf dem Rückweg von einer Bergtour erleben – oder wenn man eine gemütliche Moos-Wanderung zwischen Ettal und Graswang unternimmt (siehe Tour 14).

Ammer und Amper

Die Ammer ist – mit Ausnahme des Bereichs zwischen Oberammergau und Unterammergau – noch ein weitgehend natürlicher Wildfluss, der im Fünfseenland in der Nähe von Dießen in den Ammersee fließt. Diesen verlässt die Ammer dann unter dem Namen Amper und mündet nach 185 Kilometern ab der Quelle bei Moosburg in die Isar.

KLEINER FELSKOPF MIT GROSSER AUSSICHT

15

Übers Ettaler Manndl

Bei der Überschreitung des Ettaler Manndls kann man optional einen leichten, kurzen Klettersteig ausprobieren, um auf den zweithöchsten Punkt des kleinen Bergmassivs zu gelangen. Der benachbarte Laber ist nämlich 50 Meter höher.

Vom Parkplatz bei der imposanten barocken Benediktinerabtei Kloster Ettal geht es zunächst von der Hauptstraße entlang der Klosterstraße und geradeaus weiter über den »Manndlweg« zur breiten Forststraße, die parallel zum Tiefentalgraben in Richtung Ettaler Manndl führt.

Hinauf zum Ettaler Manndl

Nach etwa einer halben Stunde wird der Weg zu einem schmalen Pfad und führt in Serpentinen aufwärts. Im Wald steigt man weiterhin steil auf dem Wurzelpfad zu einer Wegverzweigung hinauf. Hier geht man rechts in Richtung »Ettaler Manndl«, kommt an einer Felswand vorbei und direkt danach zur Abzweigung zum Ettaler Manndl.

Trittsichere und schwindelfreie Bergwanderer können diesen leichten Klettersteig auch ohne Ausrüstung begehen. Kindern sollte man aber unbedingt einen Klettersteiggurt anlegen. Vom Gipfel des Ettaler Manndls (1633 m) hat man eine wunderschöne Aussicht auf das Loisachtal mit dem dahinter aufragenden Estergebirge, die Ammergauer Alpen und das Wettersteingebirge.

Vorbei am Soilasee

Zurück am Weg folgt man diesem ein kurzes Stück noch nach Osten, dann wendet sich der Weg nach Norden und führt teils in lichtem Wald, teils in Wiesengelände weiter bergab. Der Wald wird dichter und

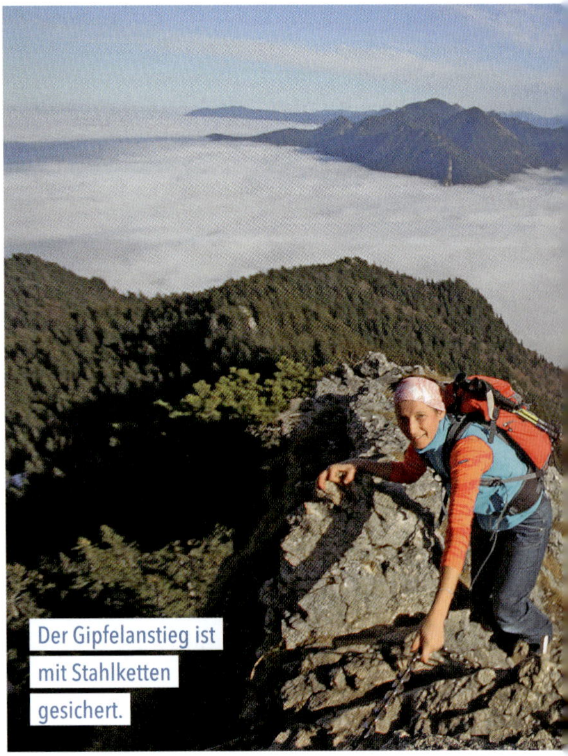

Der Gipfelanstieg ist mit Stahlketten gesichert.

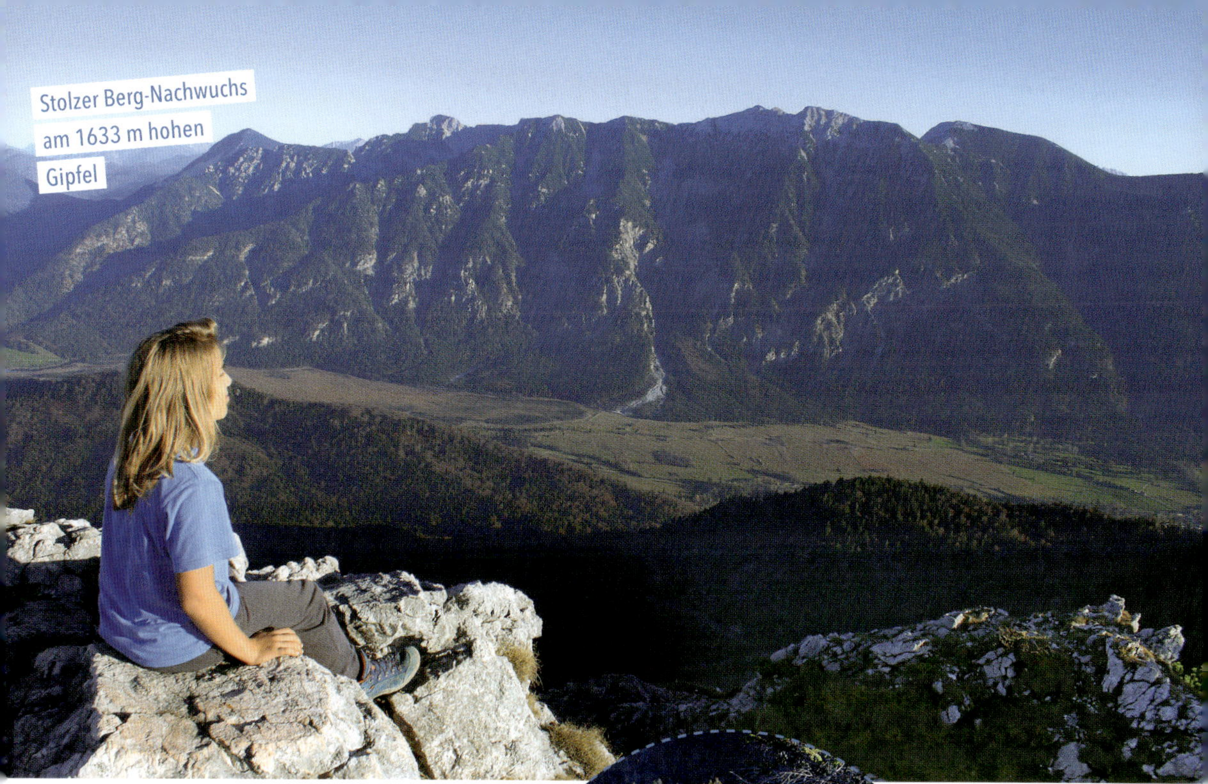

Stolzer Berg-Nachwuchs am 1633 m hohen Gipfel

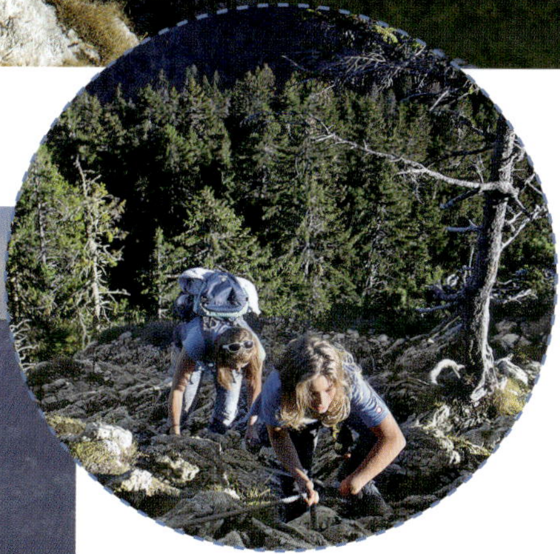

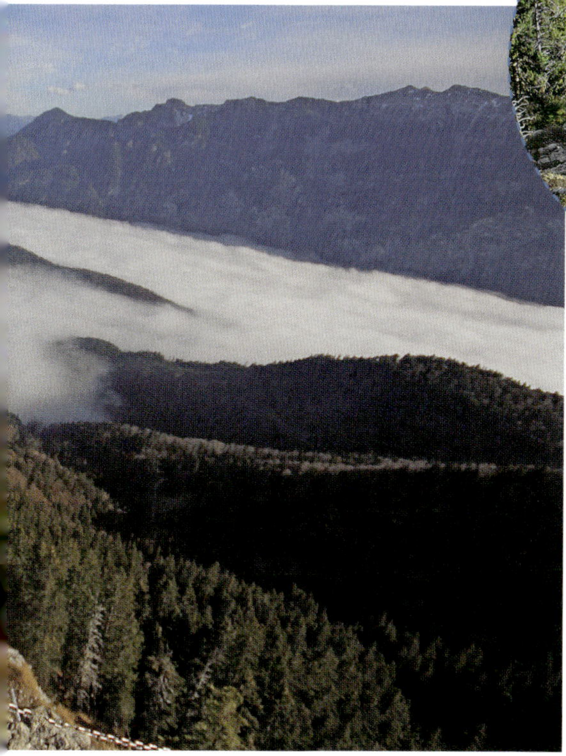

Hinweis

Wer sich die Gipfelbesteigung des Ettaler Mandls über den mit Stahlseilen gesicherten und mit Tritten und Griffen versehenen Klettersteig nicht zutraut, lässt diesen einfach aus. Die Überschreitung von Ettal nach Oberammergau ist auch ohne den Gipfel sehr schön.

man gelangt an den Boden des weiten Bergkessels, in dem auch der nahezu verlandete Soilasee (auch Soilesee) liegt. Hier überquert man gerade eine Forststraße und geht auf einem Wiesenweg oberhalb an der Hinteren Soila-Alm vorbei.

Schließlich stößt man auf die Forststraße, der man solange folgt, bis man ein kurzes Stück hinter einem Weiderost wieder nach links in einen Fußweg abzweigen kann. Dieser führt wieder durch den Wald, dann über eine große Wiese und abermals in den Wald. Wieder stoßen wir auf die Forststraße und müssen auf dieser ein gutes Stück lang, leicht absteigen.

Hinab ins Lainetal

Bei einem Schild »Oberammergau über Lainetal« biegen wir von der Forststraße nach rechts ab und steigen auf einem schönen Waldweg zum Bach Große Laine hinab. Hier geht es über eine Brücke und auf der anderen Seite nach links. Ohne Orientierungsprobleme folgt man das letzte Stück immer der Fahrstraße zur Talstation der Laber-Bergbahn, mit der Kapelle St. Gregor daneben.

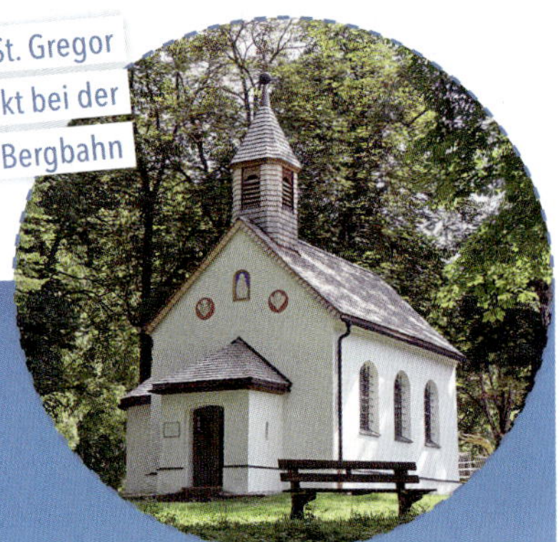

Die Kapelle St. Gregor am Endpunkt bei der Laber-Bergbahn

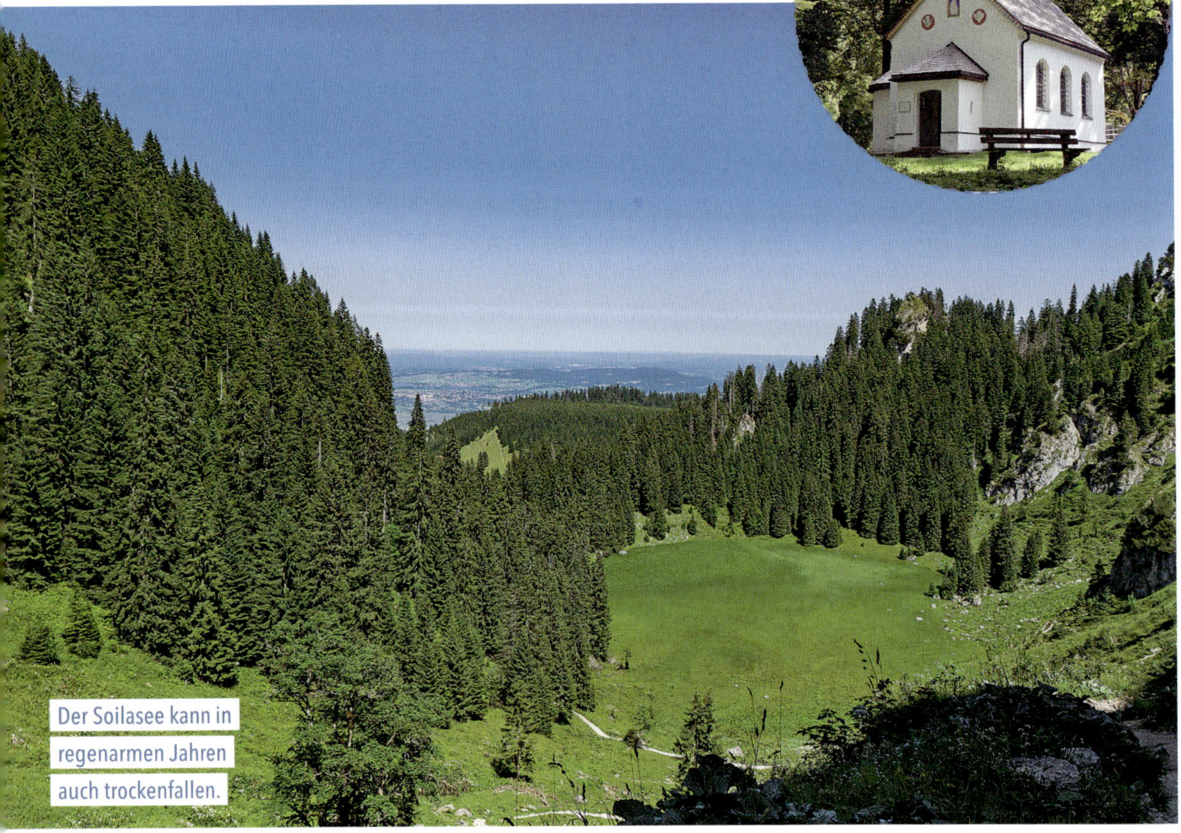

Der Soilasee kann in regenarmen Jahren auch trockenfallen.

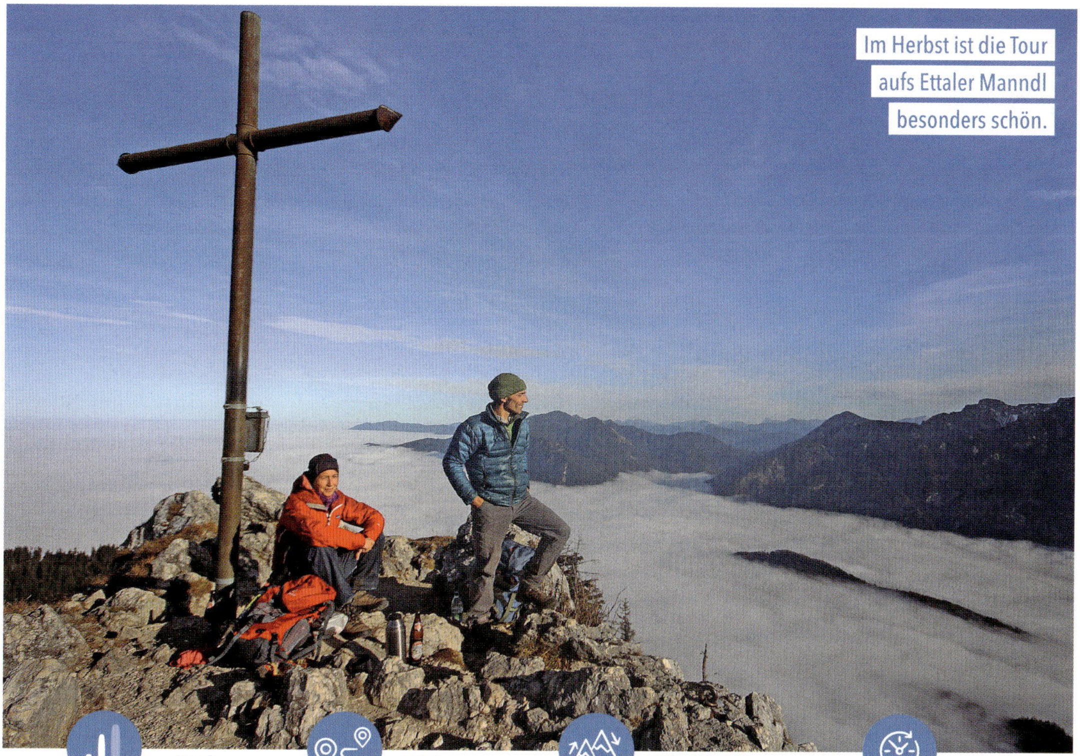

Im Herbst ist die Tour aufs Ettaler Manndl besonders schön.

mittel | 9,0 km | 770/740 Hm | 4.00 h

Alles auf einen Blick

Tourencharakter
Höhenweg technisch und orientierungsmäßig unschwierig. Für die Gipfelbesteigung ist Trittsicherheit und Schwindelfreiheit erforderlich, Stahlseile sind vorhanden.

Ausgangspunkt
Ettal (880 m), Parkplatz bzw. Haltestelle Klostergasthof

Endpunkt
Oberammergau, Talstation Laber-Bergbahn (910 m)

Anfahrt
ÖPNV: Von München Hbf. Regionalzug in Richtung Garmisch-Partenkirchen bis Oberau. Dort in Bus 9606 umsteigen und in Ettal an der Bushaltestelle »Klostergasthof« aussteigen. Rückreise: Von der Talstation der Laber-Bergbahn in ca. 5 Minuten zur Bushaltestelle »Aufackerstraße« und mit Bus 9606 zum Bahnhof Oberammergau. Zug Richtung München mit Umsteigen in Murnau. Auto: Auf der A95 und B2 nach Oberau, weiter auf der B23 nach Ettal. Parkplätze (gebührenpflichtig) beim Kloster. Rückfahrt von Oberammergau mit Bus 9606 bis Haltestelle »Ettal Klostergasthof«.

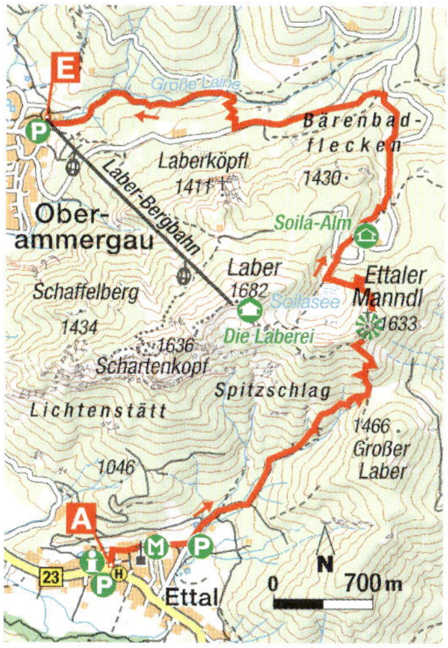

Einkehr
Soila-Alm (1325 m)

Ausrüstung
Normale Bergwanderausrüstung; im Zweifelsfall kann man für die Gipfelbesteigung ein Klettersteigset mitnehmen.

Karte
AV-Karte BY 7 »Ammergebirge Ost« 1:25.000

ÜBERSCHREITUNG MIT GIPFELHATTRICK

16

Auf die Ammergauer Hörnle

Wer an einem Bergtag gleich drei Gipfel in sein Tourenbuch eintragen will, muss dafür normalerweise viel Schweiß investieren. Nicht so bei den Ammergauer Hörnle, die nur einen Katzensprung voneinander entfernt sind.

Vom Bahnhof Unterammergau geht man ein Stück entlang der Gleise zurück und sieht bald den Wegweiser zum Hörnle. Zuerst dem »Kappelweg« folgend wandert man dann flach zwischen Weiden auf einem Landwirtschaftsweg zur kleinen, idyllisch gelegenen Kappel-Kirche, bei der sich auch der Wanderparkplatz befindet. Hier stoßen diejenigen dazu, die mit dem Kfz angereist sind.

Anstieg vom Kappel

Am Parkplatz folgt man rechts der Teerstraße am Kirchlein vorbei bergan. Die Straße geht bald in einen Schotterweg über. Gleich darauf sollte man sich nicht wundern: Wir ignorieren nämlich nach links und rechts zeigenden Wegweiser und wandern geradeaus weiter. Nach einer Baumgruppe hält man sich bei einer Gabelung rechts und geht durch ein Viehgatter.

Bald darauf kann man den breiten Weg nach links verlassen und folgt nun einem Pfad, der über zumeist freie Wiesenhänge weiter nach Nordosten hinaufführt. Nach einer kleinen Gruppe von alten Ahornbäumen stoßen wir auf einen Fahrweg, dem wir nach links folgen.

Zum Hörnle-Trio

Man gelangt auf einen bewaldeten Rücken und wandern auf diesem nun flacher nach Nordosten. Immer dem breiten Weg folgend erreicht man hinter einem Waldstück die Hörnle Alm, wo man im Osten

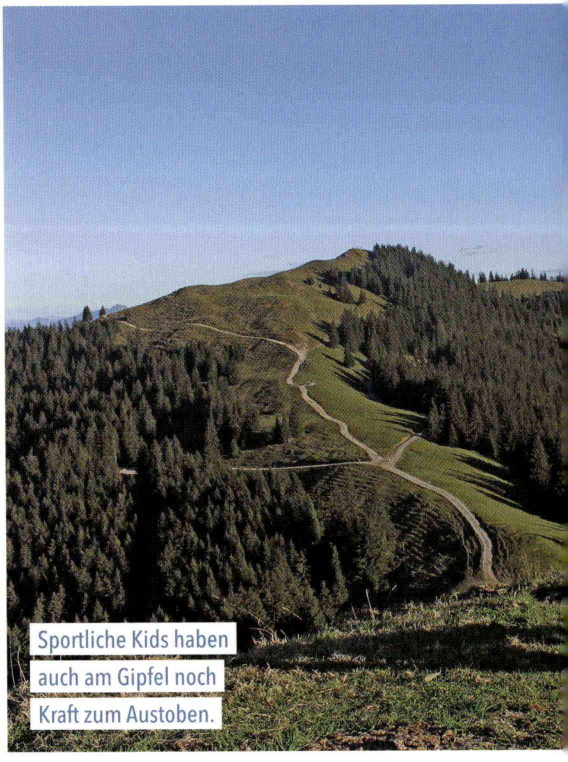

Sportliche Kids haben auch am Gipfel noch Kraft zum Austoben.

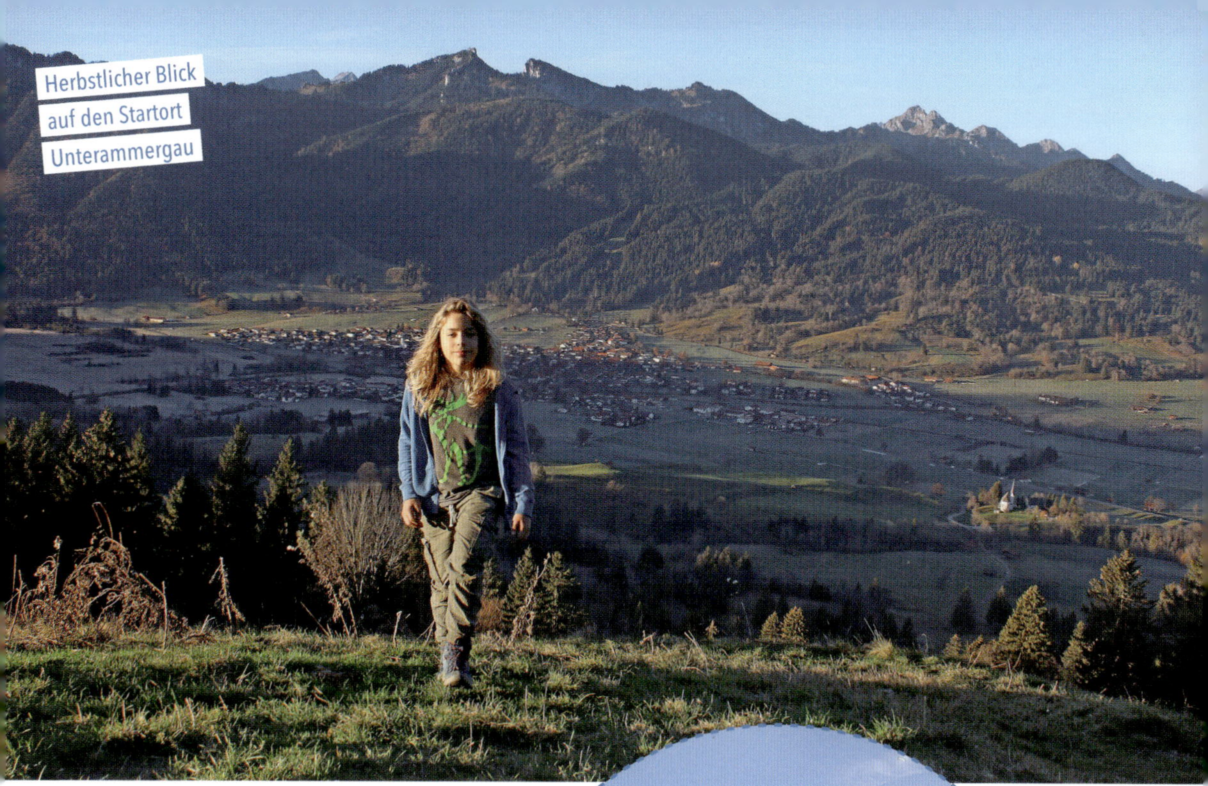

Herbstlicher Blick auf den Startort Unterammergau

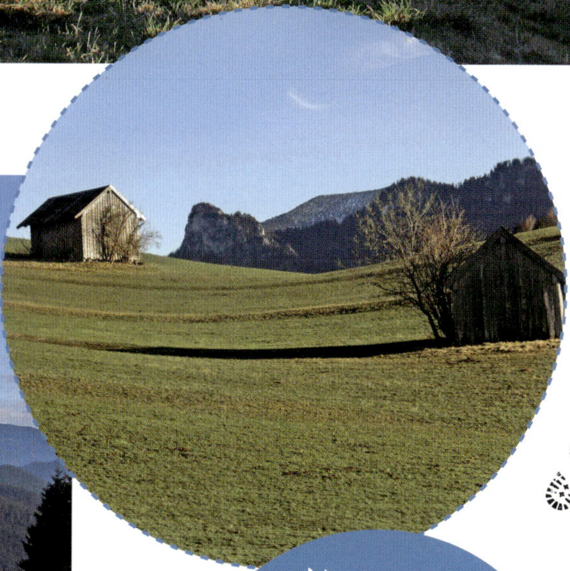

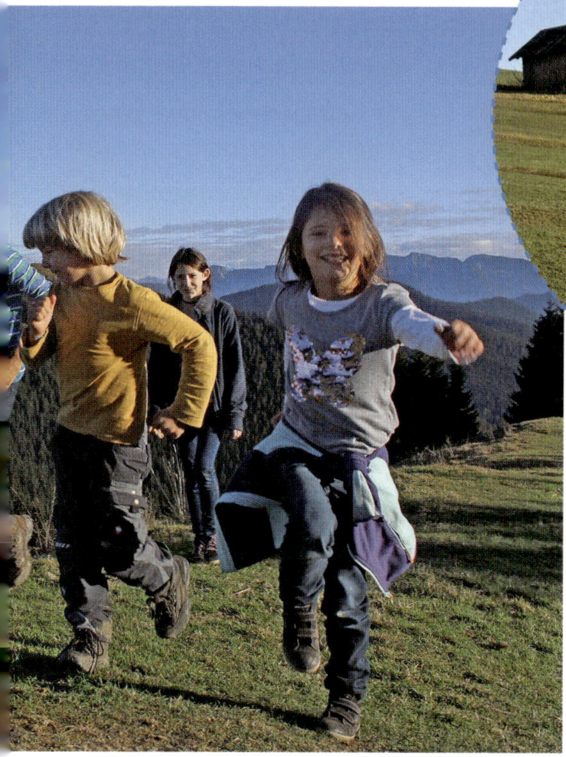

Hinweis

Der hier beschriebene, schönste Anstieg zum Hörnle folgt nicht dem von der DAV-Sektion ausgeschilderten Weg und führt durch freies Almgelände. Deswegen ist es wichtig, sich genau an den vorhandenen Pfad zu halten.

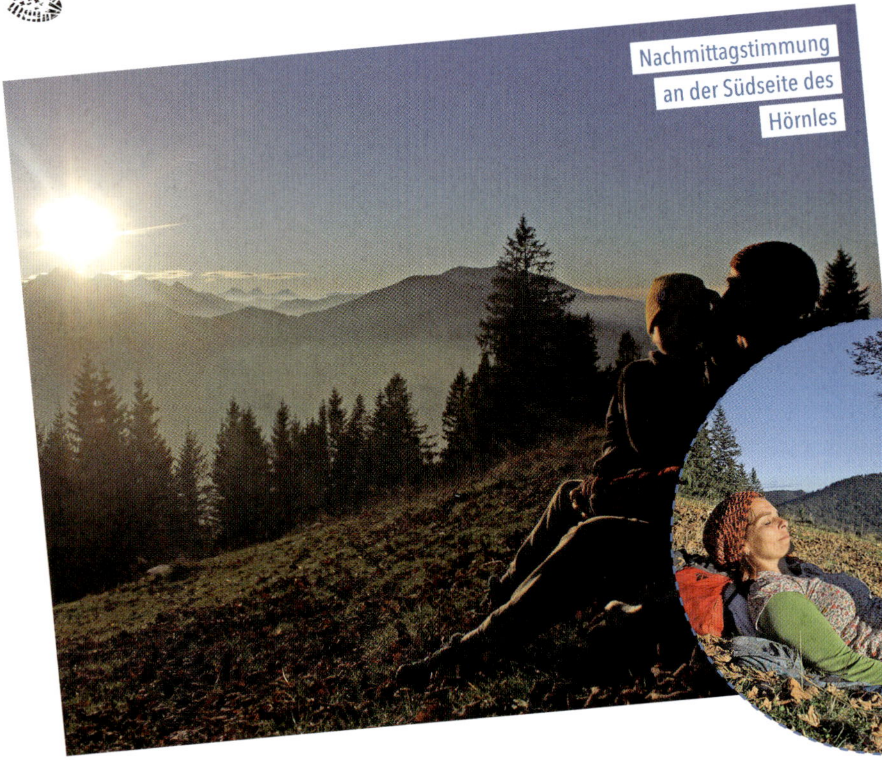

Nachmittagstimmung an der Südseite des Hörnles

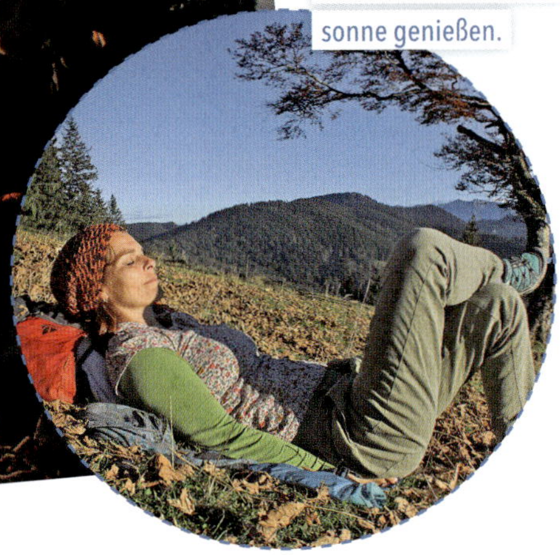

Auf den Wiesenhängen kann man die Herbstsonne genießen.

auch schon das Kreuz des Hinteren Hörnles (1547 m) sieht. Um diesen höchsten Gipfel der drei Brüder zu erreichen folgt man dem zunächst flachen und breiten Weg weiter nach Osten und gelangt zuletzt etwas steiler zum höchsten Punkt.

Nach der ersten Gipfelbrotzeit geht es zurück zur Alm und von dort aus in wenigen Minuten direkt nach Westen hinauf zum Mittleren Hörnle (1496 m). Von dort steigt man auf Wiesenpfad nach Nordwesten ab und kann auf dem Weg zur Hörnlehütte auch noch schnell das rechter Hand liegende Vordere Hörnle (1484 m) mitnehmen.

Abstieg nach Bad Kohlgrub

Von der nicht nur an Wochenenden sehr beliebten Einkehrmöglichkeit folgt der markierte Abstieg nach Bad Kohlgrub zunächst der Skipiste, zweigt dann nach rechts ab und führt dann im Großen und Ganzen parallel zum Sessellift im Wald hinab. Nachdem man den Lift unterquert hat, stößt man auf die »Fallerstraße« und folgt ihr ein Stück nach rechts. Bald schon aber geht es nach links auf einem Fußweg entlang eines bewaldeten Bachlaufes zum Ortszentrum von Bad Kohlgrub. Von dort folgt man den Beschilderungen zum Bahnhof.

Tipp

Wer mit dem Kfz angereist ist, steigt von der Hörnlehütte aus nach Südwesten über den mit »E4« bzw. »Maximiliansweg« markierten Weg nach Kappel ab.

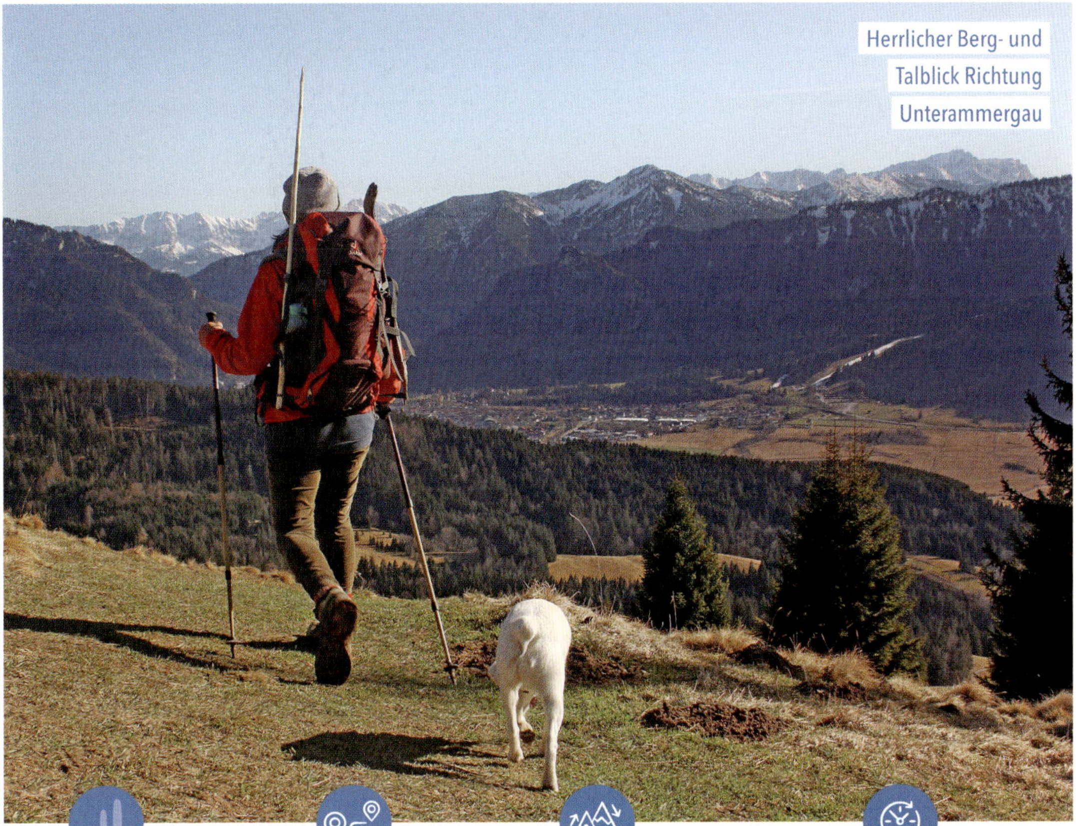

Herrlicher Berg- und Talblick Richtung Unterammergau

leicht | 11,3 km | 830/870 Hm | 4.30 h

Alles auf einen Blick

Tourencharakter
Leichte südseitige Hangwanderung auf Wald- und v. a. Wiesenpfaden, mit mit schönen freien Blicken aufs Tal und die Ammergauer Alpen.

Ausgangspunkt
Unterammergau, Bahnhof (830 m) bzw. Parkplatz Kappel (835 m)

Endpunkt
Bad Kohlgrub, Bahnhof (810 m)

Anfahrt
ÖPNV: Von München Hbf. Regionalzug mit Umsteigen in Murnau nach Unterammergau. Rückfahrt vom Bahnhof Bad Kohlgrub, ebenfalls mit Umsteigen in Murnau.

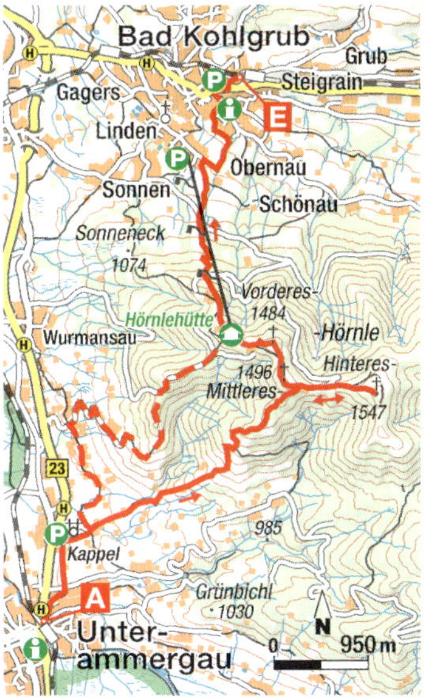

Auto: Auf der A95 oder B2 nach Murnau, weiter über Bad Kohlgrub nach Saulgrub und links auf der B23. Kurz vor Unterammergau links abbiegen zum Parkplatz Kappel.

Einkehr
Hörnlehütte (1400 m), DAV, hoernle-huette.de

Ausrüstung
Normale Bergwanderausrüstung

Karte
AV-Karte BY 7 »Ammergebirge Ost« 1:25.000

HOCH ÜBER GARMISCH-PARTENKIRCHEN

17

Über die Kramerspitz

Diese ausgedehnte Bergrunde hat nicht nur gewaltige Aussichten auf das Wettersteingebirge, sondern auch noch zwei nette Einkehrmöglichkeiten zu bieten. Eine gute Kondition braucht man allerdings schon.

Vom Parkplatz folgt man einem Fahrweg nach Nordwesten. In der zweiten Kurve (einer Rechtskurve) zweigt man rechts in den Fußweg ab (Beschilderung u. a. »Stepbergalm, Weg Nr. 259«) der zunächst über eine Wiese bergan führt.

Über die Stepbergalm auf die Kramerspitz

Dann geht es im lichten Bergwald ansteigend nach Westen weiter. Nach einer knappen Stunde wendet sich der Anstieg nach Norden und führt in kleinen Serpentinen etwas steiler bergan. Dann wird der Steig wieder flacher, quert die Kögerlaine und führt durch Latschengelände nach Nordwesten ansteigend zur Stepbergalm.

Von den Almgebäuden aus wendet man sich nach Osten und folgt dem gut markierten Weg zunächst über Almflächen bergan. In der Latschenzone wird der Weg zu einer Art in die Vegetation eingeschnittenen Hohlweg. An einer Geländekante öffnen sich weite Blicke und es geht flacher nach Osten weiter. Das Gelände wird steiniger. Zuletzt steigt man über einen felsigen Aufschwung auf die Kramerspitz (1985 m) hinauf.

Auf dem Kramersteig zur Martinshütte

Zum Abstieg wendet man sich nach Norden und umgeht den Nebengipfel des Kramer über dessen Nordflanke. Der sogenannte »Kramersteig« erfordert nun gute Trittsicherheit.

Nachdem sich der Weg nach Osten wendet, wird er wieder besser und flacher. Mit schönen Ausblicken gelangt man wieder in die Latschen und über die Mittergernspitze zu einer Scharte vor dem Katzenkopf, wo sich der Weg nach Süden wendet. Zunächst recht steil erreicht man über viele Serpentinen die Berggaststätte St. Martin am Grasberg.

Tipp

Der Kaiserschmarrn auf der urigen Stepbergalm gilt zurecht als einer der Besten weit und breit.

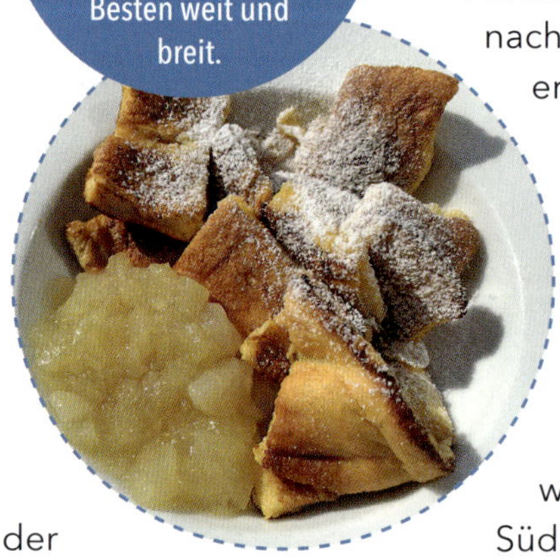

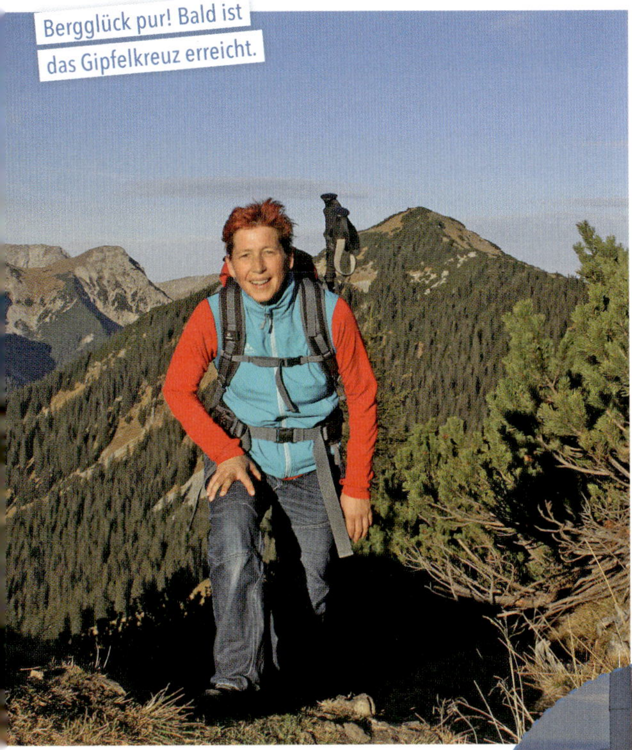

Bergglück pur! Bald ist das Gipfelkreuz erreicht.

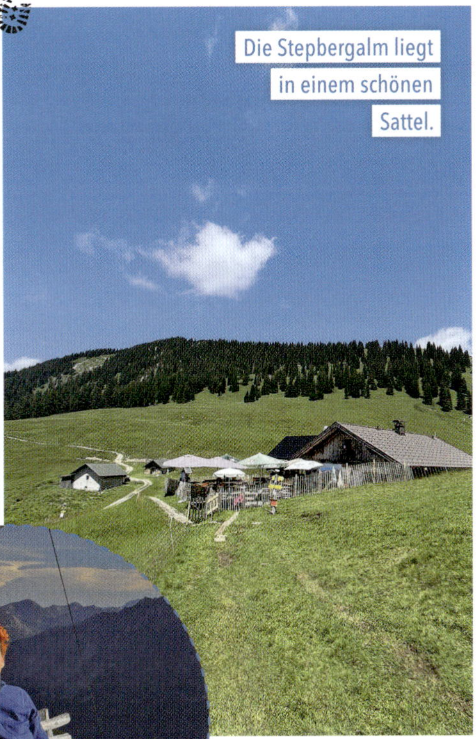

Die Stepbergalm liegt in einem schönen Sattel.

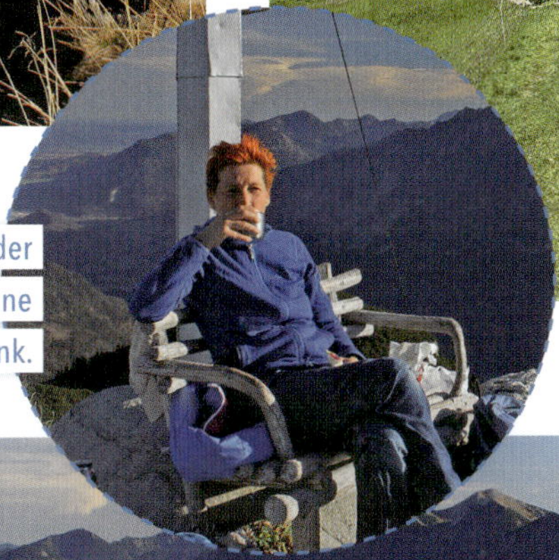

Am Gipfel der Kramerspitz steht eine urige Holzbank.

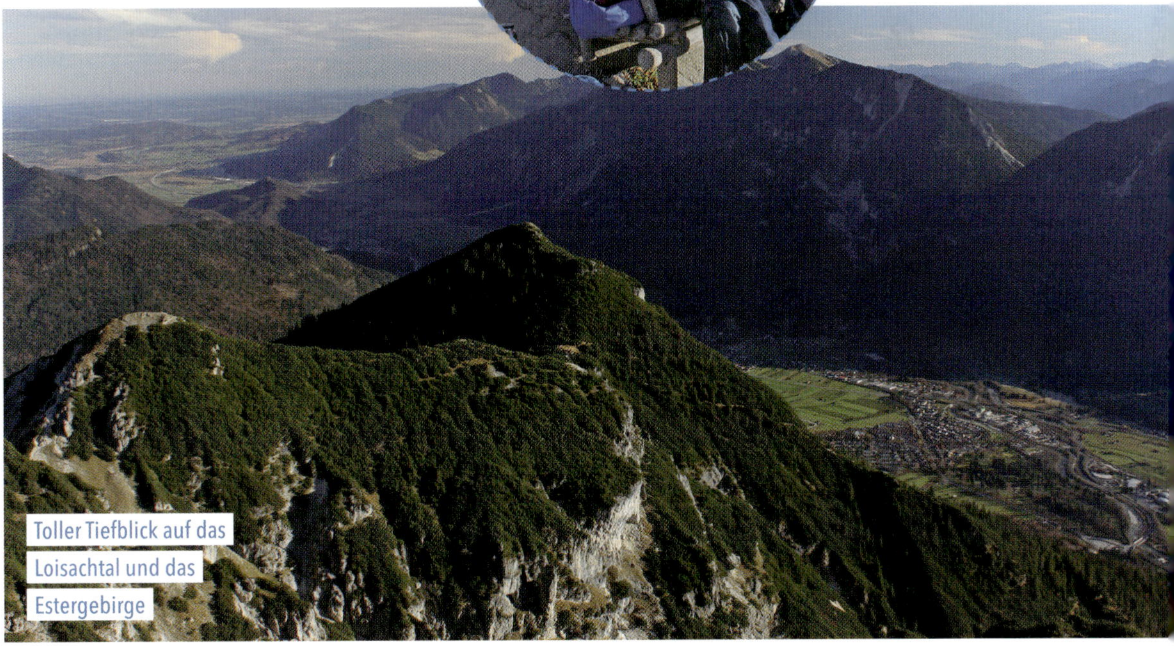

Toller Tiefblick auf das Loisachtal und das Estergebirge

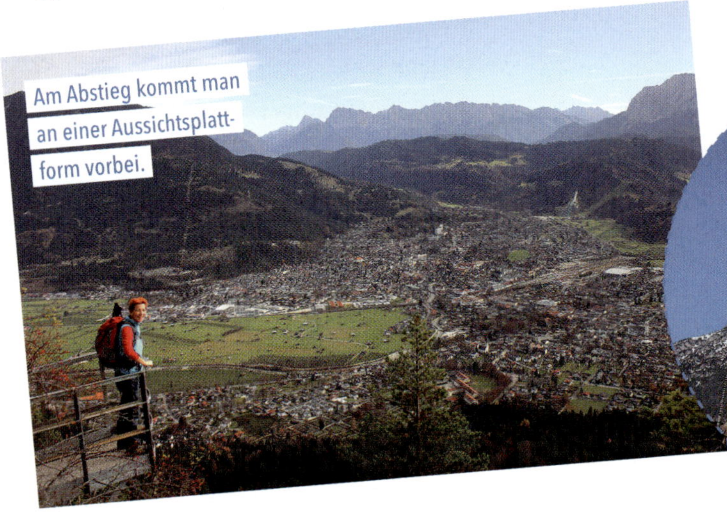

Am Abstieg kommt man an einer Aussichtsplattform vorbei.

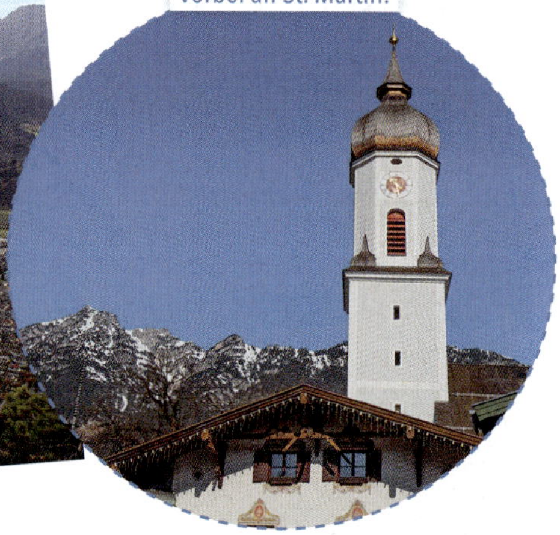

Der Weg zum Bahnhof führt durch Garmisch, vorbei an St. Martin.

Abstieg auf Fahrweg oder Bergpfad

Hier hat man zwei Möglichkeiten: Entweder man folgt dem Fahrweg nach Osten dann nach Süden in einigen Kehren hinab zum Klamerplateauweg und folgt diesem rechts zum Ausgangspunkt.

Wer schmale Bergpfade bevorzugt und eine gute Orientierung hat, kann hingegen westlich der Martinshütte einem unmarkierten, aber deutlichen Pfad folgen, der direkter hinab zum Kramerplateauweg führt. Auch hierbei hält man sich zuletzt rechts, um ohne jegliche Orientierungsschwierigkeiten den Ausgangspunkt zu erreichen.

Variante mit öffentlichen Verkehrsmitteln

Man kann die Tour auch als Streckenwanderung mit öffentlichen Verkehrsmitteln machen. Start ist dann in Untergrainau: Vom Bahnhaltepunkt geht es ein kurzes Stück die Gleise zurück, dann wendet man sich nach links und überquert die Straße Richtung Ehrwald. Auf der anderen Seite folgt man kurz der Loisach nach links, überquert den Fluss und biegt in einen Weg ab, der nach Norden ansteigend zum »Kramerplateauweg« führt. Diesem folgt man ein Stück nach links und zweigt, nachdem man einen Bach gequert hat rechts ab, um auf einem Fußweg weiterzuwandern. Dieser ist zunächst angenehm flach, wird dann aber oberhalb der tief eingeschnittenen Kramerlaine etwas steiler. Zum Schluss wieder flacher führt er zur Stepbergalm hinauf.

Der Abstieg führt dann nach Garmisch-Partenkirchen: Von der Berggaststätte St. Martin geht es zunächst auf einem breiten Fahrweg, den man bald nach links (Wegweiser »Kellerleitensteig«) verlässt. Bald stößt man auf diesen Steig und folgt diesem nach rechts (Schild »Garmisch«). Nachdem man den Kramerplateauweg gekreuzt hat, erreicht man die ersten Häuser von Garmisch-Partenkirchen. Hier hält man auf eine Kirche zu, überquert dahinter die Loisach und steht kurz danach im Ortszentrum. Hier wendet man sich nach links und gelangt auf der Sankt-Martin-Straße sogleich zum Bahnhof.

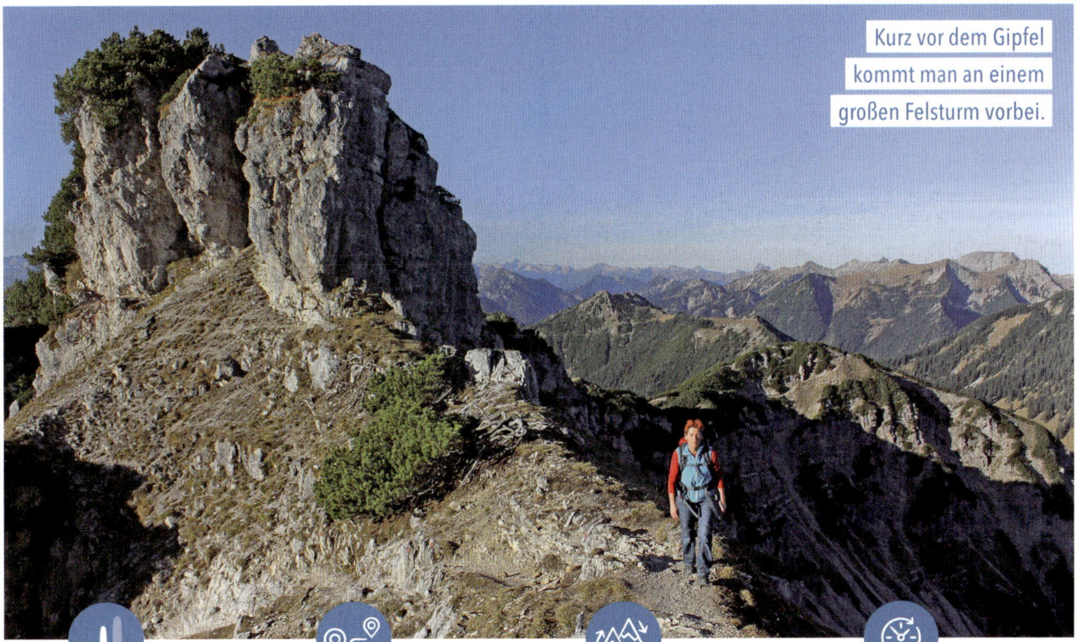

Kurz vor dem Gipfel kommt man an einem großen Felsturm vorbei.

mittel | 16,0 km | 1250 Hm | 6.45 h

Alles auf einen Blick

Tourencharakter
Ausgedehnte Rundtour mit grandioser Aussicht. Meist gute, aber oft steinige Bergwege. Auf der Nordseite gibt es eine längere Querung in erosionsanfälligem Gelände. Für den direkten Abstieg vom Gasthaus St. Martin braucht man etwas Orientierungsvermögen.

Ausgangs-/Endpunkt
Garmisch-Partenkirchen, Wanderparkplatz Maximilianshöhe (785 m)

Anfahrt
ÖPNV: Von München Hbf. meist mit Umsteigen in Garmisch-Partenkirchen nach Untergrainau und Rückfahrt vom Bahnhof Garmisch-Partenkirchen (siehe Variante).
Auto: Auf der A95 und B2 nach Garmisch-Partenkirchen und hier rechts Richtung Ehrwald. Noch vor dem Ortsende in Höhe der Kasernen rechts in die Äußere Maximilianstraße und dann nach links in die Straße »Zur Maximilianshöhe« abzweigen. Etwa 300 m vor dem Berggasthof Almhütte parken.

Einkehr
Stepbergalm (1950 m), stepberg-alm.de; Berggaststätte St. Martin (1028 m), martinshuette-grasberg.de; am Tourende Berggasthof Almhütte, berggasthof-almhuette.de

Ausrüstung
Normale Bergwanderausrüstung

Karte
AV-Karte BY 7 »Ammergebirge Ost« 1:25.000

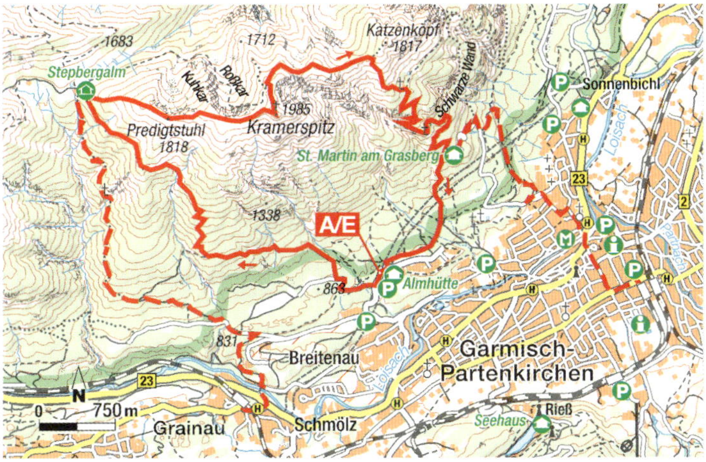

ALLES WISSENSWERTE ÜBER

Naturpark Ammergauer Alpen vs. Nationalpark

Im Ammergebirge wurde am 19.6.1986 das mit 288 Quadratkilometern größte nicht-maritime Naturschutzgebiet Deutschlands ausgewiesen, 2017 wurde der Naturpark ins Leben gerufen. Doch vielen geht dies nicht weit genug.

Am Konzept des Naturparks bemängeln Kritiker unter anderem, dass bei diesem Schutzstatus, der die Kulturlandschaft in den Mittelpunkt rückt, der Bergwald nicht wirklich geschützt wird, da es dort keine Naturwaldreservate gibt, wo sich der Wald natürlich entwickeln kann. Der Naturpark sei nur ein Label zur Förderung der Umweltbildung. Die Fläche des Naturparks sei auch nicht deckungsgleich mit der des bestehenden Naturschutzgebietes oder mit der eines angedachten Nationalparks.

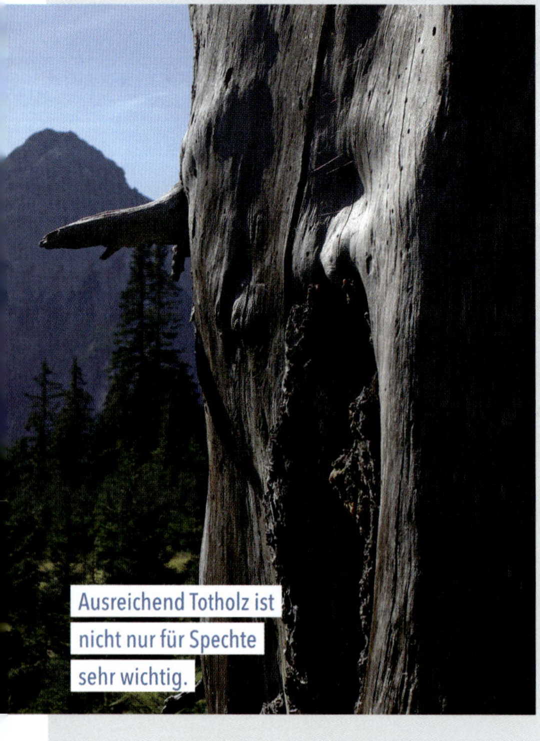

Ausreichend Totholz ist nicht nur für Spechte sehr wichtig.

Naturschutz und Erholungslandschaft

In Bezug auf den Tourismus übernimmt der Naturpark hingegen wichtige Funktionen. Fünf Naturpark Ranger versuchen mit Informationen und Besucherlenkungen beispielsweise, ungestörte Lebensräume für die Raufußhühner zu erhalten. Eine Erfolgsgeschichte ist das Naturpark-Projekt im Ettaler Weidmoos (siehe S. 88). Durch Beschilderungen und Gespräche mit den Ausflüglern sind Trampelpfade verschwunden. Wertvolle Feuchtwiesen haben sich regeneriert.

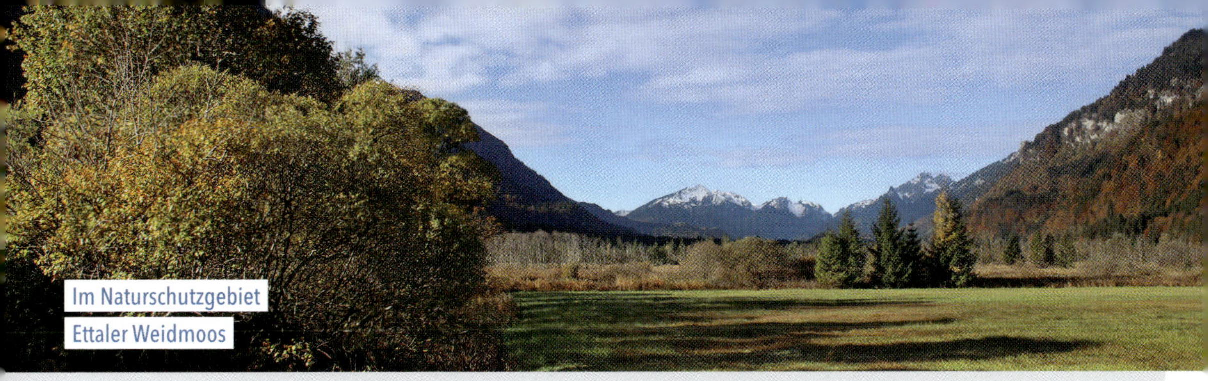

Im Naturschutzgebiet Ettaler Weidmoos

Bestrebungen für einen Nationalpark

Doch vielen Naturliebhabern reichen Naturschutzgebiet und Naturpark nicht aus. Seit 2005 gibt es Bestrebungen, einen Nationalpark Ammergebirge einzurichten, der in seiner aktuellen Version ca. 300 km² mit Gebieten im Wetterstein umfasst. Alle Flächen mit Ausnahme des Eibsees sind in staatlichem oder kommunalem Besitz. Es wäre neben den Nationalparks Berchtesgaden und Bayerischer Wald der dritte in Bayern und der zweite im deutschen Alpenraum (siehe nationalpark-ammergebirge.info).

Ein großer Teil des angestrebten Nationalparks Ammergebirge-Wetterstein würde durch die Naturschutzgebiete Ammergebirge, sowie Schachen und Reintal im südöstlich angrenzenden Wettersteingebirge abgedeckt. Bis auf die Naturwaldreservate und Naturwälder ist die Natur – im Gegensatz zu einem Nationalpark – bislang nicht vor forstwirtschaftlichen Eingriffen geschützt.

Naturpark-führungen

Im Naturpark Ammergauer Alpen werden kostenlose Ranger- und Expertenführungen zu Themen über den Naturraum und seine sensiblen Bereiche angeboten. Infos und Buchungsmöglichkeiten unter: ammergauer-alpen.de/rangerfuehrung

Widerstand von Politik und Interessengruppen

Allerdings verschließen sich v. a angenzende Jäger und Grundeigentümer vehement der Idee, die regierende Koalition aus CSU und Freien Wählern hat die Idee eines Nationalparks Ammergebirge ad acta gelegt. Dabei ignoriert sie womöglich die Stimmung in der Bevölkerung: Einer 2021 veröffentlichten Umfrage zufolge sprechen sich 81 % der Befragten in den Landkreisen Ostallgäu, Garmisch-Partenkirchen und Weilheim-Schongau für einen Nationalpark zwischen Füssen und Mittenwald aus.

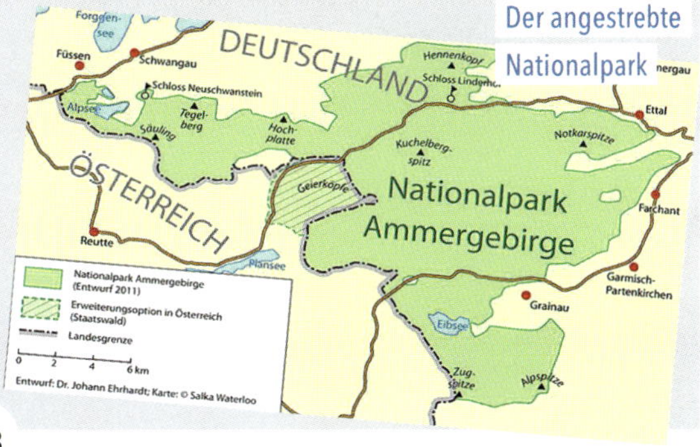

Der angestrebte Nationalpark

AMMERGAUER TIEFBLICKE

18

Auf die Notkarspitze

An einem klaren Herbsttag bieten sich von der Notkarspitze außer beeindruckenden Blicken auf Ammergauer Alpen und Wettersteingebirge auch grandiose Aussichten auf das Alpenvorland mit Staffelsee, Starnberger See und Ammersee.

Während die Geduld der Kfz-Benutzer an schönen Wochenenden am Autobahnende schwer geprüft wird, geht es mit der Bahn ohne Stau nach Oberau und von dort schnell mit dem RVO-Bus zum Ettaler Sattel hinauf.

Vom Ettaler Sattel hinauf zur Ziegelspitz

Busbenutzer folgen von der Haltestelle »Am Berg« zunächst der Hauptstraße nach Süden zum Parkplatz am Ettaler Sattel. Von hier geht es auf breitem Fahrweg weiter nach Süden und bei einer Gabelung links. Dort wo die Forststraße eine markante Kurve macht, weist ein Schild »Notkarspitze« nach rechts und man steigt von nun an auf einem deutlichen Pfad in angenehmer Steigung nach Westen den Waldrücken bergan.

Nach einiger Zeit wird der Wald lichter und man sieht das Holzkreuz am Ochsensitz (1515 m) vor sich aufragen. Der Weg wird nun etwas flacher und führt geradeaus hinauf zum Gipfelkreuz der Ziegelspitz (1719 m). Schon dieser Aussichtspunkt ist ein gutes Ziel, für all diejenigen denen die gesamte Tour zu lange dauern sollte.

Auf den Notkarspitze-Gipfel

Im weiteren Verlauf umgeht man im Latschengelände einen im Kamm zwischen der Ziegelspitz und der Notkarspitze gelegenen Kammaufschwung auf dessen Südseite. Man steigt in einen Sattel ab, um dahinter die letzten Aufstiegsmeter in Angriff zu nehmen. Der Weg hinauf zum Gipfel der Notkarspitze (1888 m) ist zwar ein wenig erodiert, aber dennoch problemlos zu bewältigen.

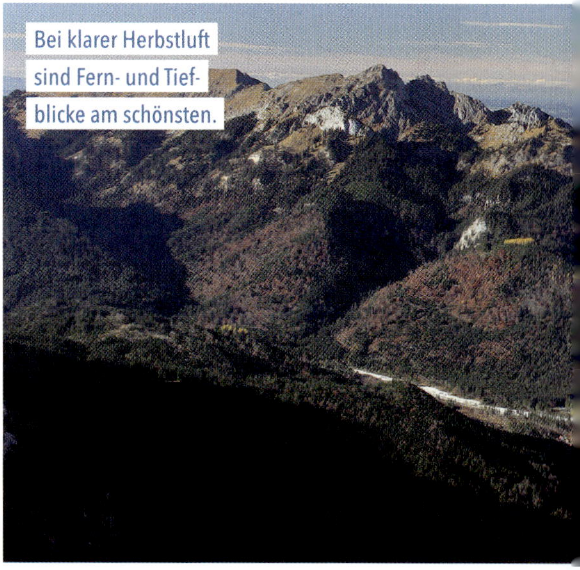

Bei klarer Herbstluft sind Fern- und Tiefblicke am schönsten.

Der Anstieg führt ab der Waldgrenze über einen aussichtsreichen Kamm.

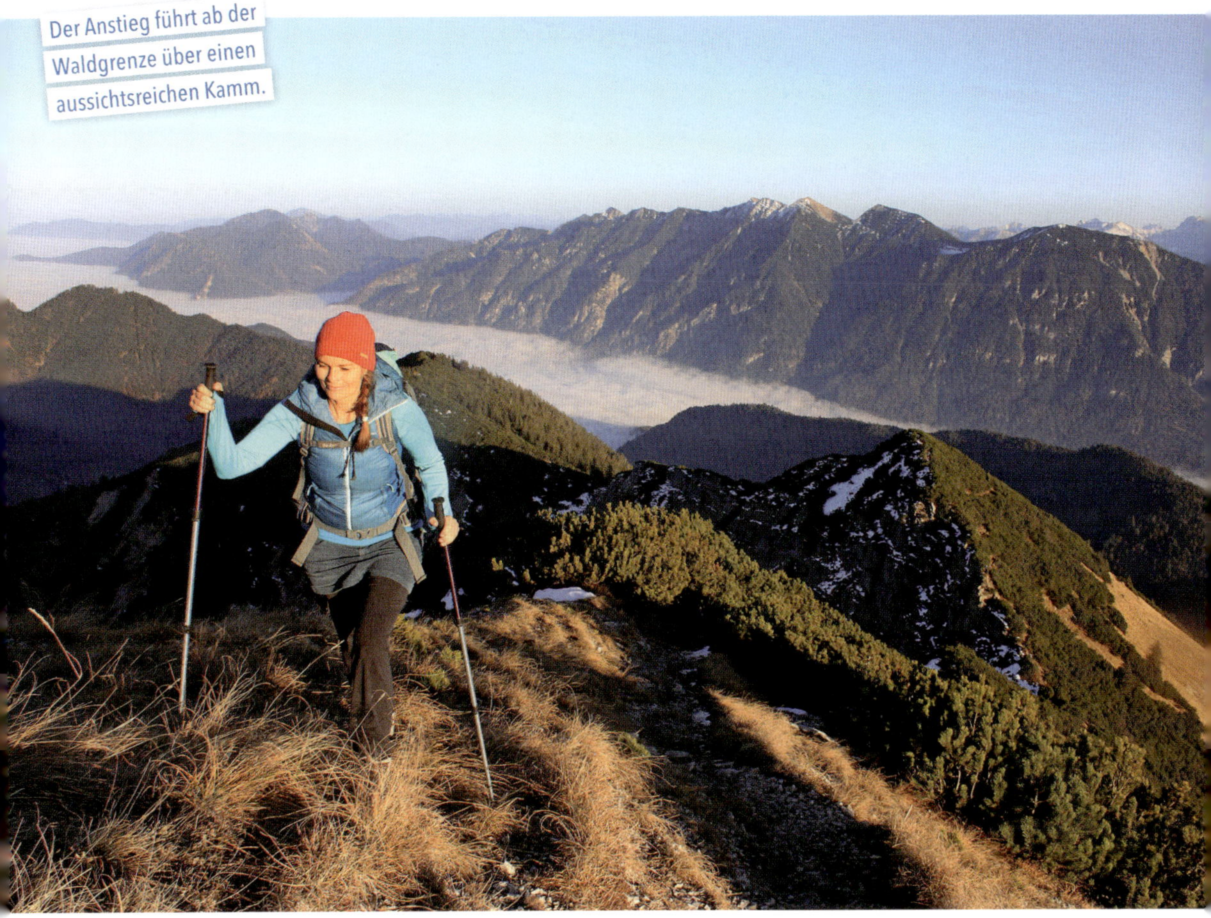

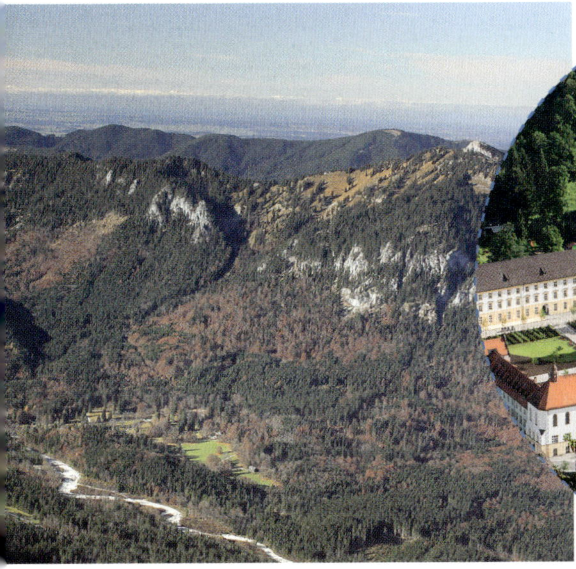

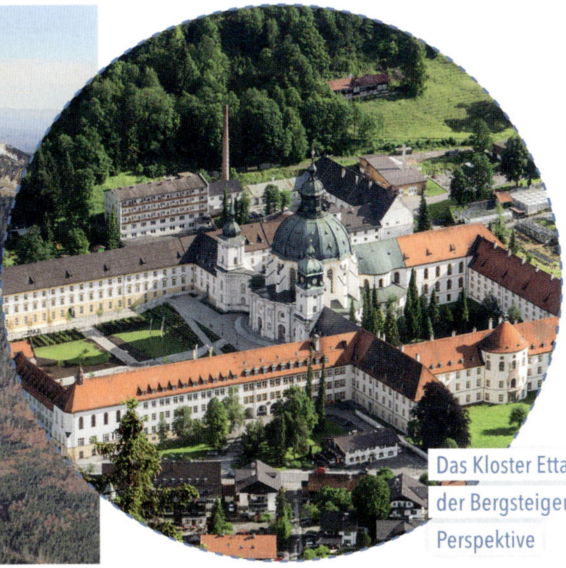

Das Kloster Ettal aus der Bergsteigenden-Perspektive

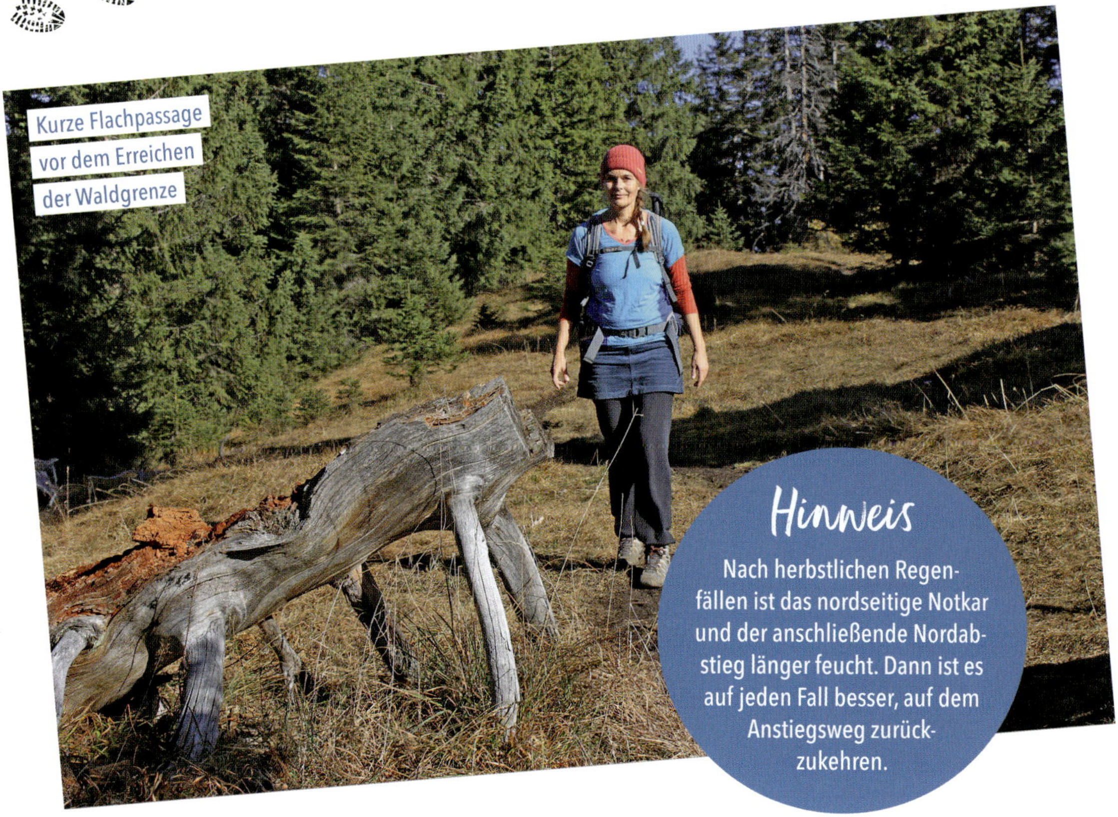

Hinweis

Nach herbstlichen Regenfällen ist das nordseitige Notkar und der anschließende Nordabstieg länger feucht. Dann ist es auf jeden Fall besser, auf dem Anstiegsweg zurückzukehren.

Abstieg ins Tal bei guten Wegverhältnissen

Sind die Wegverhältnisse trocken, folgt man für den Abstieg dem nach Norden abfallenden Gipfelrücken der Notkarspitze.

Der Steig wendet sich bald nach Osten, um in das große, nach Norden exponierte Notkar hinabzuführen. Dorthin geht es zunächst noch steil bergab, dann wird das Gelände zunehmend flacher und man quert den Bergkessel nach Norden in ungefähr derselben Höhe zum Beginn des Bergwaldes. Von hier ab wird der Weg ziemlich steil und ist ein Stück lang auch mit Stahlseilen gesichert. Bei Nässe ist hier Trittsicherheit gefragt. Kurz nachdem es wieder etwas flacher wird, erreicht man auch schon einen Forstweg, der zum Gasthaus Ettaler Mühle führt.

Zurück zum Bahnhof oder Parkplatz

Nach der verdienten Einkehr können ÖPNV-Benutzer gleich an der Haltestelle »Ettaler Mühle« in den Bus einsteigen oder der Straße bis zur Bushaltestelle »Zieglerhof« an der Hauptstraße (B23) von Ettal nach Oberammergau folgen.

Wer zum Ettaler Sattel zurückwandern möchte – bzw. als Kfz-Benutzer zum Parkplatz zurück muss –, geht von der Ettaler Mühle ein Stück auf dem Forstweg retour und hält sich dann nach links. Immer entlang des Waldrandes führt ein schöner Talweg nach Osten zum Ausgangspunkt zurück, den man nach etwa 2,5 Kilometern erreicht.

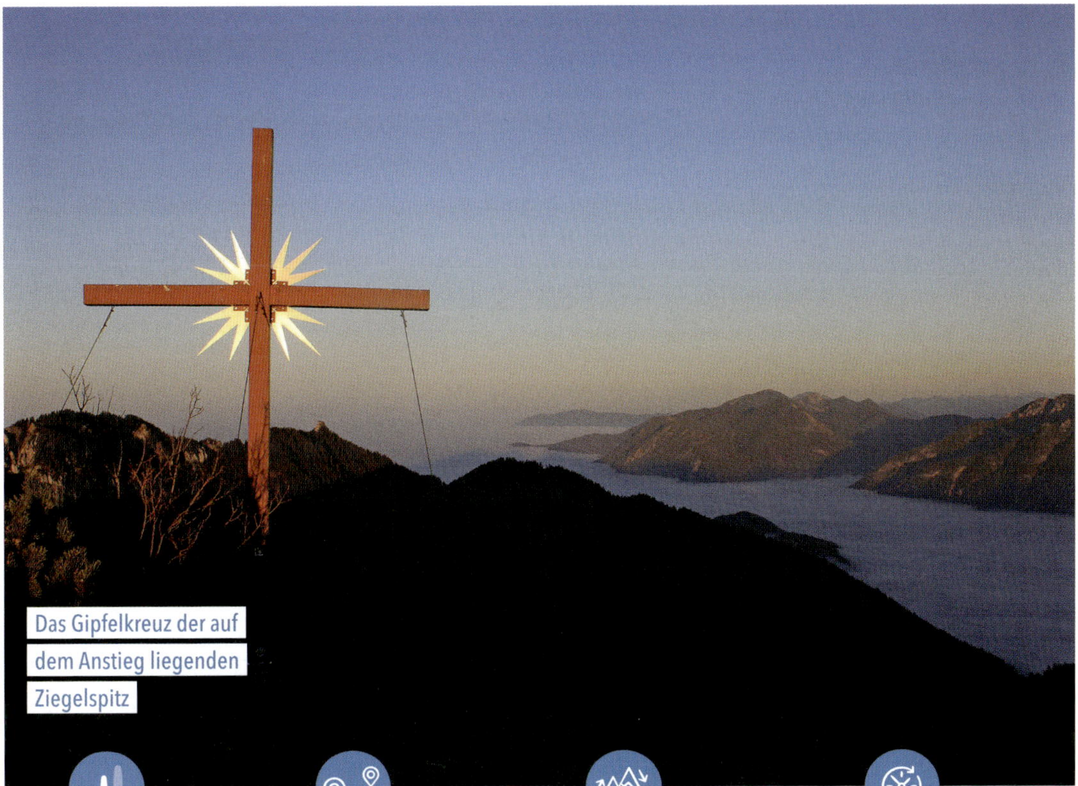

Das Gipfelkreuz der auf dem Anstieg liegenden Ziegelspitz

mittel | 11,8 km | 1070 Hm | 5.30 h

Alles auf einen Blick

Tourencharakter
Einem angenehmen Anstieg durch schönen Bergmischwald folgt ein äußerst aussichtreiche Kammüberschreitung. Beim Abstieg nach Norden braucht man Trittsicherheit.

Ausgangs-/Endpunkt
Parkplatz bzw. Bushaltestelle am Ettaler Sattel (876 m)

Anfahrt
ÖPNV: Von München Hbf. Regionalzug in Richtung Garmisch und in Oberau aussteigen. Weiter mit dem RVO-Bus 9606 Richtung Oberammergau und am Ortsrand von Ettal an der Haltestelle »Am Berg« aussteigen. Auto: Auf der A95 und B2 nach Oberau, weiter der Beschilderung »Ettal« folgend auf der B23 bis zum Wanderparkplatz am Ettaler Sattel.

Einkehr
Gaststätte Ettaler Mühle, ettaler-muehle.de

Ausrüstung
Normale Bergwanderausrüstung

Karte
AV-Karte BY 7 »Ammergebirge Ost« 1:25.000

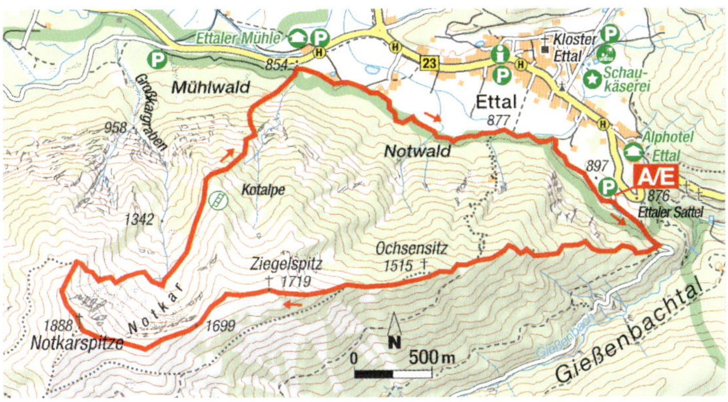

ALLES WISSENSWERTE ÜBER

Bergwald in den Ammergauer Alpen

Neben der wichtigen Erholungsfunktionen von Wäldern übernimmt der Bergwald eine wichtige Schutzaufgabe in Bezug auf Erosion, Steinschlag, Muren, Hangrutschungen oder Lawinen und ist bedeutend für den Wasserhaushalt.

Eine Besonderheit des Ammergebirges sind seine großen, zusammenhängenden Bergwälder. Nach den Daten zur Bodenbedeckung für die Bundesrepublik Deutschland ist der Waldanteil dort mit 65 % noch höher als im Wetterstein- und im Karwendelgebirge, da hier vergleichsweise weniger Bereiche oberhalb der Baumgrenze liegen. Bergmischwälder mit höheren Anteilen an Buchen und Tannen machen im Ammergebirge 43 % aller Wälder aus.

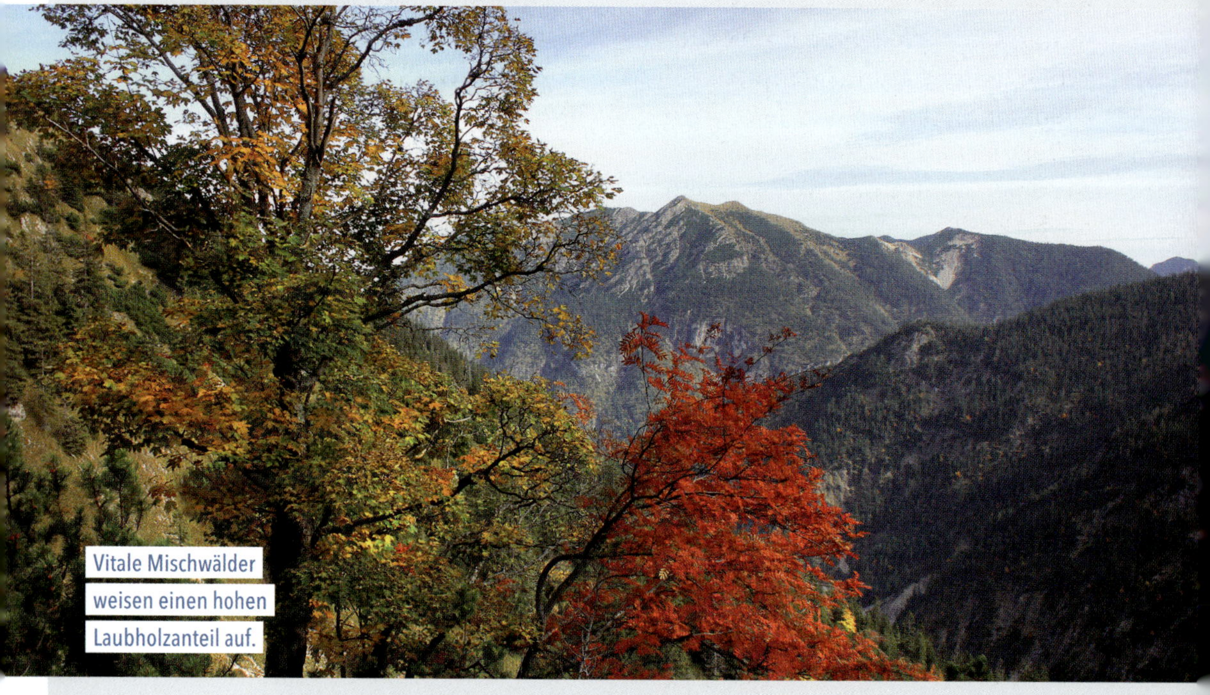
Vitale Mischwälder weisen einen hohen Laubholzanteil auf.

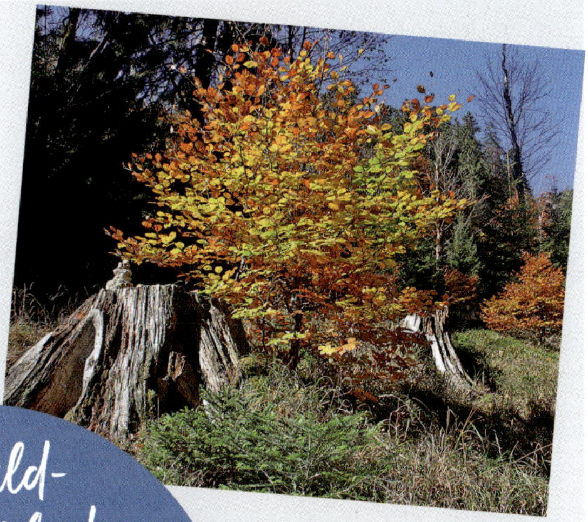

Schutzwald und Artenvielfalt

Genau diese Wälder sind sehr wertvoll für das Ökosystem – insbesondere durch die hohen Totholzvorräte vor allem in den Staatswäldern, die rund zwei Drittel der Gesamtfläche ausmachen. Im Hochgebirge setzen sich die Bayerischen Staatsforste daher das Ziel, standortsheimische Waldgesellschaften zu erhalten bzw. wiederherzustellen. Rund um die Tallagen wird wiederum ein besonderes Augenmerk auf die Renaturierung entwässerter Hochmoore sowie die Pflege der Schutzwälder gelegt. Diese haben vor allem für die Talorte und Talstraßen in Bezug auf die Gefahr vom Hangrutschungen und Lawinen eine sehr große Bedeutung.

In den Bergwäldern selbst besteht noch eine naturnahe Baumartenzusammensetzung aus Fichte, Kiefer, Buche und Tanne. Zudem ist die Verzahnung dieser Wälder mit Schneeheide-Kiefernwäldern, Latschenfeldern und Schotterkaren auch für den Artenschutz sehr wertvoll. Und schließlich wachsen links und rechts des Ammertals auch noch seltene Baum und Straucharten, wie Baumwacholder, Eibe, Felsenbirne, Spirke, Zirbe, Zwergbirke, Felsen-Kreuzdorn oder Stechpalme.

Bergwald-Erlebnispfad

In Nähe der Ettaler Schaukäserei beginnt der Bergwald-Erlebnispfad (Beschilderung »Steinadler«), ein familienfreundlicher, 3 km langer Themenweg. Auf zwölf Stationen erfährt man Interessantes zu dem sensiblen Ökoysstem, z. B. wie der Bergmischwald der Zukunft aussieht, über seine Schutzfunktion und seine Bewohner.

Waldwirtschaft und Naturschutz

Um auch die Privatwaldbesitzer, welche ja am ökonomischen Profit ihrer Flächen interessiert sind, in den Naturschutz einzubinden, stellt der Staat diverse Fördermöglichkeiten bereit. So können Waldbesitzer z. B. für das Belassen von Totholz oder den Erhalt von Biotopbäumen bis zu 220 Euro pro Baum erhalten. Totholz und Biotopbäume bilden das Rückgrat des Artenschutzes im Wald. Sie sind Lebensraum für eine Vielzahl von Arten.

Insgesamt befinden sich die ausgedehnten Bergmischwälder des Ammergebirges laut Amt für Ernährung, Landwirtschaft und Forsten in einem guten Erhaltungszustand, lediglich der zu hohe Wildverbiss an der Weißtanne gibt Anlass zur Sorge.

DIE KLEINE SCHWESTER DER SCHEINBERGSPITZE

19

Zur Weitalpspitz

Dass die Weitalpspitze 60 Meter niedriger ist als ihre bekannte Nachbarin Scheinbergspitze, macht gar nichts. Ihr Gipfelpanorama ist genauso beeindruckend, außerdem geht es hier an schönen Wochenenden deutlich ruhiger zu.

Von der kleinen Parkbucht an der Talstraße L255 aus folgt man der leicht ansteigenden Forststraße nach Nordosten und ignoriert dabei eine Abzweigung nach links. Nach einem knappen Kilometer erreicht man eine Kehre. Hier muss man aufpassen: 70 Meter nach der Kehre zweigt rechts ein schmaler Waldpfad ab.

Über die Weitalm hinauf zur Weitalpspitz

Ab nun geht es auf dem schmalen, aber immer deutlichen Pfad nach Norden durch zunehmend lichter werdenden Bergwald in angenehmer Steigung bergan. Die Lichtungen werden häufiger und man erreicht die kleine, unbewirtete Weitalm, die sich – wenn nicht noch Almsaison ist – für eine kleine Brotzeitpause anbietet.

Der weitere Anstieg führt rechts an der Hütte vorbei und in die Latschenzone hinein. Ab jetzt folgt der Steig immer dem schmaler werdenden Gipfelrücken bis zum höchsten Punkt der Weitalpspitz (1870 m). Von dort bietet sich eine tolle Aussicht auf die umliegenden Berge – allen voran auf den wilden Grat der gegenüberliegenden Geierköpfe.

Abstieg auf dem Anstiegsweg

Der Abstieg vom Weitalpspitz-Gipfel erfolgt entsprechend dem Hinweg über die Weitalm zurück zum Ausgangspunkt an der Talstraße.

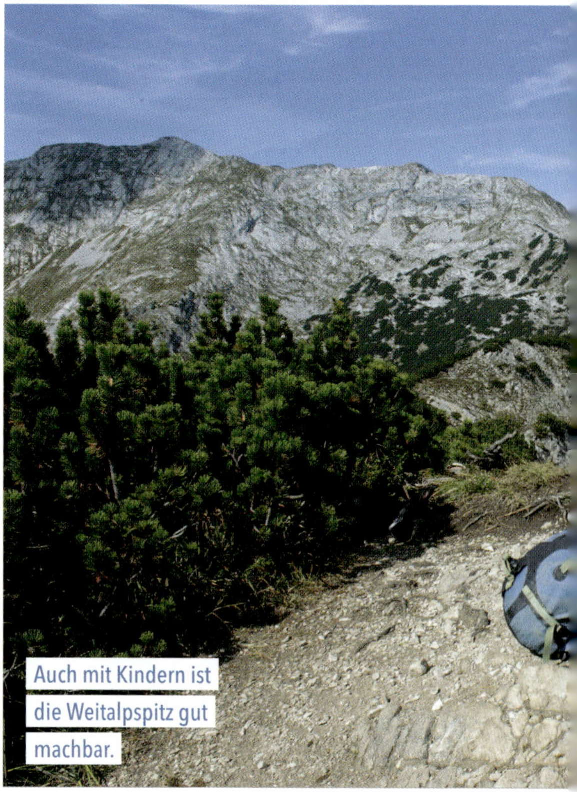

Auch mit Kindern ist die Weitalpspitz gut machbar.

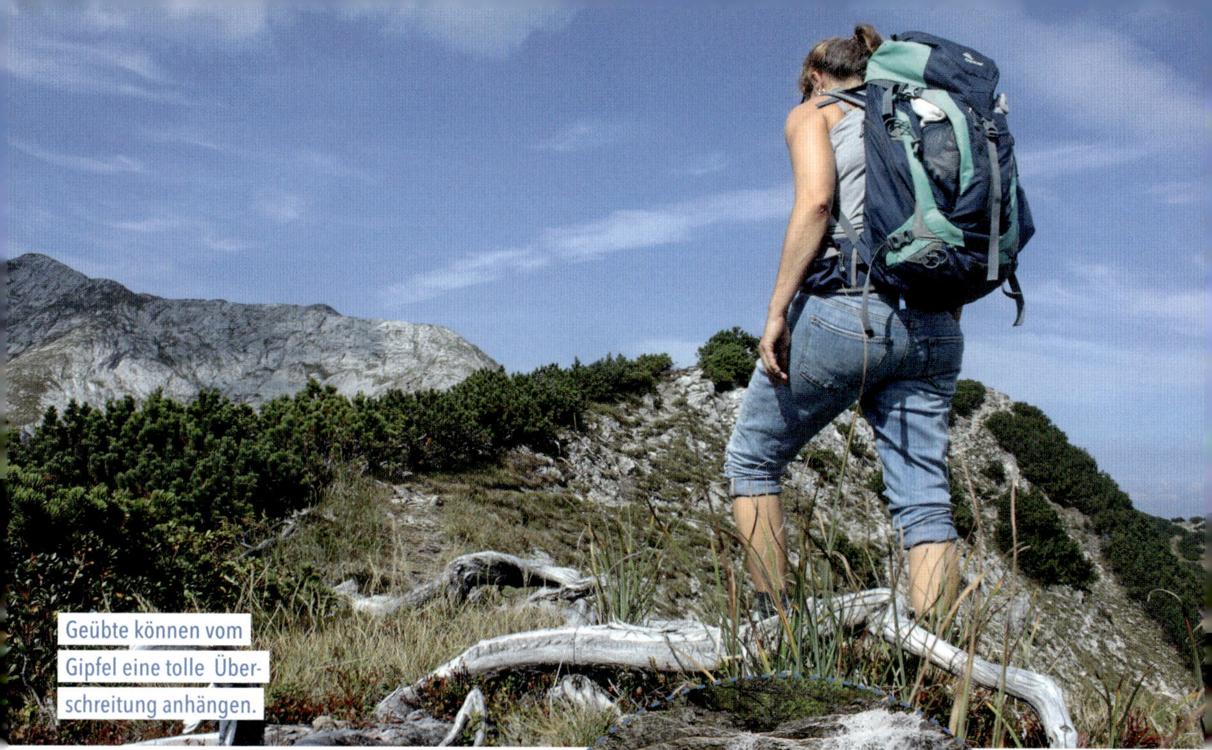

Geübte können vom Gipfel eine tolle Überschreitung anhängen.

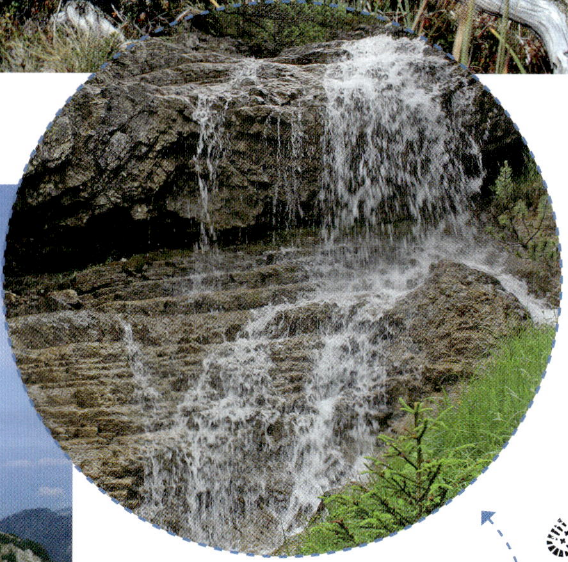

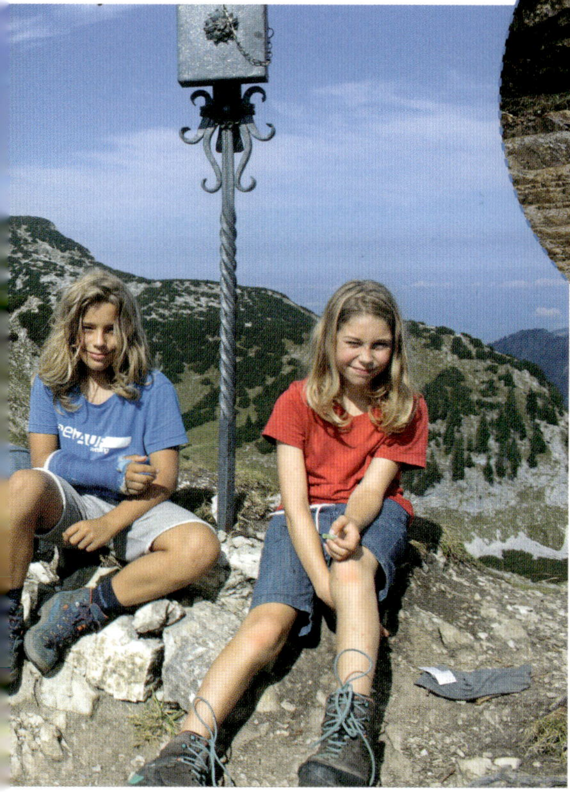

Tipp

Erfahrene Bergwanderer können vom Weitalpspitz-Gipfel aus eine spannende Rundtour über das Weitalpjoch hinab ins Roggental unternehmen (siehe Variante).

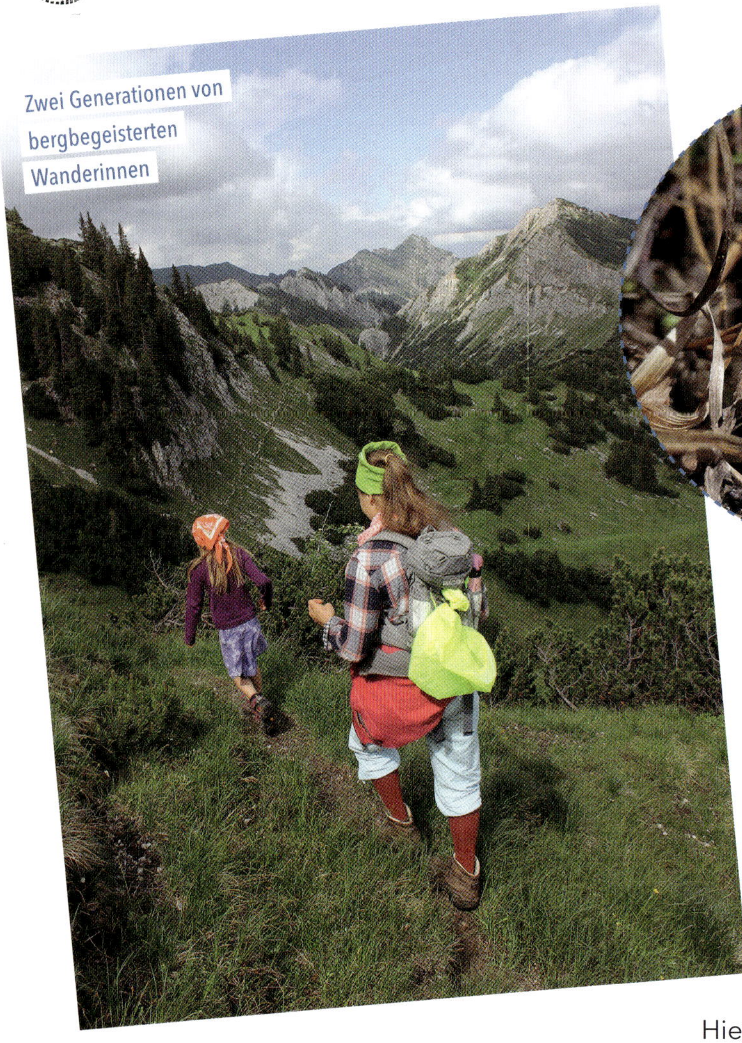

Zwei Generationen von bergbegeisterten Wanderinnen

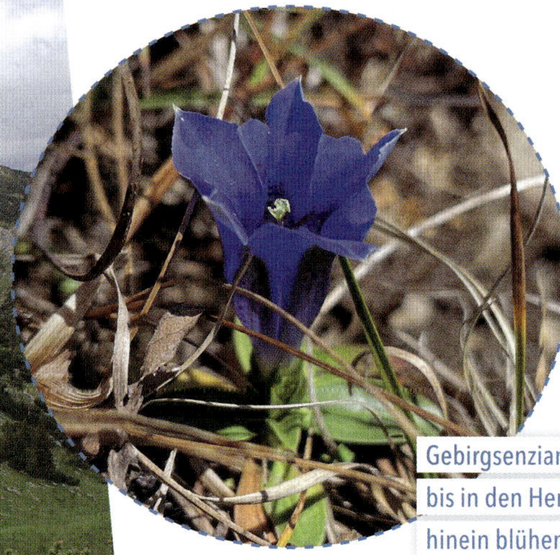

Gebirgsenzian kann bis in den Herbst hinein blühen.

Wegweiser links und steigt somit nach Westen zum Roggental hin ab. Dort, wo der Weg eine Geröllreiße quert, ist er ein Stück lang etwas erodiert. Dann wird der Steig wieder besser und führt in den Bergkessel der sogenannten Roggentalgabel hinab, wo ein weiterer Weg hinzustößt.

Hier hält man sich wieder links (Richtung »Ammerwald«) und wandert erst links des Baches und, nachdem man diesen gequert hat, auf der rechten Seite nach Süden weiter.

Nach einem kurz steileren Anstieg wird der Roggenbach noch einmal überquert, dann geht es auf dem bald breiteren und flachen Talweg weiter. An einer Gabelung hält man sich links und gelangt so zur Ammerwaldalm, die sich zur Einkehr anbietet. Von dort aus wandert man zuletzt entlang der Straße zum Ausgangspunkt zurück.

Abstiegsvariante übers Weitalpjoch

Wer absolut trittsicher und auch schwindelfrei ist, kann bei trockenen Verhältnissen den vom Gipfel nach Norden führenden Grat zum Weitalpjoch hin überschreiten (nicht markiert, aber es gibt einen eindeutigen Pfad). Es geht zunächst am Latschen bewachsenen Kamm entlang, dann etwas links davon und zuletzt auf der östlichen (rechten) Seite zum Weitalpjoch hinab. An der dortigen Wegkreuzung hält man sich an

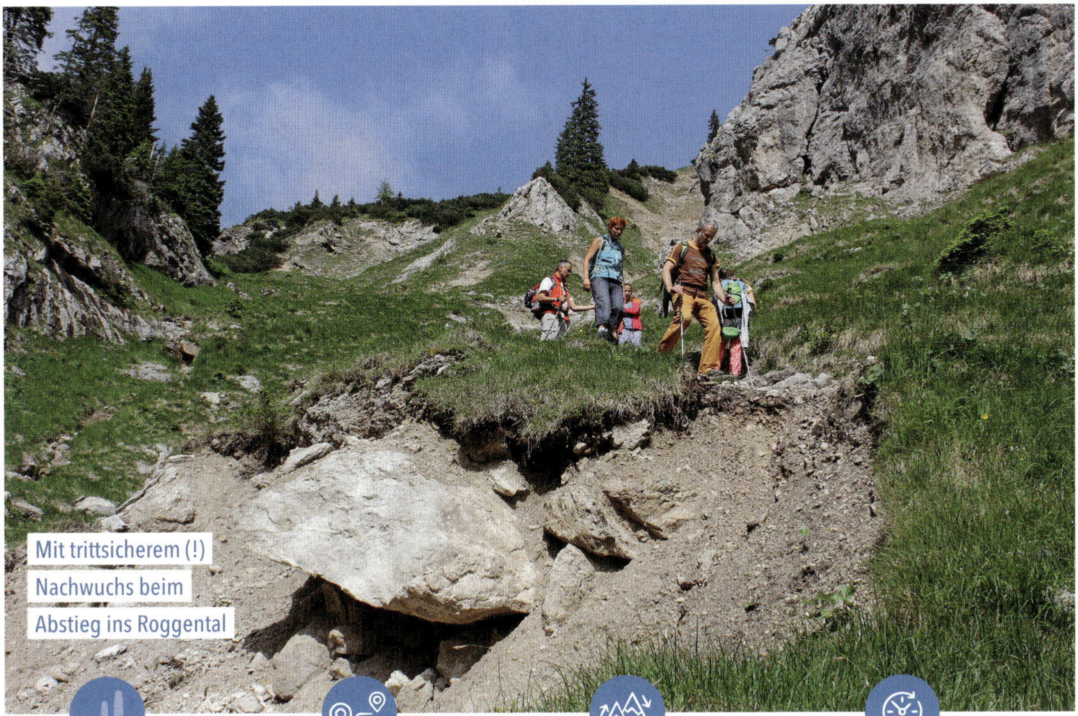

Mit trittsicherem (!) Nachwuchs beim Abstieg ins Roggental

leicht | 6,7 km | 760 Hm | 3.45 h

Alles auf einen Blick

Tourencharakter
Angenehm geneigter Anstieg, der überwiegend auf schönen Waldpfaden erfolgt. Ab der Weitalm aussichtsreiches Latschengelände.

Ausgangs-/Endpunkt
Landesstraße 255, Parkbucht auf der rechten Straßenseite (1110 m), ca. 1 km nach dem Ammersattel

Anfahrt
ÖPNV: Von München Hbf. Regionalzug nach Oberau bzw. mit Umsteigen in Garmisch-Partenkirchen nach Reutte und mit Bus 9624 bis Haltestelle »Hotel Ammerwald«. Verkehrt von 1.5. bis 30.9. an Wochenenden. Dann zu Fuß 700 m entlang der Straße zum Ausgangspunkt.
Auto: Auf der A95 und B2 nach Oberau. Weiter auf der B23 nach Ettal und hinter dem Ort auf der St2060 an Linderhof vorbei zur Grenze. 2 km danach am Beginn einer Forststraße parken.

Einkehr
Unterwegs keine. Nach der Tour die Ammerwaldalm, ammerwaldalm.at

Ausrüstung
Normale Bergwanderausrüstung

Karte
AV-Karte BY 6 »Ammergebirge West« 1:25.000

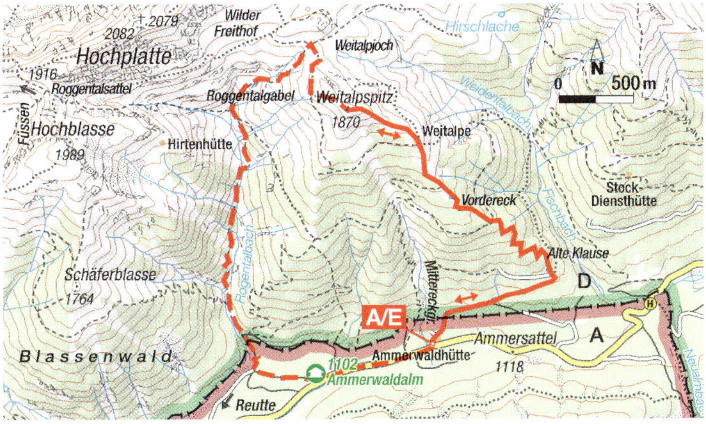

GRANDIOSE KAMMWANDERUNG ÜBER DEM AUSSERFERN

20 Vom Daniel zur Hochschrutte

Das Ammergebirge wird an seinem Südende von einem wunderbaren Gebirgskamm begrenzt. Die vom Daniel zur Hochschrutte führende Tour ist eine der aussichtsreichsten Unternehmungen in diesem Buch, aber auch recht anspruchsvoll.

Vom Bahnhof Lermoos folgt man der »Danielstraße« nach Westen, überquert die Gleise und wandert über den »Scheibenweg« zum Panoramabad. Dieses lässt man rechts liegen und folgt ein Stück einer Fahrstraße, die man bald nach rechts verlassen kann.

Über die Tuftlalm auf den Daniel

Der Fußweg führt in vielen Kehren einen Waldrücken nach Nordosten bergan, wobei er immer wieder die Forststraße tangiert bzw. quert. Nachdem man ein Stück auf der Forststraße gewandert ist, geht es nach rechts auf einem Fußweg kurz etwas steiler bergan und an einer Aussichtplattform vorbei, hinter der man die freien Wiesen der Tuftlalm erreicht, wo man einkehren kann.

Tipp

Man kann die Tour um etwa 45 Minuten verkürzen, wenn man den Daniel weglässt und gleich über die Upsspitze weiter in Richtung Westen steigt.

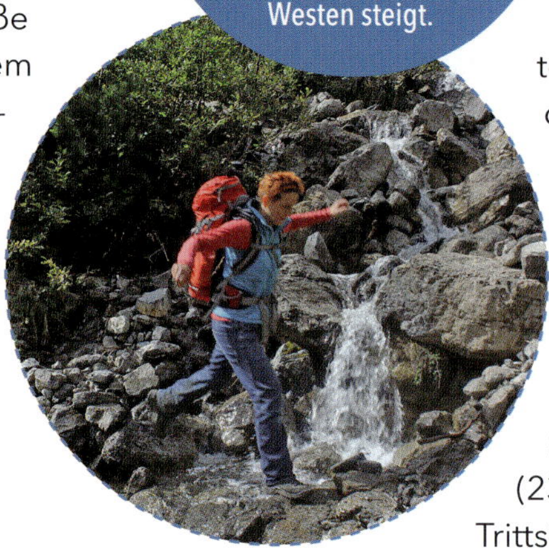

Hier folgt man einem schmaleren Weg, der an der oberhalb stehenden Kapelle vorbei über Wiesenhänge in lichten Wald führt. Dort wendet sich der Weg nach links und folgt dem breiten Waldrücken nach Nordwesten. Schließlich erreicht man die Latschenzone, wo der Anstieg steiler wird und in Serpentinen nach Norden bergan führt. Nachdem man die Latschen hinter sich gelassen hat, zieht der Steig teils im Geröll weiter auf die Upsspitze zu. An deren östlicher Gipfelflanke geht es in einer sanft ansteigenden Querung auf den wenig ausgeprägten Sattel zwischen Daniel und Upsspitze hinauf, von dem man nach rechts zum Gipfelkreuz des Daniel (2340 m) aufsteigt. Hier ist Trittsicherheit erforderlich.

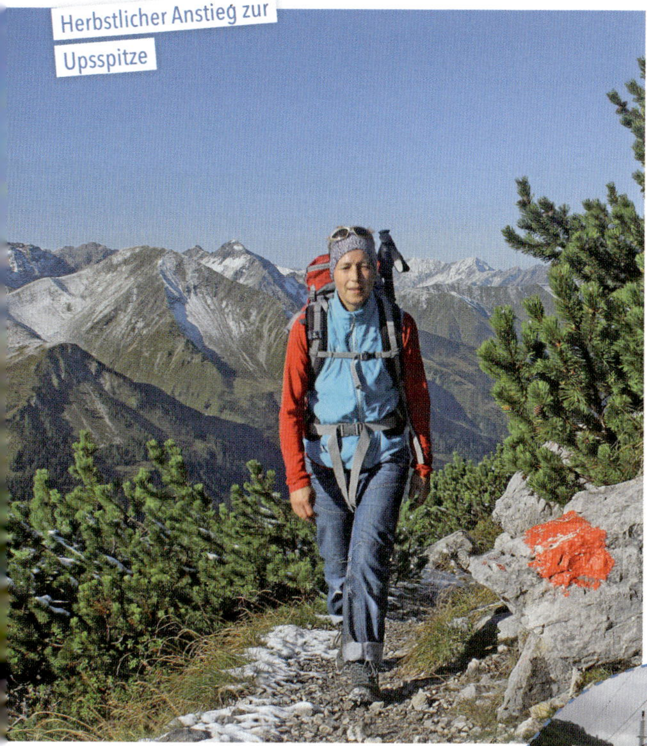
Herbstlicher Anstieg zur Upsspitze

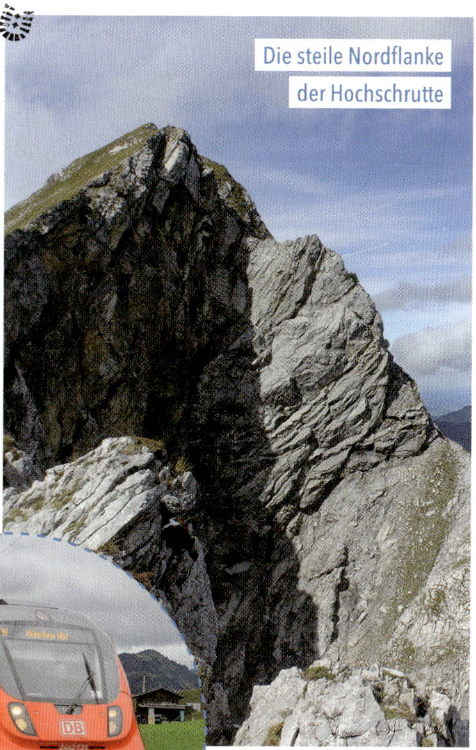
Die steile Nordflanke der Hochschrutte

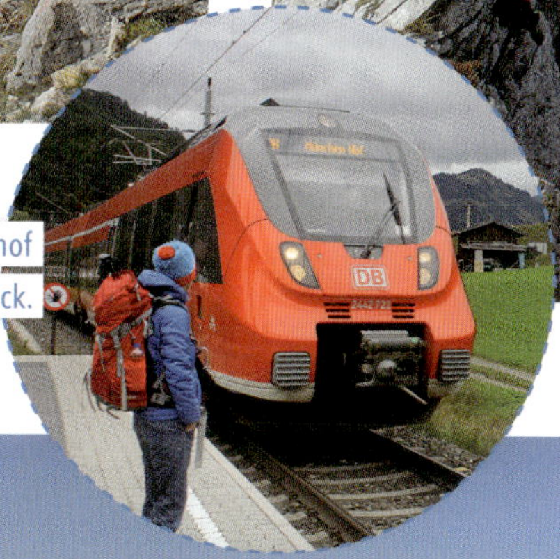
Vom kleinen Bahnhof Lähn fährt man zurück.

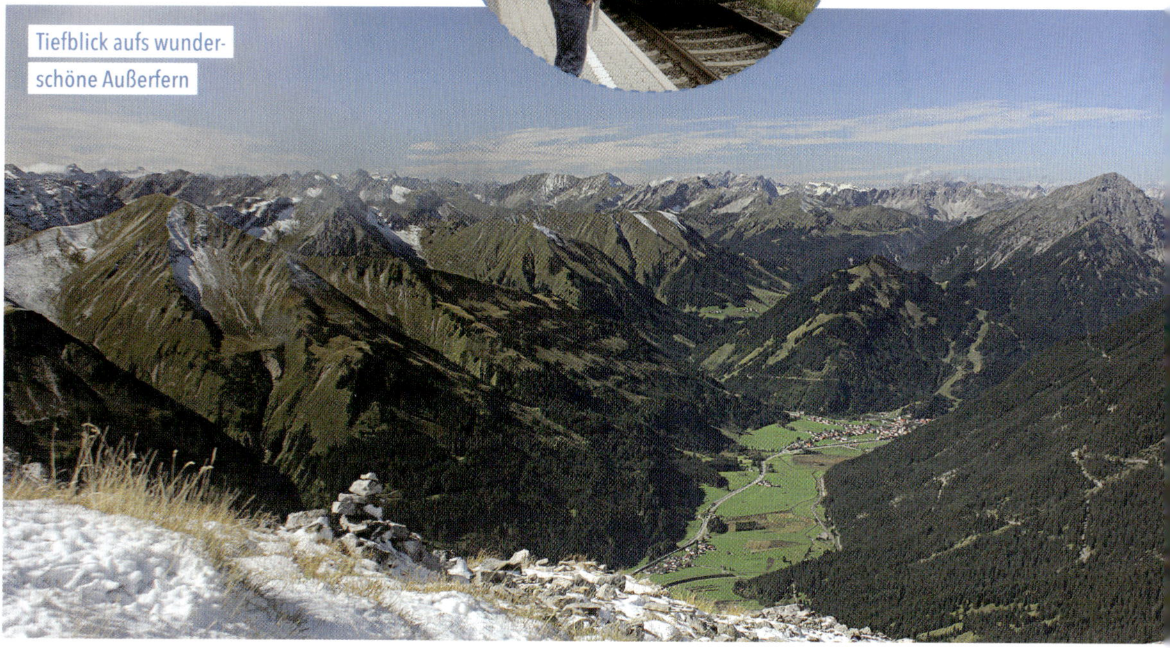
Tiefblick aufs wunderschöne Außerfern

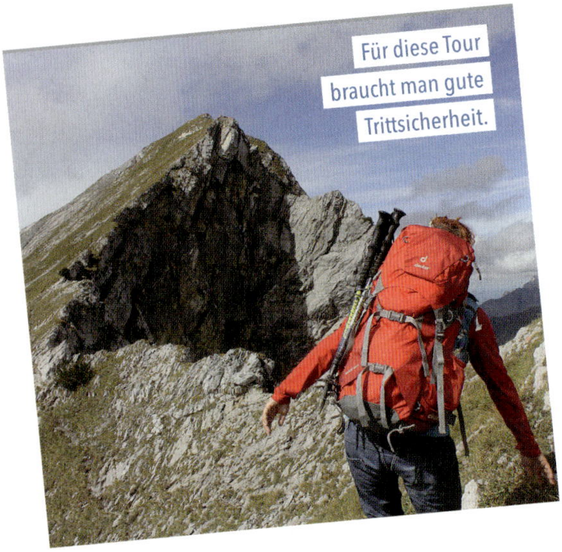

Am Kamm weiter zur Hochschrutte

Hat man sich an dem grandiosen Blick satt gesehen, geht man wieder zum Sattel zurück und folgt dann dem Kamm weiter geradeaus zur Upsspitze (2332 m). Ab nun folgt man immer dem Kammverlauf nach Westen, wobei immer wieder weglose Passagen auf dem Weg liegen. Zunächst geht es recht flach, dann am Kamm selbst steiler über teils felsiges Gelände hinab. An wenigen Stellen muss man die Hände zu Hilfe nehmen. Immer weiter in leichtem Auf und Ab erreicht man den Wiesenrücken des Pfuitjöchls, wo sich der Steig nach Nordwesten wendet. Das rechter Hand aufragende Pfuitjoch lässt man rechts liegen und quert unterhalb davon auf den, zur Hochschrutte führenden Kamm hin. Hier wird der Kamm schmäler und vermittelt an einer Scharte vor der Hochschrutte schwindelerregende Tiefblicke nach Norden.

Zuletzt geht es etwas steiler zum Gipfelkreuz der Hochschrutte (2247 m, auch Plattberg) hinauf.

Pfadfinden hinab ins Moosbachtal

Für den Abstieg folgt man weiter dem Kamm nach Westen, der jetzt gute Trittsicherheit erfordert. Dann muss man gut aufpassen: Bei einem Felsen, dort wo zum ersten Mal Latschen am Kamm wachsen, biegt man nach links vom Kamm ab. Nun steigt man ein gutes Stück weglos die steilen Wiesenhänge nach Süden hinab, teilweise sind aber Steigspuren auszumachen.

Nachdem das Gelände flacher wird, wird auch der Abstieg wieder leichter und man kann einen Wiesenpfad erkennen. Dieser verläuft Richtung Süden auf einen Latschengürtel zu. Noch bevor man diesen erreicht, hält man sich etwas links und folgt dem Pfad, der durch den Latschengürtel, genau dort hindurchführt wo er nicht ganz zugewachsen ist.

Gleich dahinter erreicht man eine Wiese und steigt über diese zu einer Forststraße ab. Auf der anderen Seite führt ein deutlicher Steig von der Straße nach rechts weg und hinab zum Moosbach.

Endspurt nach Lähn

Nachdem man diesen gequert hat, führt der Weg entlang des Baches nach Süden, bis man im Talboden auf eine Fahrstraße trifft. Dieser folgt man in derselben Richtung, hält sich an einer Kreuzung links und wandert an einem Lawinenschutzwall entlang. Hinter diesem wendet man sich nach links und folgt der Straße zur Bahnhaltstelle Lähn.

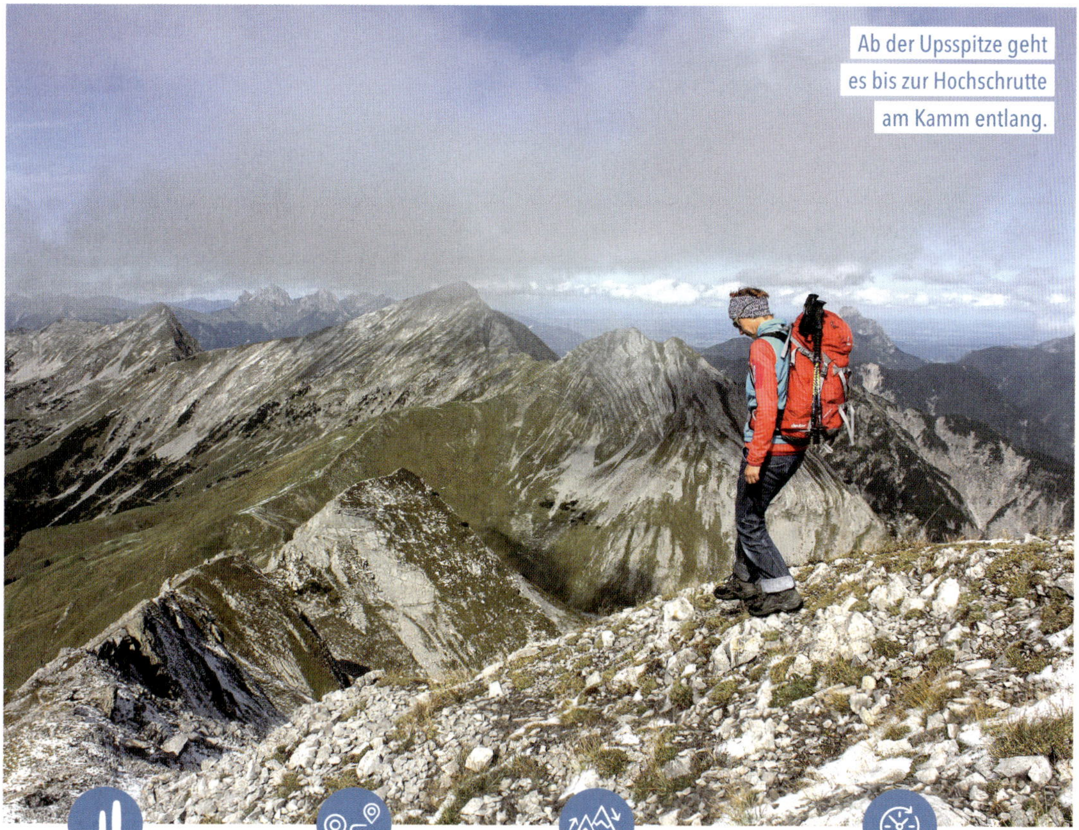

Ab der Upsspitze geht es bis zur Hochschrutte am Kamm entlang.

schwer | 15,0 km | 1750/1650 Hm | 7.00 h

Alles auf einen Blick

Tourencharakter
Technisch wenig schwere, extrem aussichtsreiche Kammwanderung, die aber hinreichend Kondition, gute Trittsicherheit und beim Abstieg Orientierungsvermögen erfordert. Die Tour sollte man nicht bei Nässe unternehmen.

Ausgangspunkt
Lermoos, Bahnhof (1000 m)

Endpunkt
Lähn, Bahnhaltstelle (1100 m)

Anfahrt
ÖPNV: Regionalzüge von Westen mit Umsteigen in Reutte, von Nordosten mit Umsteigen in Garmisch-Partenkirchen nach Lermoos. Rückfahrt vom Bahnhof Lähn.

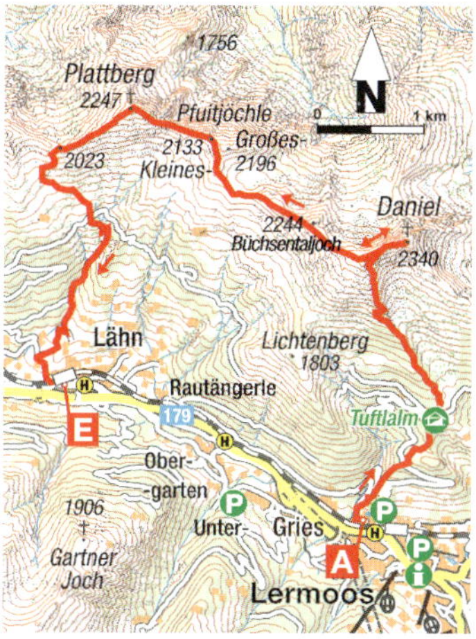

Auto: Auf der A95 und B2 nach Garmisch-Partenkirchen und am Ortsbeginn rechts weiter auf der B23 Richtung Ehrwald (»Fernpass/Reutte/Grainau/Garmisch/Burgrain«) und über Griesen zum Bahnhof Lermoos.

Einkehr
Tuftlalm (1496 m), tuftlalm.com

Ausrüstung
Normale Bergwanderausrüstung; Teleskopstöcke für den Abstieg zu empfehlen.

Karte
AV-Karte BY 6 »Ammergebirge West« 1:25.000

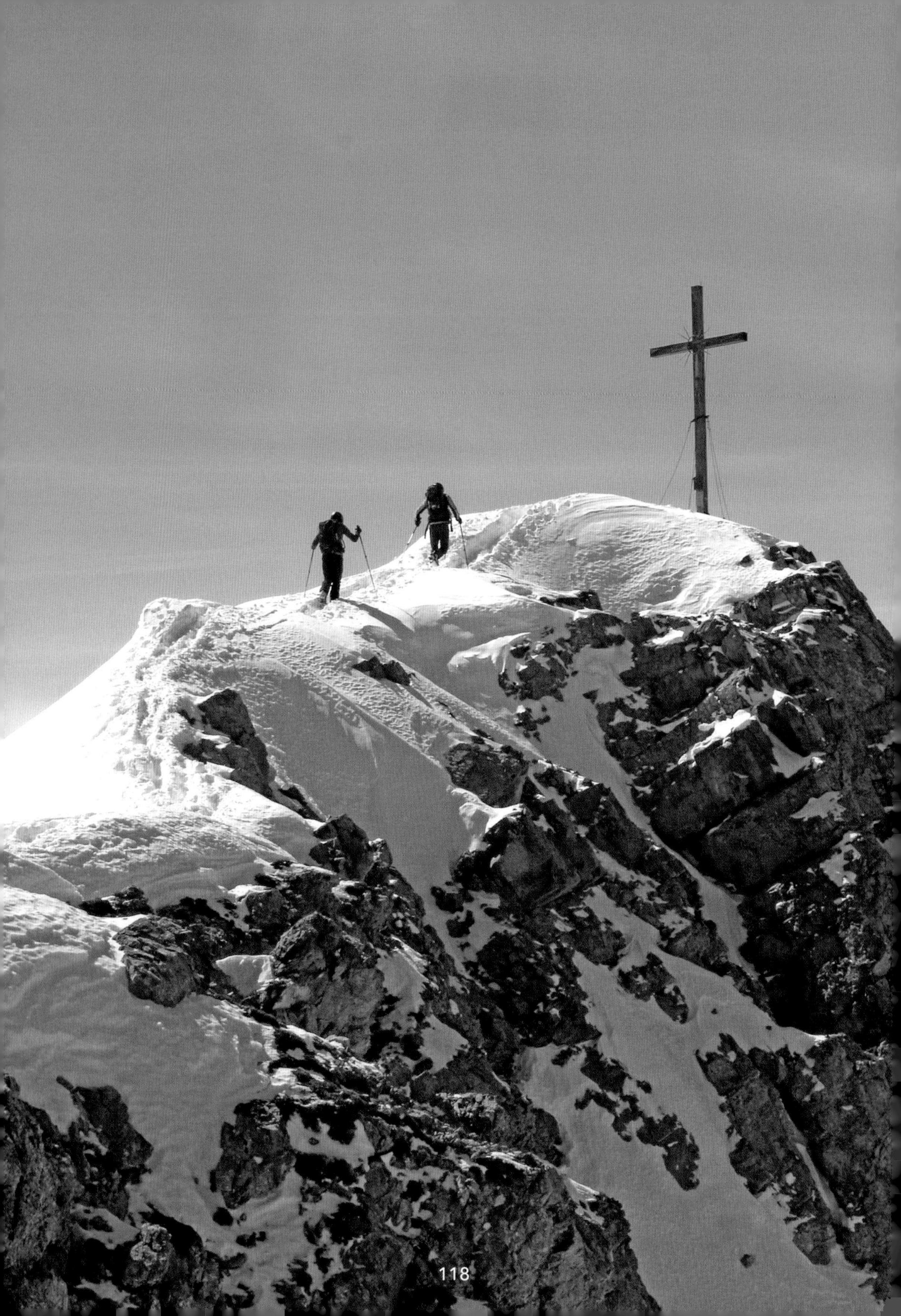

AMMERGAUER ALPEN

Touren im Winter

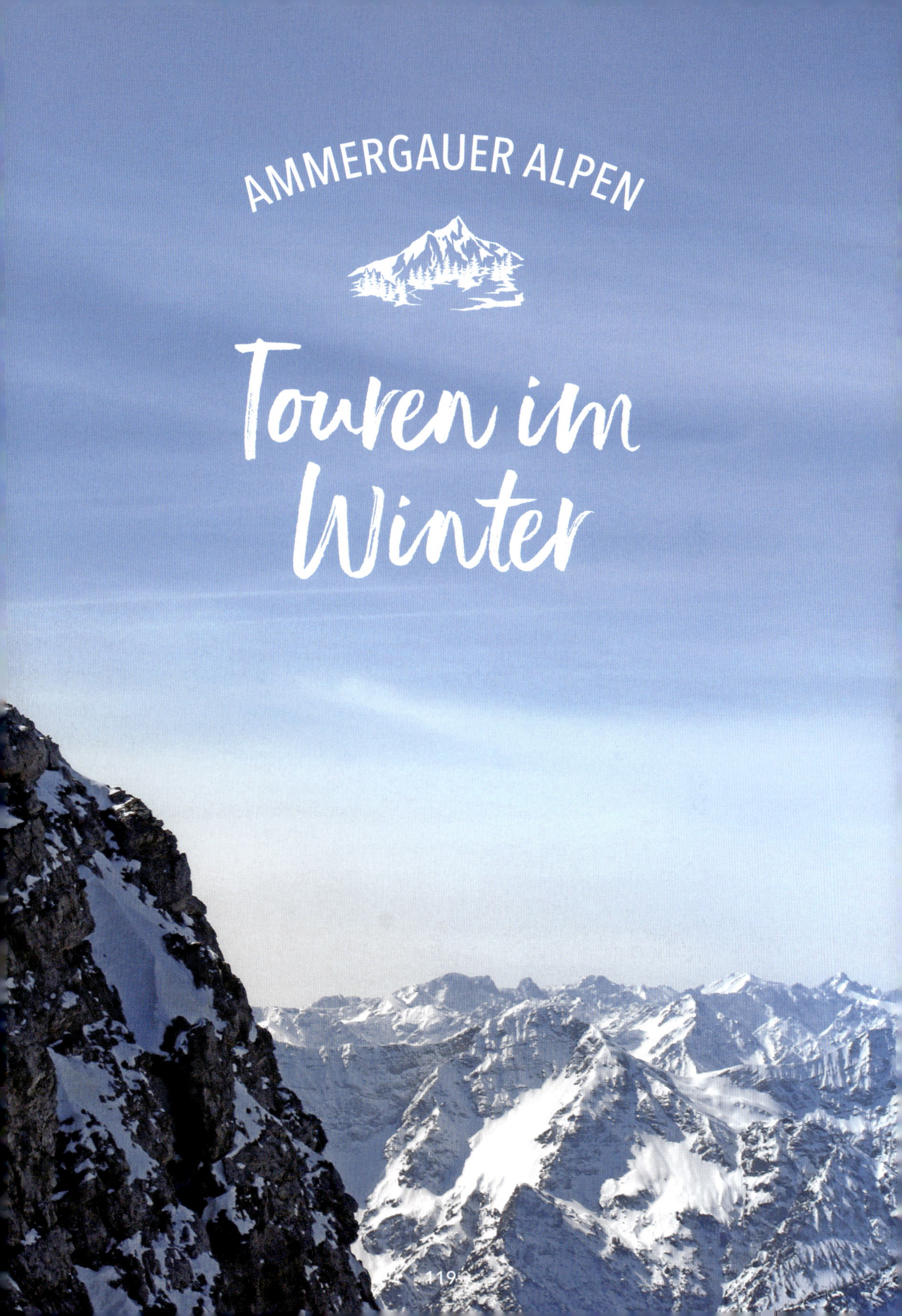

WINTERMÄRCHEN-TOUR ZUM MÄRCHENSCHLOSS

21

Von Füssen nach Hohenschwangau

Wer mit dem Auto zu den Königsschlössern fährt, verpasst eine schöne winterliche Wald- und Seewanderung. Der Weg über den Füssener Kalvarienberg und Schwansee bietet herrliche Ausblicke über den Königswinkel.

Vom Bahnhof Füssen aus folgt man der »Bahnhofstraße« nach Osten und biegt dann rechts in die Fußgängerzone ein. Nun nach Süden wandernd gelangt man über die »Reichenstraße« und die »Lechhalde« zur Lechbrücke.

Von der Lechvorstadt zum Kalvarienberg

Hat man den Lech überquert, folgt man rechts ein Stück der »Tiroler Straße«, bis man auf der gegenüberliegenden Straßenseite das Schild »Kalvarienberg Hohenschwangau« sieht. Nach dem Überqueren der Tiroler Straße geht es an der Kirche »Unserer Lieben Frau am Berg« vorbei über Stufen aufwärts. Der Waldweg führt stetig bergan (an Gabelung rechts Richtung »Kalvarienberg«) und an weiteren Kapellen vorbei zu einer Waldlichtung, auf der die Marienkapelle steht, die sowohl von der Farbe als auch von den Ziegeln her an das Schloss Hohenschwangau erinnert.

Man überquert die Wiese und folgt weiter dem Weg ohne jegliche Orientierungsschwierigkeiten auf den Kalvarienberg, dessen höchster Punkt über künstliche Stufen erstiegen wird. Vom Kalvarienberg hat man eine schöne Aussicht auf die Füssener Altstadt. Vor allem aber ist der Blick in Richtung Osten auf den Schwansee mit dem dahinterliegenden Schloss Hohenschwangau und dem Säuling beeindruckend.

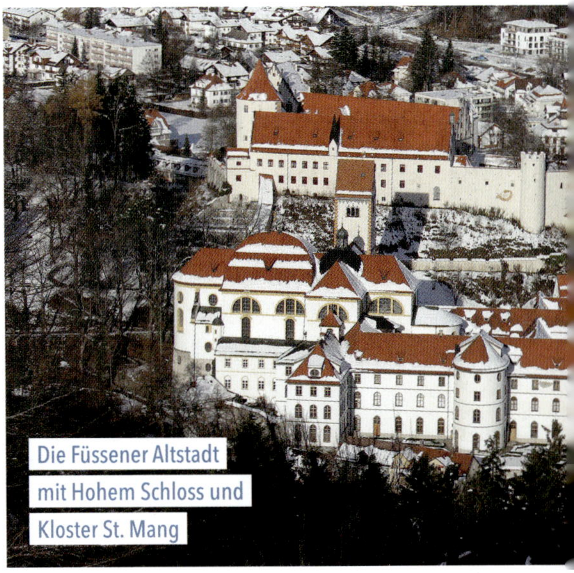

Die Füssener Altstadt mit Hohem Schloss und Kloster St. Mang

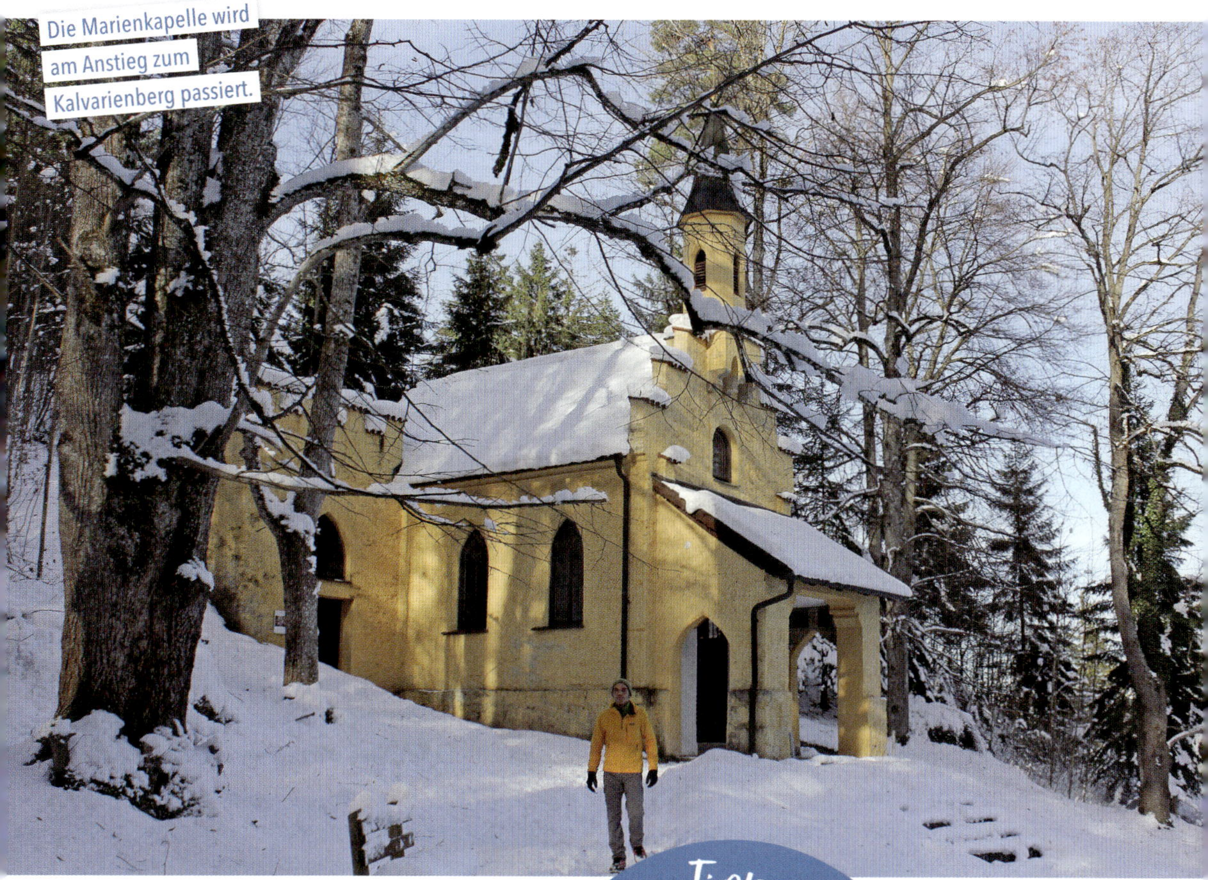

Die Marienkapelle wird am Anstieg zum Kalvarienberg passiert.

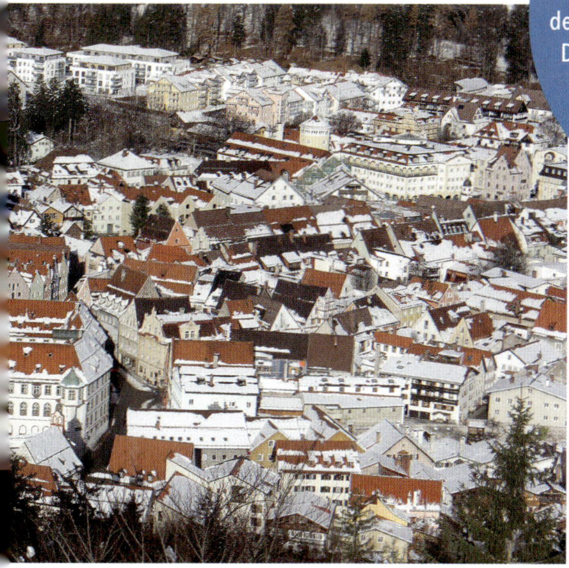

Tipp

Hat es ein paar Tage vor der Tour eiskalte Frostnächte gegeben, stehen die Chancen nicht schlecht, auf dem Schwansee Schlittschuh zu laufen. Denn der See befindet sich in einem von Berghängen eingerahmten Kessel, in dem sich kalte Luft lange halten kann.

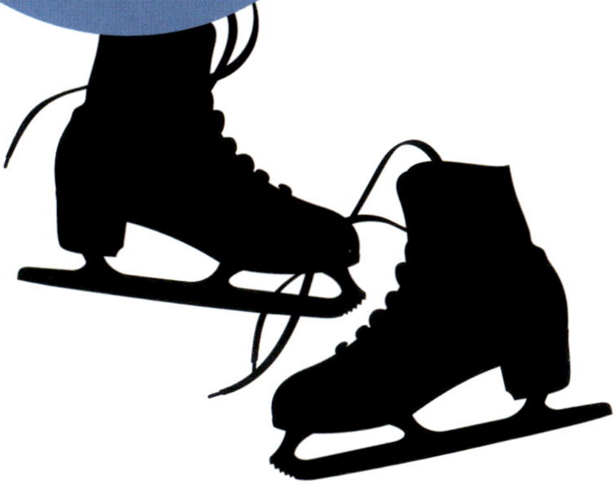

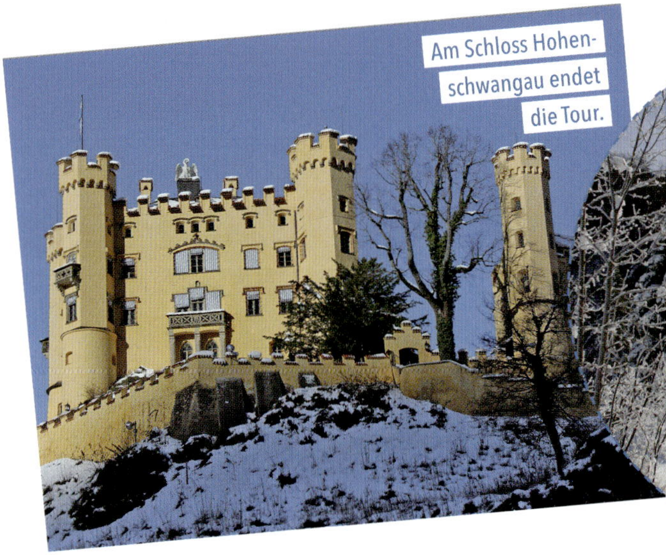
Am Schloss Hohenschwangau endet die Tour.

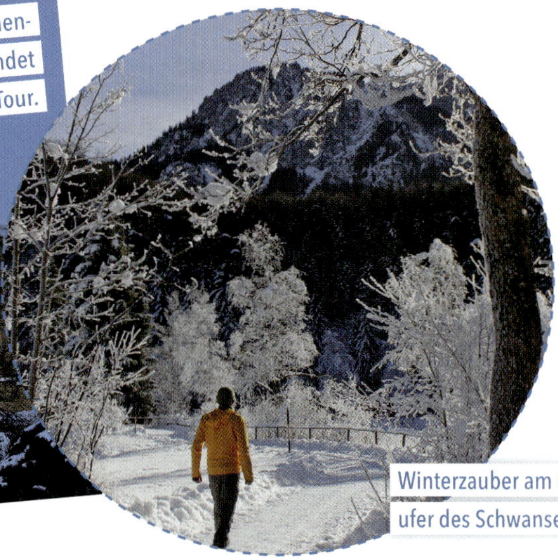
Winterzauber am Ostufer des Schwansees

Hinab zum Schwansee und am Ufer entlang

Anschließend steigt man über die Stufen auf der anderen Seite ab und kommt zu einer Gabelung. Hier hält man sich rechts und wandert auf schmalem Waldweg hinab. Bald stößt man auf eine breite Forststraße, auf der man zum Schwansee gelangt. An dessen Nordufer folgt man nach einem Steg dem Wegweiser »Hohenschwangau« nach rechts.

Es geht noch ein Stück lang am Seeufer entlang und anschließend zwischen Wiesenflächen hindurch. Schließlich kommt man in den Wald und zu einer Weggabelung. Wenn man das Schloss besichtigen möchte, dann folgt man nach links dem Schild »Hohenschwangau Ticketcenter«.

Auf Bergweg zum Schloss Hohenschwangau

Wer nur den frei zugänglichen Vorhof des Schlosses besichtigen möchte, der kann einen viel schöneren Weg gehen: Hierzu geht man an der Gabelung weiter geradeaus und zweigt erst nach einer Brücke nach links ab (Schild »Schloss Hohenschwangau«). Über einen steileren Waldhang geht es über Serpentinen bergauf zu einer Wegkreuzung. Hier wendet man sich nach links und folgt dem Schild »Hohenschwangau/Brenzenkopf«. Ein wunderschöner Bergweg quert die Bergflanke nach Osten.

Man trifft schließlich auf die Straße zum Schloss Hohenschwangau, der man zum Schlosstor folgt. Auch wenn man kein Ticket hat, lohnt es sich durchs Tor zu gehen und einen Blick auf den Vorplatz und die Terrasse des Schlosses mit ihrem schönen Ausblicken zu werfen.

Vom Schloss Hohenschwangau aus führt ein Fußweg nach Osten hinab zum Königsschlösser-Ticketcenter, von wo es entlang der Alpseestraße nicht mehr weit zur links gegenüber der Touristinformation liegenden Bushaltestelle ist.

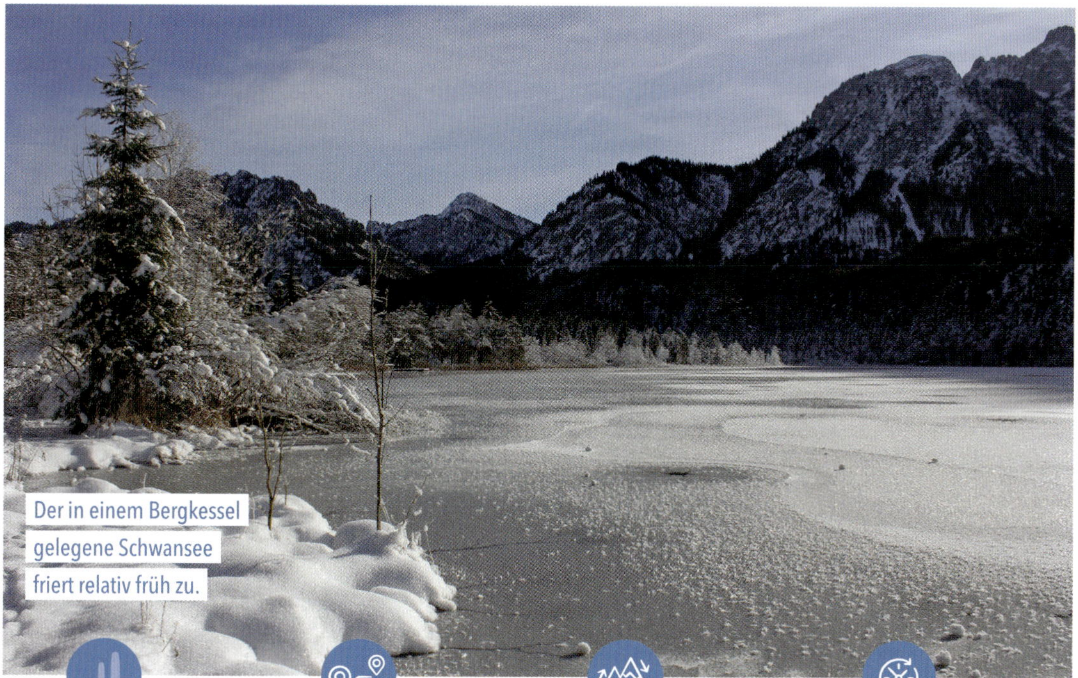

Der in einem Bergkessel gelegene Schwansee friert relativ früh zu.

leicht | 6,0 km | 250 Hm | 2.00 h

Alles auf einen Blick

Tourencharakter

Sehr abwechslungsreiche Winterwanderung auf meist breiteren Wegen mit tollen Ausblicken auf See und Gebirge. Abschnittweise ist vor allem bei Schneelage Trittsicherheit erforderlich.

Ausgangspunkt

Füssen, Bahnhof (800 m)

Endpunkt

Hohenschwangau, Bushaltestelle bei der Touristinformation (810 m)

Anfahrt

ÖPNV: Von München Hbf. Regionalzug direkt bzw. mit Umsteigen in Buchloe nach Füssen. Von Hohenschwangau mit Buslinie 78 zurück zum Bahnhof Füssen.
Auto: Aus Richtung Norden auf der A96 bis »Landsberg Nord« und auf der B17 bzw. aus Richtung Osten auf der A95 bis »Kochel/Murnau« und über Murnau und Bad Kohlgrub nach Steingaden. Weiter auf der B17 nach Füssen.

Einkehr

Unterwegs keine Möglichkeit. Gastronomie in Hohenschwangau und in Füssen

Ausrüstung

Winterwanderausrüstung mit warmen Wanderschuhen. Bei Vereisung sind Grödel und Teleskopstöcke empfehlenswert.

Karte

Amtliche Topografische Karte 25-R08 »Füssen« 1:25.000

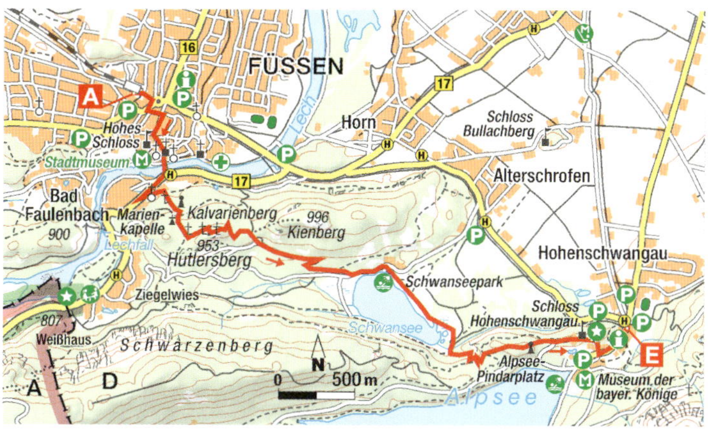

SCHNEESCHUHRUNDE BEI UNTERAMMERGAU

22

Über Hörnle und Stierkopf

Während das Mittlere und Hintere Hörnle an Wochenende stark frequentiert sind, geht es am Stierkopf um einiges ruhiger zu. Was umso mehr für den südseitigen Abstieg nach Unterammergau gilt.

Vom Bahnhof Unterammergau geht man ein Stück zurück und sieht einen Wegweiser Richtung »Hörnle«. Man folgt zuerst dem Kappelweg, dann geht es auf einem Landwirtschaftsweg zum Kappel-Kirchlein, wo sich der Wanderparkplatz für Kfz-Benutzer befindet.

Vom Kappel aufs Mittlere Hörnle

Hier folgt man rechts der Teerstraße und ignoriert bei einer Gabelung nach links und rechts zeigende Wegweiser. Es geht weiter geradeaus nach Osten über eine große Wiese. Nach einer Baumgruppe hält man sich bei einer Gabelung rechts und geht durch ein Viehgatter. Bald kann man den breiten Weg nach links verlassen und folgt nun einer so gut wie immer vorhandenen Aufstiegsspur, die über freie Wiesenhänge weiter nach Nordosten bergan führt. Nach einer kleinen Gruppe von Ahornbäumen stößt man auf einen Fahrweg und gelangt zu einem Bergrücken, dem man flacher nach Nordosten folgt. An einem Waldsattel hält man sich – noch vor der Hörnle Alm – links und gelangt in ein Waldstück, durch das man das Mittlere Hörnle (1496 m) erreicht.

Weiter zum Hinteren Hörnle und zum Stierkopf

Hier sieht man im Osten auch schon das nächste Ziel, das Hintere Hörnle (1547 m) vor sich. Vom Gipfelkreuz geht es hierfür steiler über einen Wiesenhang nach Osten hinab zur Hörnle Alm und einem breiten Rücken folgend weiter aufs gegenüberliegende Hintere Hörnle hinauf, das den höchsten der drei Hörnle-Gipfel darstellt.

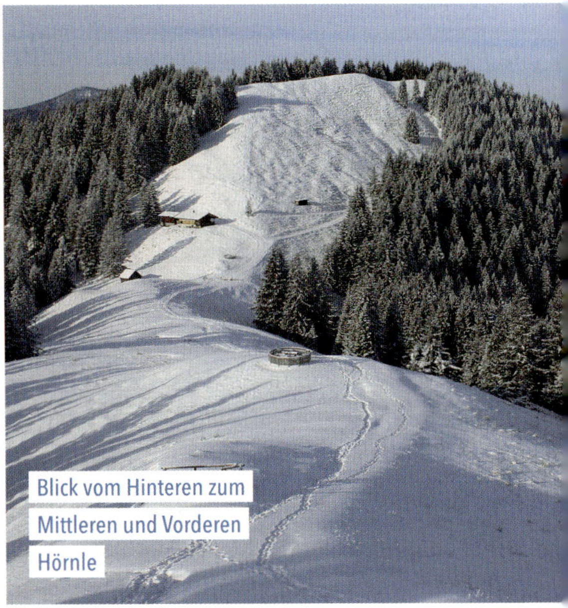

Blick vom Hinteren zum Mittleren und Vorderen Hörnle

Über freie Wiesenhänge geht es zum Mittleren Hörnle hinauf.

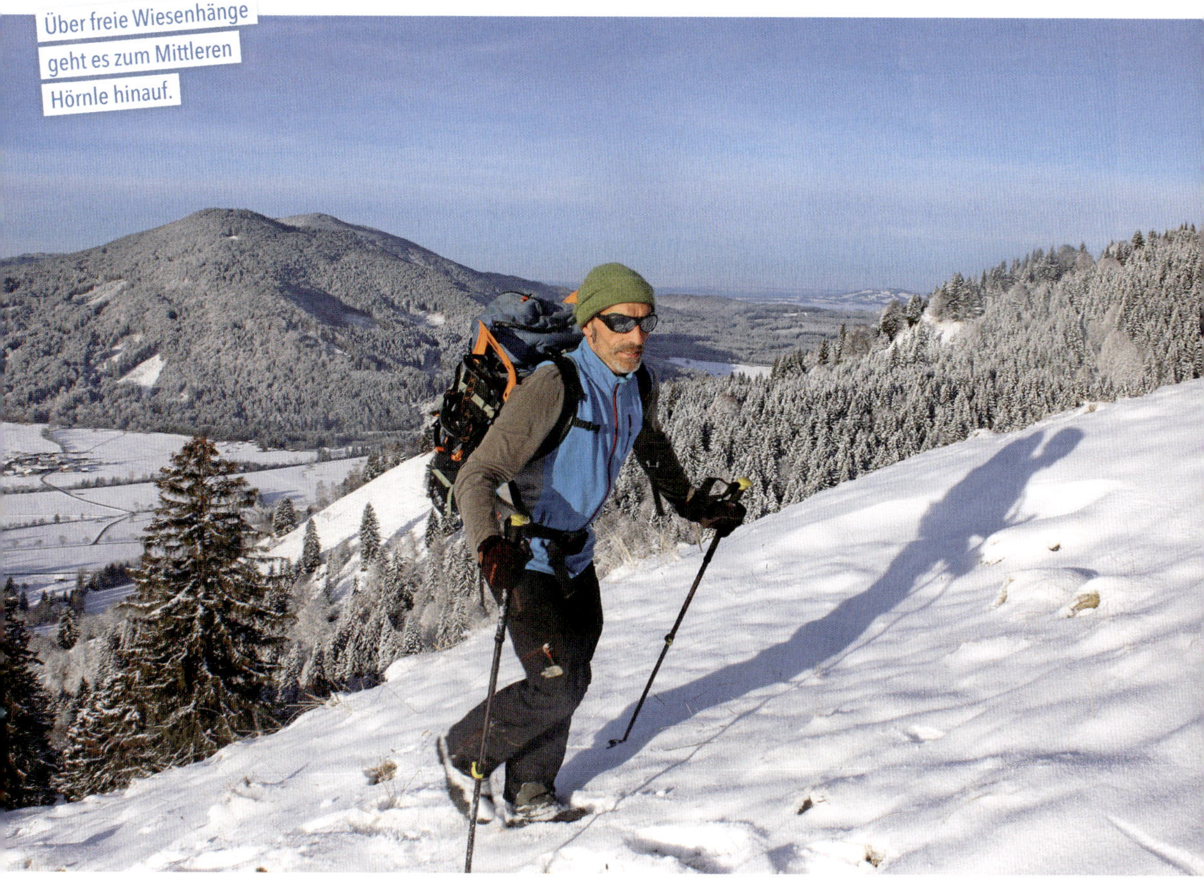

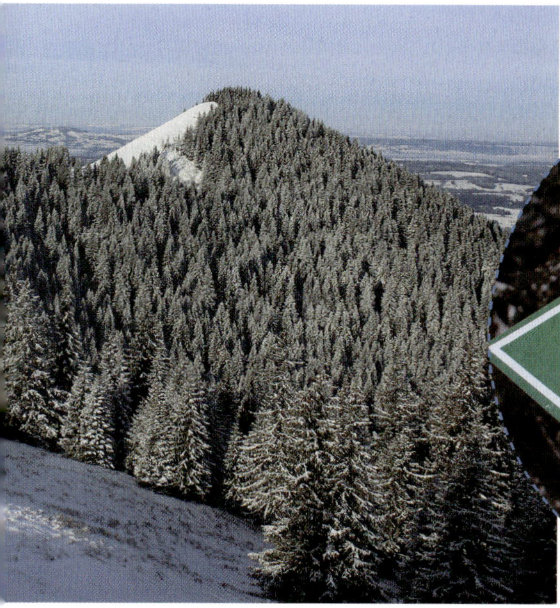

Alter Wegweiser in Nähe der »Drei Marken«

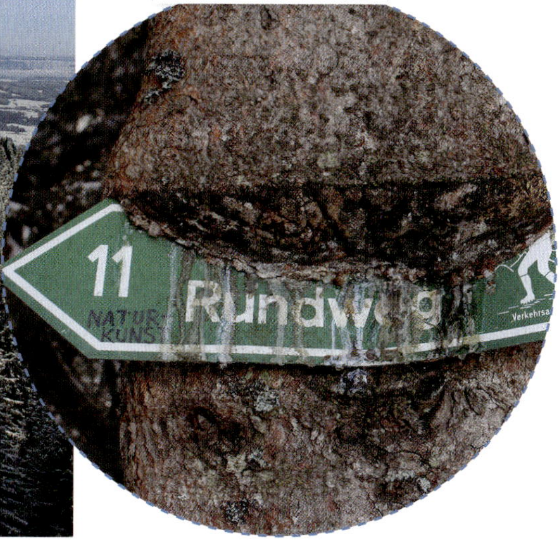

Hier wendet man sich nach Süden und folgt dem Kamm, der erst ab- und dann leicht ansteigend das Hintere Hörnle mit dem nächsten Gipfel, dem Stierkopf (1535 m) verbindet.

Durchs Lainetal zurück nach Unterammergau

Vom Stierkopf geht es zunächst über eine Wiese in Richtung Südosten bergab. Bei einem Wegweiser folgt man der Beschilderung »Drei Marken« in den Wald und muss – bei nicht vorhandener Spur – gut auf die wenigen Markierungen an Bäumen achten.

Man stößt auf eine Forststraße und folgt dieser nach rechts (Westen). Diese stößt auf eine breitere Forststraße. Hier geht man kurz nach links und kann gleich rechts in einen schmalen Weg abzweigen, der dem Tälchen Enge Laine nach Westen folgt. Nachdem der Bach zweimal gequert wird erreicht man den Waldrand, von wo ein breiter Fahrweg zurück nach Unterammergau führt.

Tipp

Wer mit dem Auto anreist, sollte auf dem Rückweg unbedingt beim Altenauer Dorfwirt einkehren: Ein schön renoviertes Gasthaus mit freundlichem Team und guter Küche, die sich nicht nur auf regionale Spezialitäten beschränkt. altenauer-dorfwirt.de

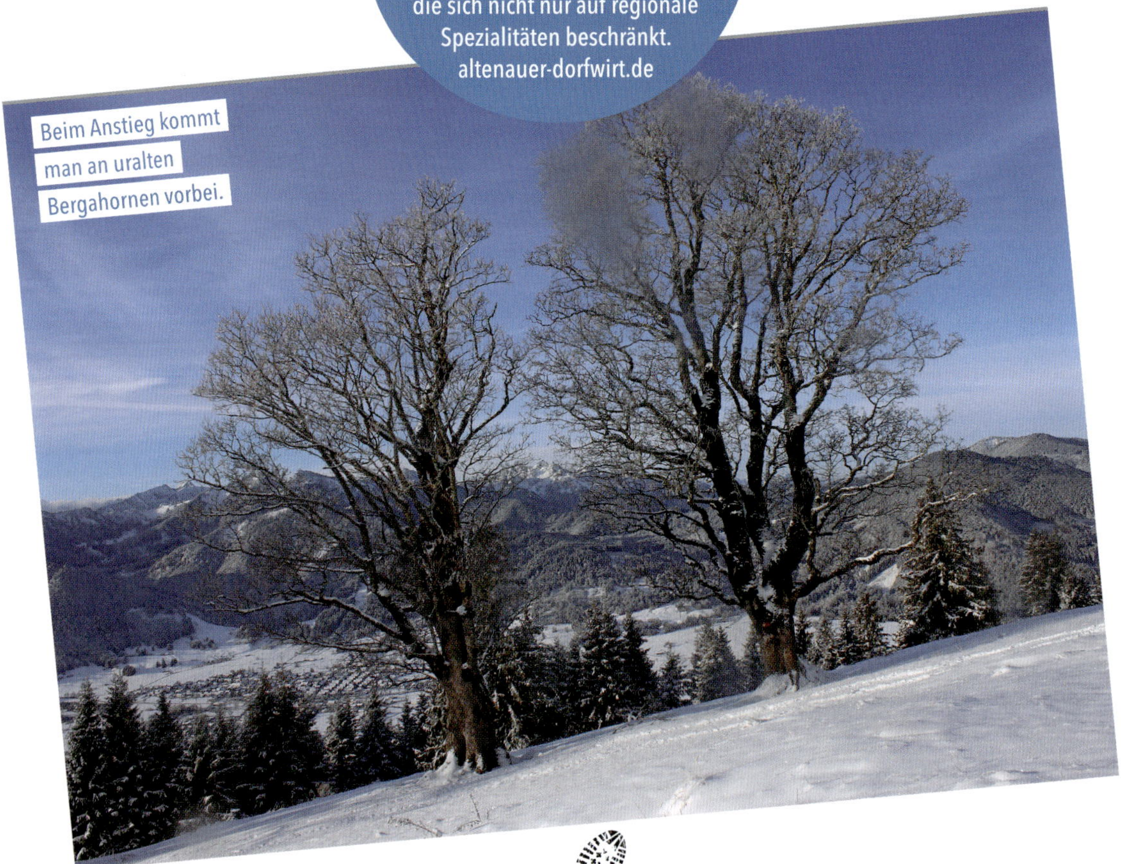

Beim Anstieg kommt man an uralten Bergahornen vorbei.

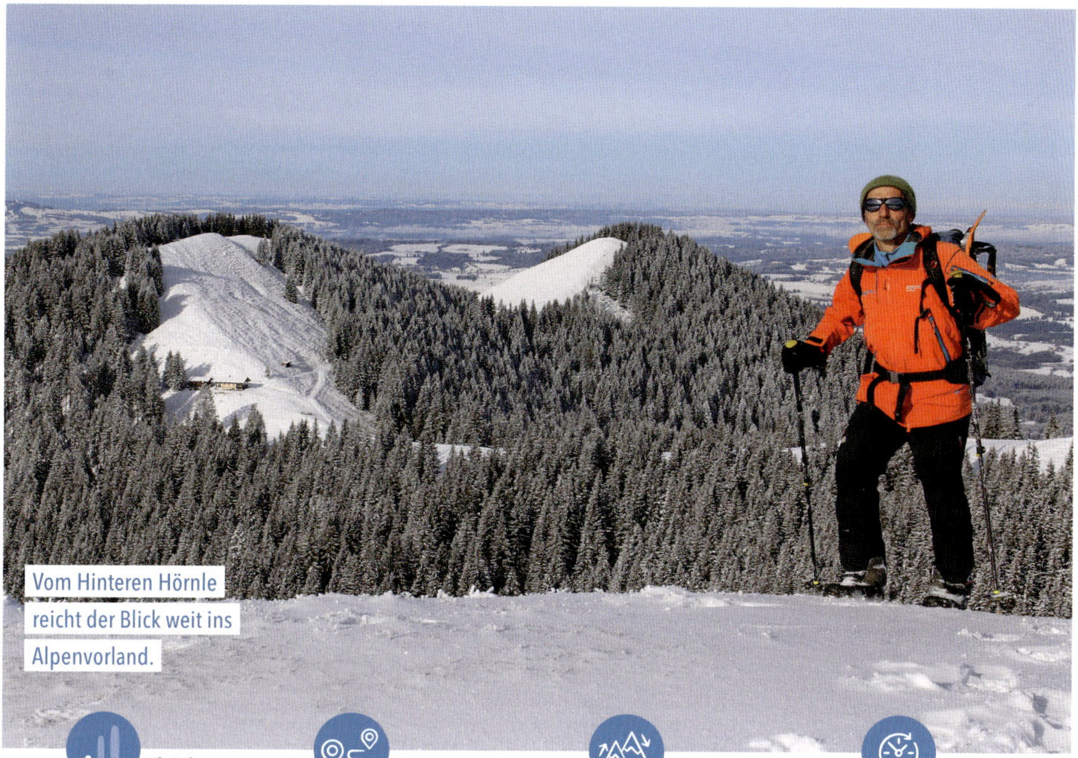

Vom Hinteren Hörnle reicht der Blick weit ins Alpenvorland.

leicht | 11,5 km | 780 Hm | 4.00 h

Alles auf einen Blick

Tourencharakter
Wunderschöne Rundwanderung, deren Anstieg über freie Bergwiesen erfolgt. Nach der aussichtsreichen Kammüberschreitung geht es über Waldhänge zurück. So gut wie lawinensicher.

Ausgangs-/Endpunkt
Unterammergau, Bahnhof (830 m) bzw. Wanderparkplatz Kappel (835 m)

Anfahrt
ÖPNV: Von München Hbf. Regionalzug mit Umsteigen in Murnau nach Unterammergau.
Auto: Auf der A95 oder B2 nach Murnau, weiter über Bad Kohlgrub nach Saulgrub und links auf die B23. Kurz vor Unterammergau links abbiegen zum Parkplatz Kappel.

Einkehr
Unterwegs keine Möglichkeit

Ausrüstung
Schneeschuhe, Teleskopstöcke sowie warme Bergschuhe/Kleidung. Bei geringer Schneelage auch mit festen Winterbergschuhen möglich.

Karte
AV Karte BY7 »Ammergebirge Ost« 1:25.000

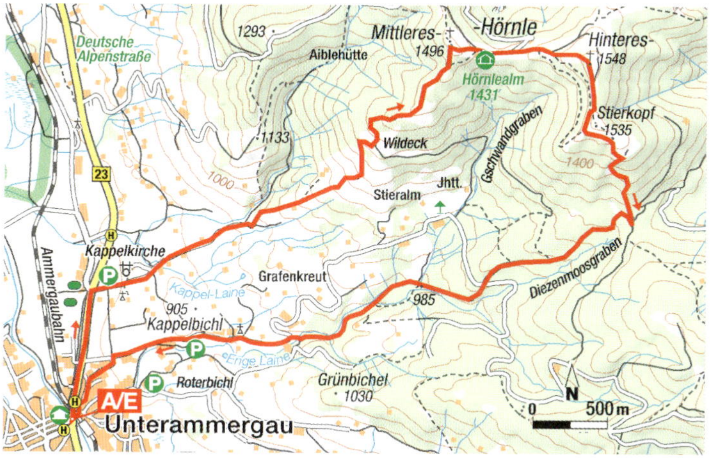

SCHNEESCHUHTOUR AM OBERAMMERGAUER HAUSBERG

23 Zum Soilasee

Der einfache Anstieg zum Soilasee (auch Soilesee) ist ideal, um das erste Mal in seinem Leben eine Schneeschuhwanderung auszuprobieren. Denn er führt auf einem großen Teil der Tour über eine sanft ansteigende Forststraße bergan.

Von der Talstation der Laber-Bergbahn aus folgt man kurz der Seilbahntrasse und steigt dann nach links (Osten) über Wiesengelände zum Wald auf, wo man auf eine breite Forststraße trifft.

Zum Soilasee und retour

Dieser folgt man nun ein gutes Stück und wandert somit in angenehmer Steigung bergan. Nach etwa eineinhalb Kilometern kann man die Forststraße nach rechts in einen Karrenweg verlassen, der zu den freien Wiesen der Bärenbadflecken hinaufführt. Hier geht es über offenes Gelände nun nach Süden weiter, bis man wieder auf die Forststraße stößt. Auf dieser wandert man in Richtung der (unbewirteten) Soila-Alm, zweigt aber noch davor nach rechts ab, um am Waldrand nach Südwesten aufzusteigen.

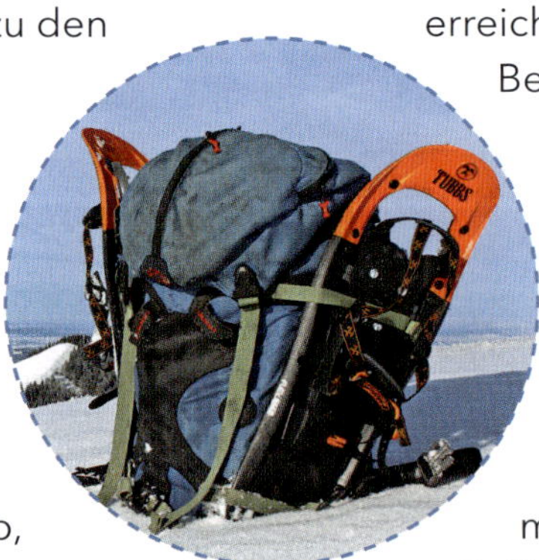

Weiter in gleicher Richtung geht es über Wiesengelände zum Soilasee, wo man an dessen Nordwestufer schöne Plätze für eine Pause mit heißem Tee und mitgebrachter Brotzeit findet.

Zurück zum Ausgangspunkt an der Talstation der Laber-Bergbahn geht es im Anschluss auf demselben Weg.

Variante über den Laber-Gipfel

Bei lawinensicheren Verhältnissen können erfahrene Bergwanderer weiter zum Laber Gipfel (1682 m) aufsteigen. Hierzu geht man vom See aus nach Südwesten auf den Schluss des Talkessels zu. Nun in einer breiten Mulde nach Westen aufsteigend erreicht man zuletzt steiler den freien Bergsattel südlich des Labers. Hier geht es nach rechts und in einer Querung zu einem kleinen Waldstück, hinter dem man nach links auch schon die Bergstation der Seilbahn erreicht.

Oben angekommen kann man zu Betriebszeiten der Laber Seilbahn in der Berggaststätte »Die Laberei« einkehren. Bei schönem Wetter hat man von deren Sonnenterasse eine schöne Aussicht. Hat man sich satt gesehen und gegessen, steigt man entweder auf demselben Weg zurück oder fährt mit der Seilbahn ins Tal zum Ausgangspunkt zurück.

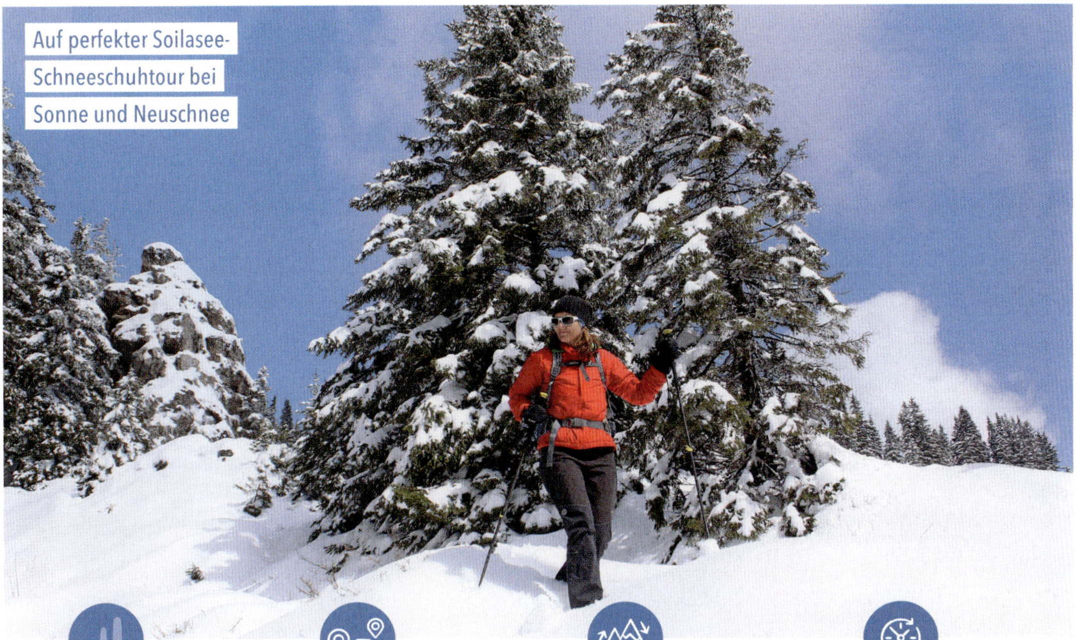

Auf perfekter Soilasee-Schneeschuhtour bei Sonne und Neuschnee

leicht | 8,4 km | 500 Hm | 3.45 h

Alles auf einen Blick

Tourencharakter
Nach einem längeren Anstieg über Forststraßen taucht man ab der Soila-Alm Richtung Soilasee in wunderschöne Voralpenlandschaft ein.

Ausgangs-/Endpunkt
Oberammergau, Talstation Laber-Bergbahn (910 m)

Anfahrt
ÖPNV: Von München Hbf. nach Oberau und mit Bus 9606 zur Haltestelle »Aufackerstraße«, dann ca. 5 Minuten Fußweg zur Talstation der Laber-Bergbahn.
Auto: Auf der A95 und B2 nach Oberau, weiter auf der B23 über Ettal nach Oberammergau. Dort der Beschilderung zur Laber-Bergbahn folgen.

Einkehr
Unterwegs keine Möglichkeit. Auf der Variante Berggaststätte »Die Laberei«, laber-bergbahn.de/berggasthaus

Ausrüstung
Schneeschuhe, Teleskopstöcke sowie warme Bergschuhe/Kleidung. Bei geringer Schneelage auch mit festen Winterbergschuhen möglich.

Karte
AV Karte BY7 »Ammergebirge Ost« 1:25.000

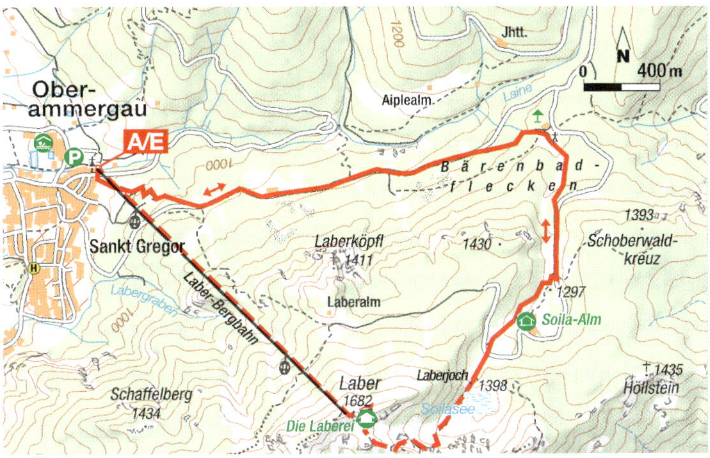

Weitere Informationen
■ Laber-Bergbahn (Kabinenbahn), ganzjährig außer Mitte November bis Heiligabend in Betrieb, laber-bergbahn.de

ALLES WISSENSWERTE ÜBER

Holzbildhauerei in Oberammergau

Neben den Passionsfestspielen ist das Holzhandwerk ein Markenzeichen Oberammergaus. Die wenigsten wissen, dass dort viel wertvollere Skulpturen entstehen als die in den Touristenläden angebotene Massenware.

Seit mehr als 500 Jahren wird in Oberammergau geschnitzt. Aus einem Schriftstück vom Jahre 1520, aus dem benachbarten Kloster Ettal, geht hervor, dass zu dem Zeitpunkt die Oberammergauer Schnitzkunst bereits eine längere Entwicklung durchlaufen hatte und ein hohes Maß an handwerklichem Können aufwies. Auch waren schon zu jener Zeit Oberammergauer Schnitzereien in weitem Umkreis bekannt.

Heutzutage präsentieren die einschlägigen Geschäfte im Oberammergauer Ortszentrum in erster Linie Holzbildhauer-Kitsch, bei dem zumeist sakrale Themen bildnerisch

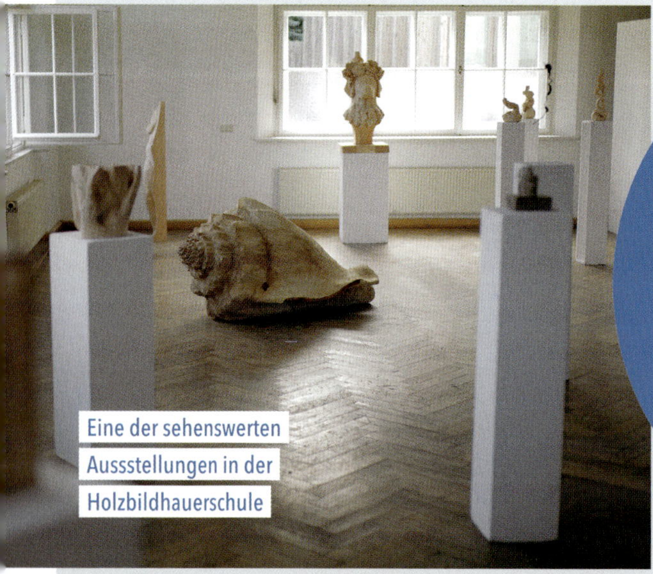

Eine der sehenswerten Aussstellungen in der Holzbildhauerschule

Geschichte und Gegenwart

Das Oberammergau Museum (Dorfstr. 8) präsentiert die Geschichte der lokalen Holzschnitztradition vom 17. Jh. bis in die Gegenwart. Man kann kunstvoll gefertigte Figuren und filigrane Feinschnitzereien bewundern. Zudem zeigt das Museum eine ganzjährige Holzkrippen-Ausstellung. In der »Lebenden Werkstatt« (Dorfstr. 20) kann man Holzschnitzern und anderen Kunsthandwerkern über die Schulter schauen. Infos unter: oberammergaumuseum.de

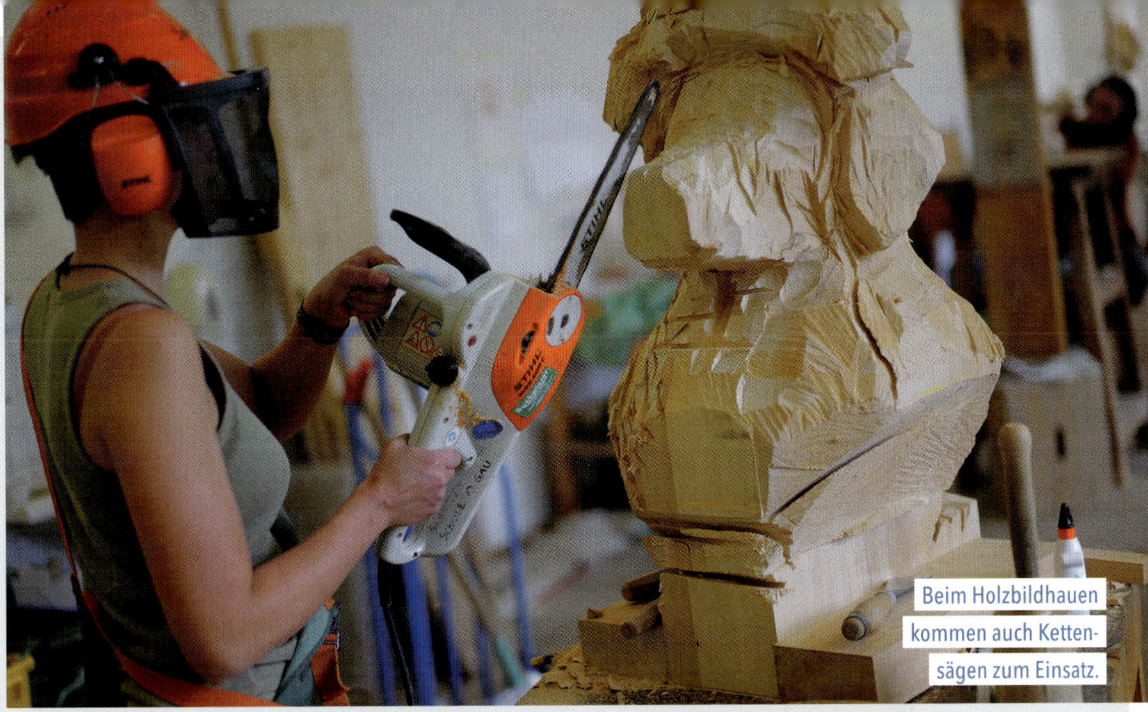

Beim Holzbildhauen kommen auch Kettensägen zum Einsatz.

umgesetzt werden. Was die kauffreudigen Touristen aus aller Herren Länder nicht wissen: Meist stammen die Rohlinge für diese Werke gar nicht aus Oberammergau, sondern aus China.

Kunst statt Kitsch

Die Staatliche Berufsfachschule für Holzbildhauerei in Oberammergau stellt zu diesem Verkaufskitsch einen künstlerischen Gegenpol dar. Die »Schnitzschule«, wie sie im Ort genannt wird, hat das »Herrgott-Schnitzer-Image« längst abgelegt. Fantasie ist gefragt, Kreativität wird geschult, wobei die Tradition des Holzbildhauer-Handwerks an der Bildhauerschule nicht vernachlässigt wird. Im Gegenteil: Das handwerkliche Können ist wichtiger Bestandteil des Lehrplanes und grundlegende Voraussetzung für bildhauerisches Arbeiten.

Während des Schuljahres werden die Schülerarbeiten in verschiedenen Ausstellungen oder Ausstellungsbeteiligungen in der Umgebung präsentiert. Besonders sehenswert ist die Jahresausstellung, die immer am letzten Wochenende vor den Sommerferien im Schulgebäude stattfindet. Dort werden die Abschlussarbeiten der Absolventen gezeigt sowie die ihre Bildhauerarbeiten und Zeichnungen, die im Lauf des Schuljahres entstanden sind.

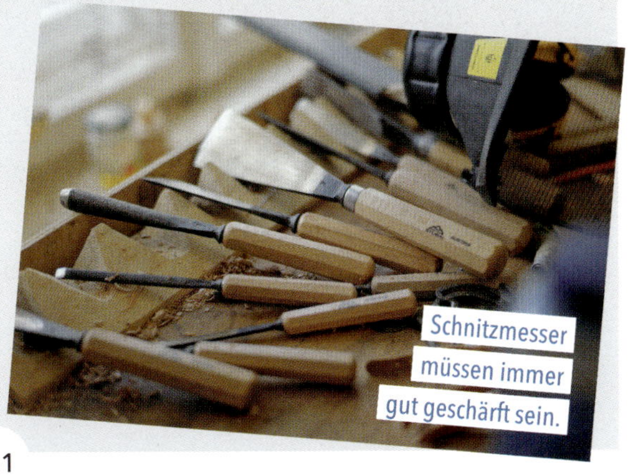

Schnitzmesser müssen immer gut geschärft sein.

SKI-KAMMTOUR ZU KECKEM FELSGIPFEL

24

Auf den Teufelstättkopf

Direkt am Alpenrand vermittelt der Aufstieg zum Teufelsstättkopf alpines Flair. Auf dem schmalen Bergkamm oberhalb der Kühalm ist Spitzkehrentechnik gefragt, bevor es in leichter Kletterei auf den felsigen Gipfel geht.

Vom Wanderparkplatz Pürschling, mit dem Gasthof Schleifmühle daneben, folgt man zunächst der breiten Forststraße in Richtung Pürschlinghaus (auch August-Schuster-Haus). Nach zwei weiten Kehren zweigt man an einer Lichtung – auf Höhe des links liegenden Speichersees – rechts in einen Fahrweg ab.

Aufstieg über die Kühalm

Bald darauf kommt man in Höhe einer rechts liegenden Bergwachthütte zu einer Gabelung, geht hier geradeaus und folgt einem Waldrücken, der zu den schönen Wiesen der Kühalm führt. Hier steigt man nach Nordwesten zu einem Rücken auf, dem man im Anschluss nach Südwesten folgt.

Der Anstieg wird nun deutlich steiler und der Rücken wird einmal zu einem schmalen Kamm, wo man einen Felsgrat rechts umgehen muss. Anschließend wieder am Grat entlang genießt man herrliche Aussichten auf die umliegenden Berge. Der Kamm wird dann flacher und schmaler, bevor man in den kleinen Bergkessel am Fuße des Gipfelaufbaus absteigt, wo man die Ski deponiert.

Kleine Kletterpartie zum Gipfel

Den Gipfel des Teufelstättkopfs (1755 m) erreicht man schließlich über eine leicht ansteigende Felsrinne (Stahlseile). Belohnt wird man mit einem tollen Gipfelpanorama, bevor auf demselben Weg wieder absteigt.

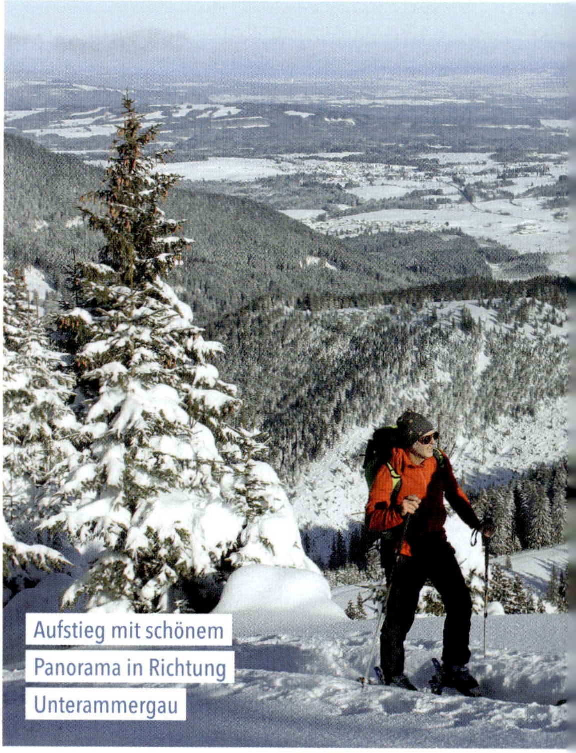

Aufstieg mit schönem Panorama in Richtung Unterammergau

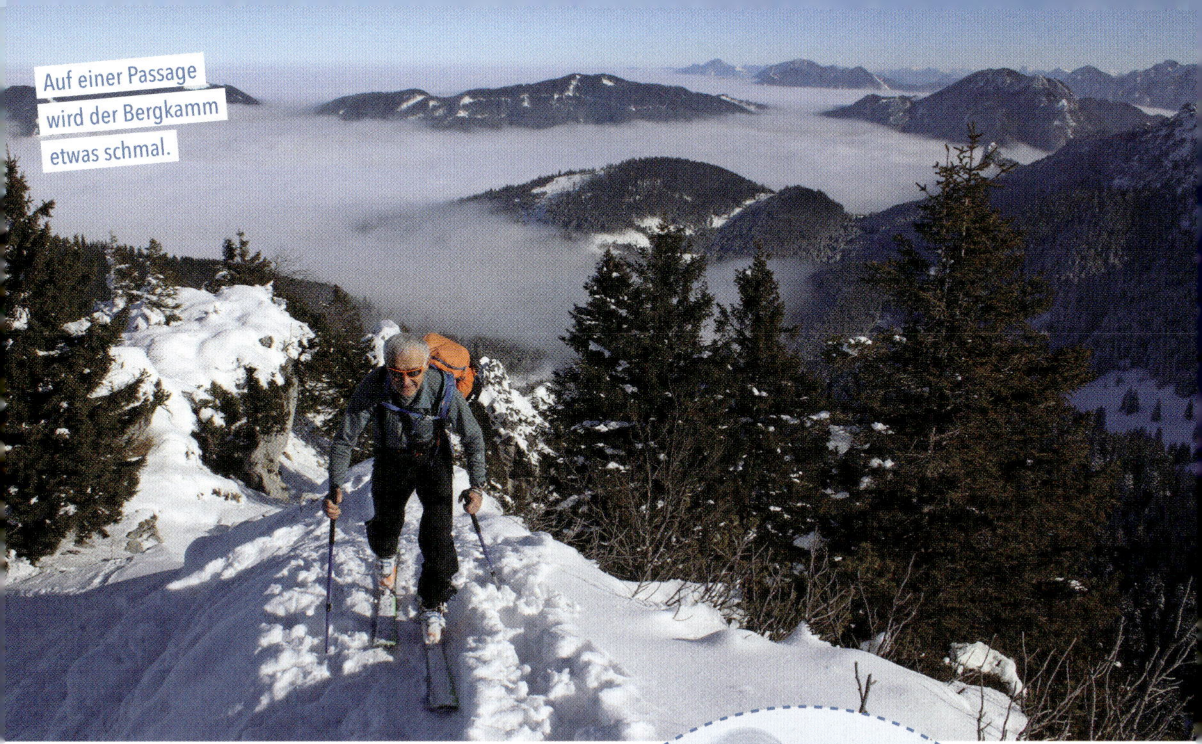

Auf einer Passage wird der Bergkamm etwas schmal.

Die Rodelbahn vom Pürschling führt an der Josephskapelle vorbei.

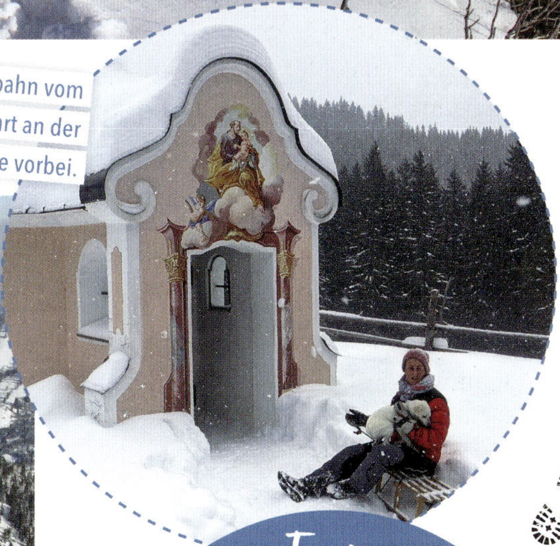

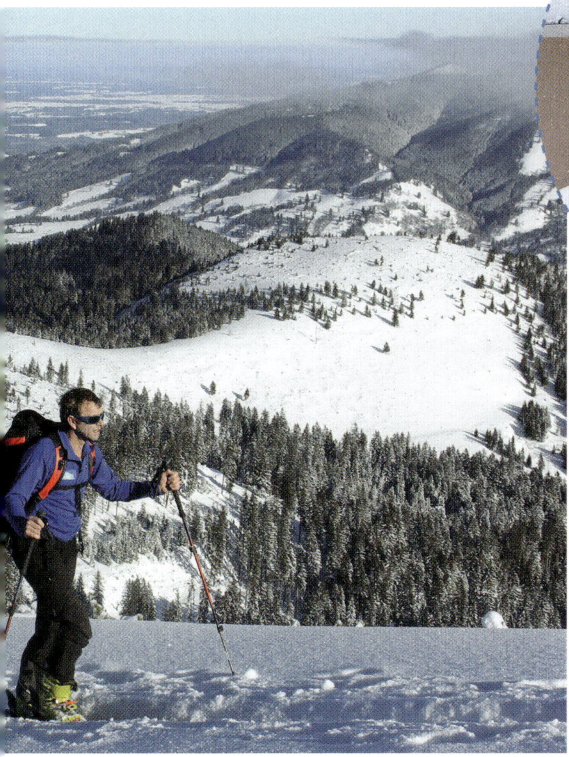

Tipp

Wer lieber Schlitten als Ski fährt, kann das August-Schuster-Haus am Pürschling auch über eine beliebte Rodelstrecke erreichen. Von der DAV-Berghütte weg findet man an schönen Wochenenden oft eine ausgetretene Spur in Richtung Teufelstättkopf vor. Achtung: Beim Aufstieg bzw. bei der rasanten Schlittenfahrt jeweils auf Gegenverkehr achten!

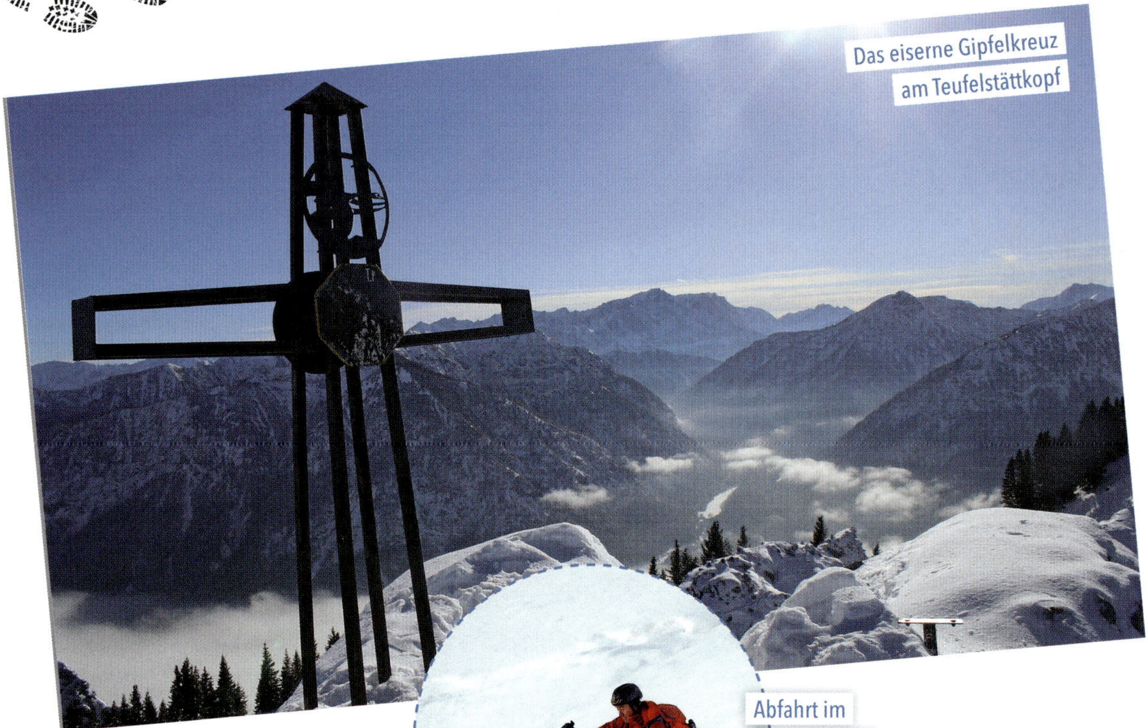

Das eiserne Gipfelkreuz am Teufelstättkopf

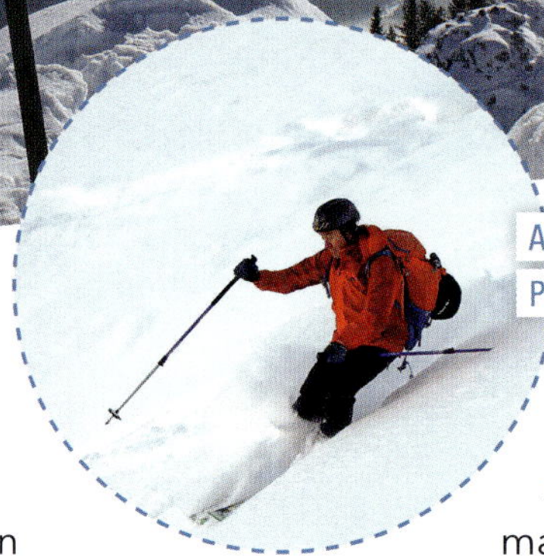

Abfahrt im Pulverschnee

Abfahrt zum Steiglalm-Gelände

Vom Skidepot folgt man den so gut wie immer vorhandenen Spuren nach Süden, die vom August-Schuster-Haus herführen. Es geht kurz (in leichtem Auf und Ab) an Felsen vorbei, dann wendet man sich nach links und folgt einem Waldrücken bergab zum Beginn des großen Bergkessels der Steiglalm. Hier gibt es zwei Abfahrtsmöglichkeiten:

Abfahrtsvariante 1: über den Plattenberggraben

Man folgt weiter dem licht bewaldeten Rücken nach Süden und sieht auch schon bald das August-Schuster-Haus vor sich liegen. Man kann nun gleich in den Talschluss des Plattenberggrabens einfahren oder den Abstecher zum August-Schuster-Haus machen. Am Talboden des Plattenberggrabens stößt man schließlich auf die Rodelstrecke des August-Schuster-Hauses, der man zurück zum Wanderparkplatz folgt.

Abfahrtsvariante 2: Diretissima Steiglalm

Bei sicheren Verhältnissen kann man gleich in die Osthänge der Steiglalm einfahren und folgt dem Talverlauf in Richtung Nordosten. Sobald es flacher wird, muss man sich tendenziell etwas links halten (rechts liegt ein Wildschutzgebiet und der Wald ist sehr dicht), um schließlich wieder über Waldschneisen die Gabelung bei der Bergwachthütte zu erreichen und auf dem bekannten Weg wieder den Parkplatz Pürschling.

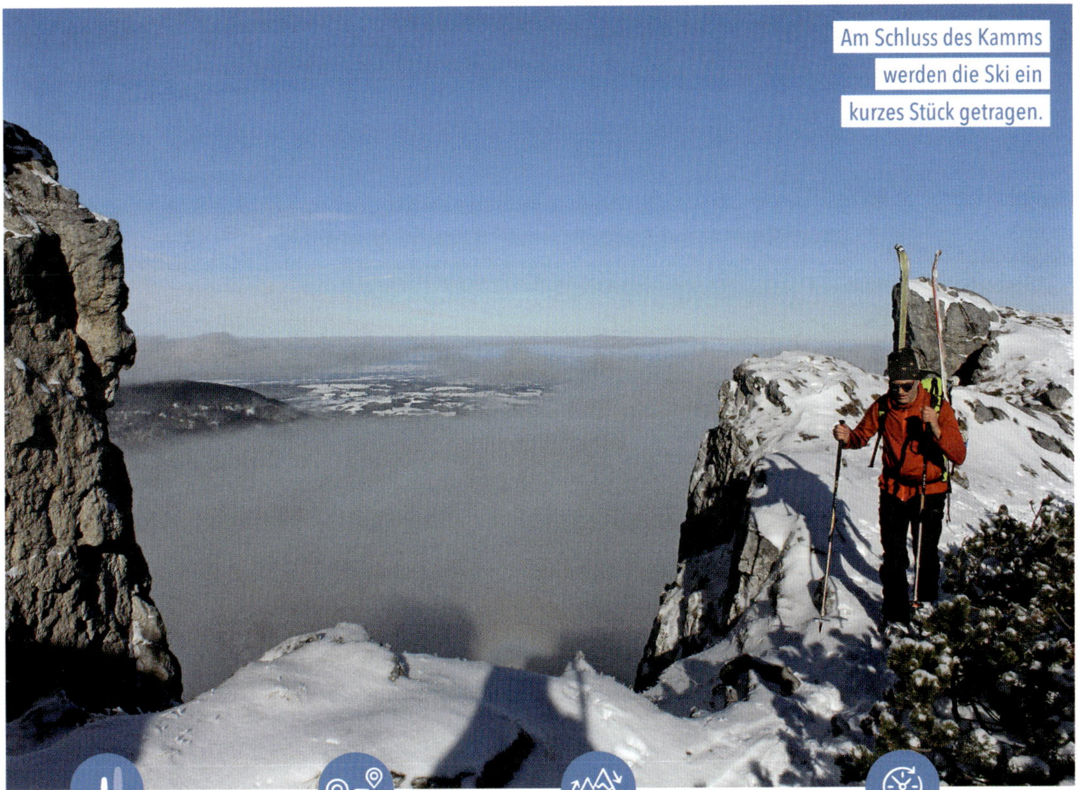

mittel | 10,0 km | 870 Hm | 4.00 h

Alles auf einen Blick

Tourencharakter
Landschaftlich sehr abwechslungsreiche Skitour mit kurzer Gipfel-Kletterei und erstaunlich tollen Abfahrtshängen.

Ausgangs-/Endpunkt
Unterammergau, Parkplatz Pürschling (870 m) am Beginn des Schleifmühlentals

Anfahrt
ÖPNV: Von München Hbf. Regionalzug mit Umsteigen in Murnau nach Unterammergau. Vom Bahnhof ca. 15 Minuten Fußweg zum Parkplatz Schleifmühlental.
Auto: Auf der A95 oder B2 nach Murnau, weiter über Bad Kohlgrub nach Saulgrub und links auf der B23 nach Unterammergau. Hier nach der Ammerbrücke rechts der Pürschlingstraße bis zum gebührenpflichtigen Wanderparkplatz folgen.

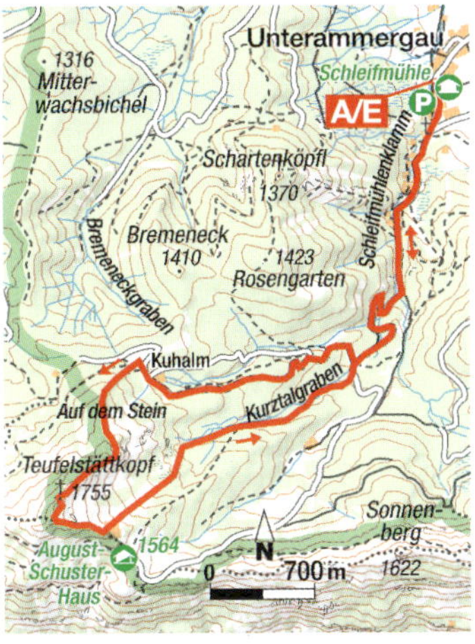

Einkehr
Unterwegs keine. August-Schuster-Haus/Pürschlinghaus (1564 m), DAV, august-schuster-haus.de, liegt nicht auf der beschriebenen Runde, kann aber bei der optionalen Abfahrt über den Plattenberggraben mitgenommen werden. Am Ausgangspunkt der Gasthof Schleifmühle, gasthof-schleifmuehle.de

Ausrüstung
Normale Skitourenausrüstung

Karte
AV Karte BY7 »Ammergebirge Ost« 1:25.000

BERGTOUR IM AMMERGAUER WINTER WONDERLAND

25

Auf die Ziegelspitz

Vom Ettaler Sattel aus zieht sich ein Bergrücken Richtung Notkarspitze hinauf. Dieser ist so dicht bewaldet, dass er sich für Skitouren nicht eignet. So bleiben Schneeschuhgeher und Winterwanderer im schönen Bergmischwald unter sich.

Wer mit Winterbergstiefeln unterwegs ist, kann nicht selten mit einer ausgetretenen Spur rechnen, während Schneeschuhgeher dank ihrer größeren »Schuh-Oberfläche« auch im Tiefschnee gut vorankommen.

Tipp

Auch wenn der Sommerweg zur Ziegelspitz wegen der Schneeauflage nicht zu sehen ist, sollte die Orientierung kein Problem darstellen, da sie im Großen und Ganzen der Scheitellinie des Waldrückens nach Westen folgt.

Vom Ettaler Sattel durch Bergwald hinauf

Wenn man mit dem Bus angereist ist, muss man von der Haltestelle »Am Berg« ein Stück zurück der Straße zum Wanderparkplatz am Ettaler Sattel folgen. Von hier folgt man einer Fahr-

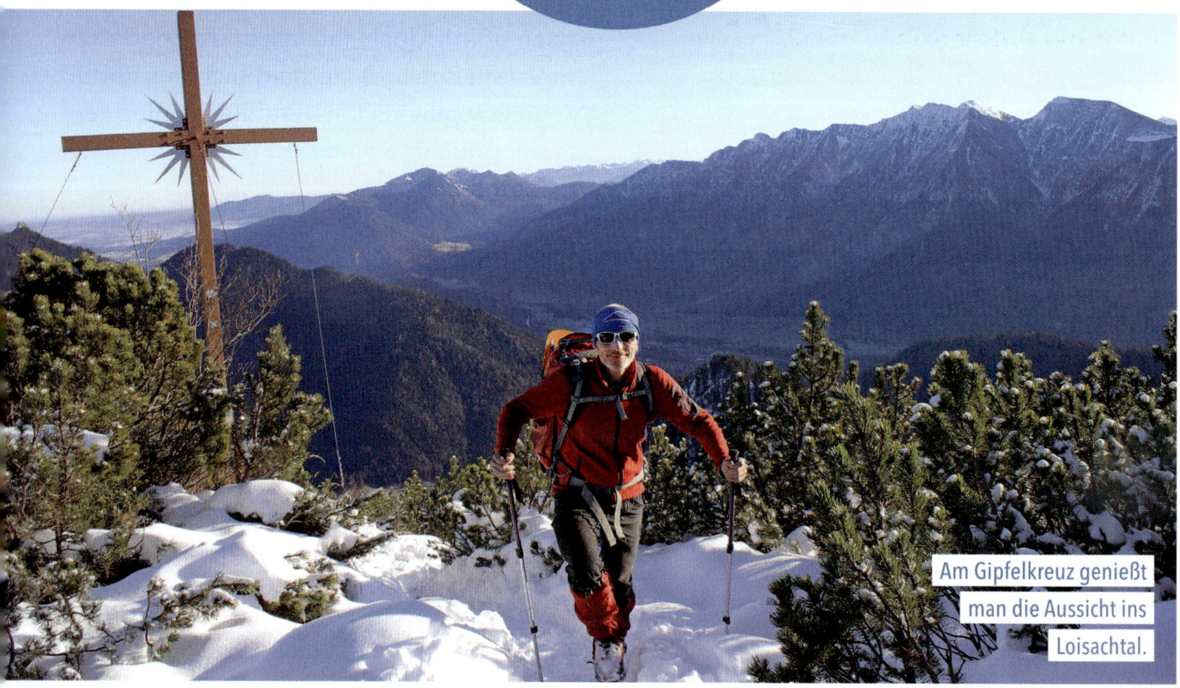

Am Gipfelkreuz genießt man die Aussicht ins Loisachtal.

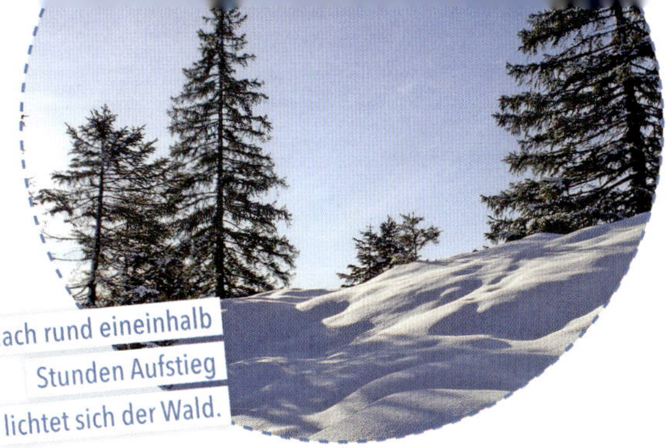

Nach rund eineinhalb Stunden Aufstieg lichtet sich der Wald.

straße nach Süden. An einer gleich folgenden T-Kreuzung geht man nach links. Weiter auf einem Fahrweg geht es erst flach, dann leicht bergan. Dort wo dieser eine markante Kurve macht, weist ein Schild »Notkarspitze« nach rechts und man steigt von nun an, einem deutlichen Pfad folgend, in angenehmer Steigung durch schönen Bergmischwald bergan. Auch wenn der Weg wegen des Schnees nicht zu sehen ist, findet man bei gutem Wetter oft eine bereits vorhandene Aufstiegsspur vor.

Via Ochsensitz zum Ziegelspitz

Nach einiger Zeit wird dieser Waldrücken lichter, der Aufstieg aber auch kurz etwas steiler. Hier weicht der Anstieg ein wenig auf die Südseite des Rückens aus. Nachdem es flacher wird, bietet sich der sogenannte Ochsensitz (1515 m) als erste Pause mit großartigen Tiefblicken auf das Kloster Ettal an.

Ohne Orientierungsschwierigkeiten folgt man dem Kamm immer weiter nach Westen und steigt zuletzt noch einmal leicht steiler zur Ziegelspitz (1719 m) auf, wo ein großes Holzkreuz steht.

Abstieg auf dem Anstiegsweg

Der Abstieg vom Ziegelspitz erfolgt entsprechend dem Aufstieg über den Ochsensitz zum Parkplatz am Ettaler Sattel bzw. zur Bushaltestelle.

leicht

7,1 km

850 Hm

4.00 h

Auf einen Blick

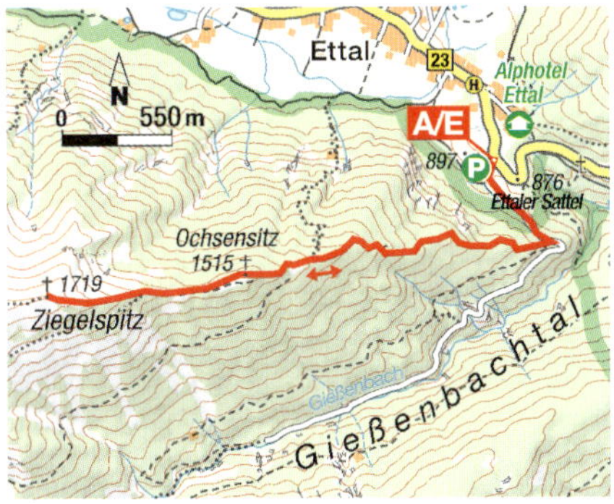

Tourencharakter
Sanfter Anstieg durch schönen Bergmischwald. Am Gipfelkreuz tolle Ausblicke unter anderem auf Kloster Ettal.

Ausgangs-/Endpunkt
Parkplatz bzw. Bushaltestelle am Ettaler Sattel (876 m)

Anfahrt
ÖPNV: Von München Hbf. Regionalzug in Richtung Garmisch und in Oberau aussteigen. Weiter mit dem RVO-Bus 9606 Richtung Oberammergau und am Ortsrand von Ettal an der Haltestelle »Am Berg« aussteigen.
Auto: Auf der A95 und B2 nach Oberau, weiter der Beschilderung »Ettal« folgend auf der B23 bis zum Wanderparkplatz am Ettaler Sattel.

Einkehr
Unterwegs keine Möglichkeit

Ausrüstung
Schneeschuhe, Teleskopstöcke sowie warme Bergschuhe/Kleidung. Bei geringer Schneelage auch mit festen Winterbergschuhen möglich.

Karte
AV-Karte BY 7 »Ammergebirge Ost« 1:25.000

WINTERBERGTOUR VON SCHLOSS LINDERHOF

26 Zu den Brunnenkopfhäusern

Maximilian II. ließ die Brunnenkopfhäuser einst als Jagdhütten errichten und als Zustieg einen unschweren Reitweg anlegen. Da dieser oft gespurt ist, kann man die Tour im Winter nicht selten ohne Schneeschuhe angehen.

Da die Brunnenkopfhäuser im Winter geschlossen sind, geht es hier in der kalten Jahreszeit deutlich ruhiger zu als zur Sommersaison. Allerdings muss man dann einen heißen Tee und eine leckere Brotzeit selber mitnehmen.

Königlicher Anstieg zu den Brunnenkopfhäusern

An der Westseite des großen Parkplatzes von Schloss Linderhof folgt man der Beschilderung »Brunnenkopf« und somit zunächst einem kleinen Bachlauf. Nach der Querung einer Forststraße wandert man (ebenfalls bestens beschildert) auf dem ehemaligen Reitweg der Wittelsbacher in angenehmer Steigung und in vielen Kehren durch den dichten Bergwald bergan.

Schließlich lichtet sich der Wald und man gelangt etwas unterhalb des von Ost nach West verlaufenden Bergkamms zu einer Wiese, die erste schöne Blicke freigibt.

Die Brunnenkopfhäuser sind erreicht.

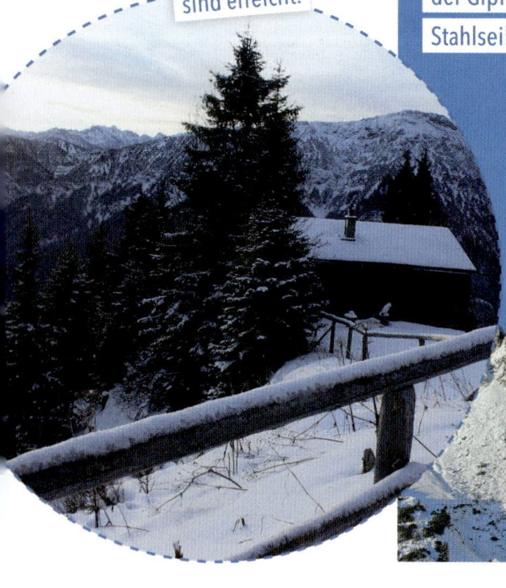

Ganz zum Schluss ist der Gipfelsteig mit Stahlseilen gesichert.

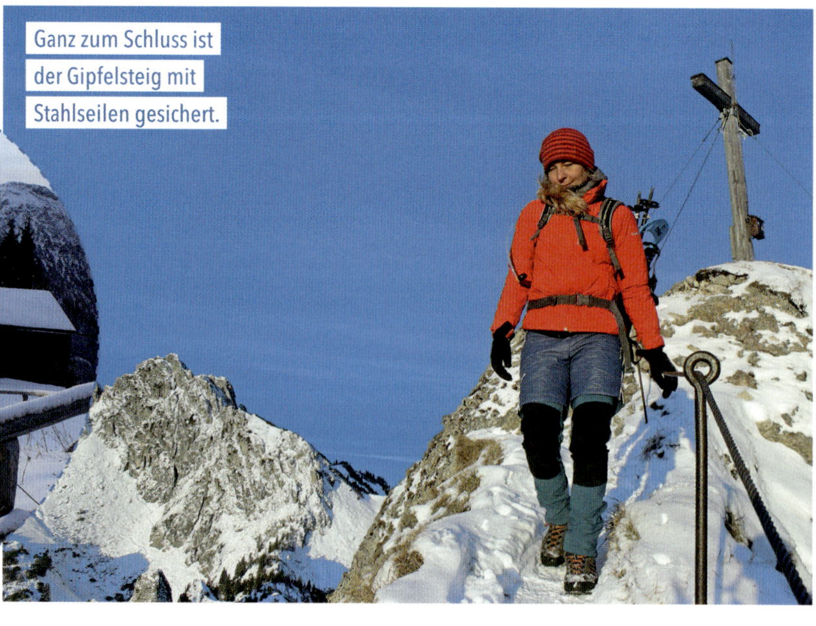

Tipp

Wer einen Gipfel ersteigen möchte, kann von den Brunnenkopfhäusern in einer knappen halben Stunde den Brunnenkopf erreichen. Die allerletzten Meter sind aber felsig und etwas ausgesetzt.

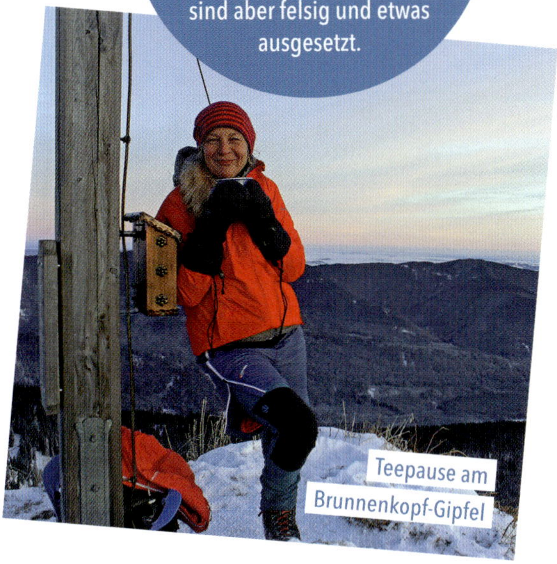

Teepause am Brunnenkopf-Gipfel

Nach einem weiteren kurzen Waldstück macht der Weg einen Linksbogen, hinter dem man auch schon die urigen Brunnenkopfhäuser vor sich sieht. Dort bietet sich eine aussichtsreiche Rast mit selbst mitgebrachter Brotzeit an.

Zurück mit oder ohne Gipfelabstecher

Zurück zum Ausgangspunkt geht es auf demselben Weg. Alternativ dazu kann man zuvor noch den Brunnenkopf ersteigen. Hierfür folgt man dem oberhalb der Hütte nach Nordwesten ziehenden breiten Bergrücken. Ganz zum Schluss erreicht man den steil nach Norden abfallenden Kamm und steht, nach einer kurzen felsigen und leicht ausgesetzten Passage (hier gibt es Stahlseile) am Gipfelkreuz (1718 m).

leicht

10,2 km

660 Hm

3.30 h

Auf einen Blick

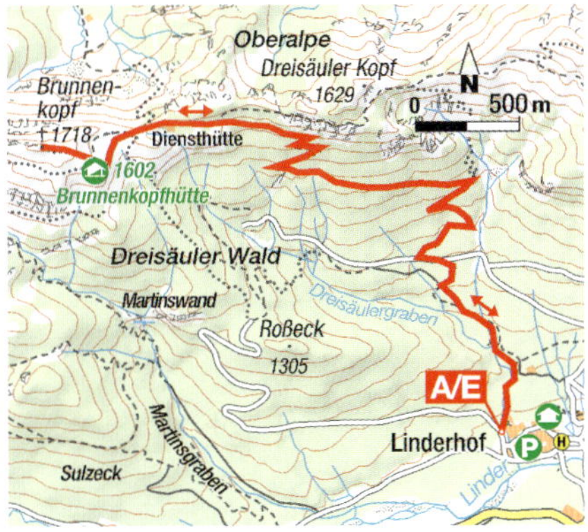

Tourencharakter
Sanfter Anstieg auf relativ breitem »Reitweg«, der die meiste Zeit im Bergwald erfolgt. Oben angekommen sehr schöne Blicke auf das winterliche Lindertal.

Ausgangs-/Endpunkt
Parkplatz Schloss Linderhof (930 m)

Anfahrt
ÖPNV: Von München Hbf. Regionalzug mit Umsteigen in Murnau nach Oberammergau, weiter mit Bus 9622 bis Haltestelle »Linderhof Schloss«.
Auto: Auf der A95 und B2 nach Oberau, weiter auf der B23 nach Ettal. Hinter dem Ort auf der St2060 nach Linderhof zum großen »Parkplatz Schloss«.

Einkehr
Unterwegs keine Möglichkeit

Ausrüstung
Schneeschuhe, Teleskopstöcke sowie warme Bergschuhe und Kleidung. Bei geringer Schneelage auch mit festen Bergschuhen möglich.

Karte
AV-Karte BY 6 »Ammergebirge West« 1:25.000

AUSSICHTSREICHE SKITOUR ÜBER DEM LINDERTAL

27

Auf die Hochblasse

Wegen des zunächst dichten Waldes und ihres breiten Westrückens ist die Hochblasse-Skitour auch bei etwas heikler Lawinenlage auf der Aufstiegsroute möglich. Bei sicheren Verhältnissen bietet sich eine schöne Alternativ-Abfahrt an.

Beim Aufstieg zur Hochblasse geht es um einiges ruhiger zu als beispielsweise bei der sehr beliebten Scheinbergspitze. Ebenso wie die stärker frequentierte Nachbarin, kann man auch die Hochblasse übrigens gut mit Schneeschuhen unternehmen. Man muss dann aber natürlich etwas mehr an Gesamtzeit einplanen, da man ja nicht wieder so schnell zurück im Tal ist wie die Skifahrenden.

Dafür können Schneeschuhwandernde gegenüber Skitourengehenden sogar einen gewissen Vorteil haben, wenn zu Beginn am »Schützensteig« eine geringe Schneelage vorliegen sollte. Und ganz egal, ob mit Schneeschuhen oder Tourenskiern: Hat man den breiten, aussichtsreichen Gipfelrücken erreicht, dann kommt man aus dem Schauen nicht mehr heraus.

Aufstieg über den Schützensteig

Beim ob seiner »Betonklotz-Architektur« umstrittenen Alpenhotel Ammerwald geht man links am Hotelparkplatz vorbei und folgt weiter der flachen Fahrstraße in den Wald. Am Schild »Landesgrenze« wendet man sich links von ihr ab und folgt nun immer dem »Schützensteig« genannten Sommerweg, der meist in langen Serpentinen durch den steilen Bergwald nach Westen bergan führt.

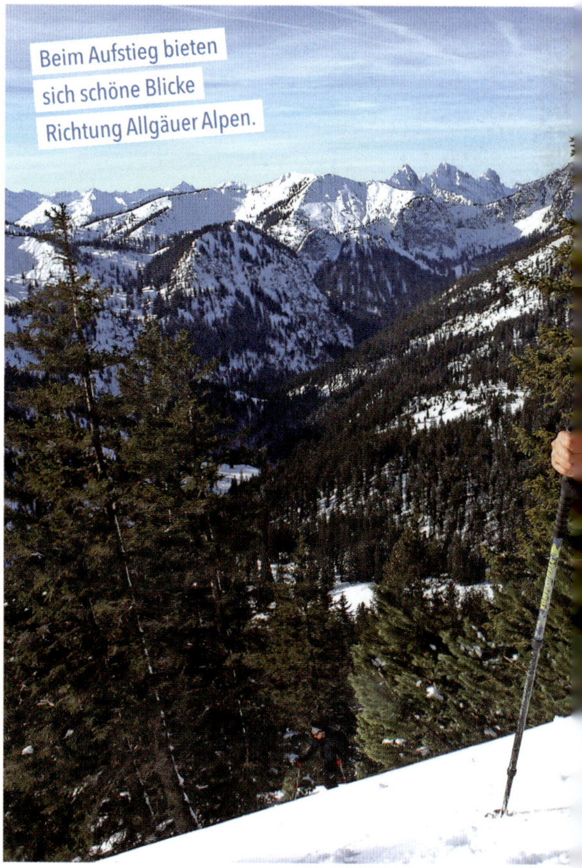

Beim Aufstieg bieten sich schöne Blicke Richtung Allgäuer Alpen.

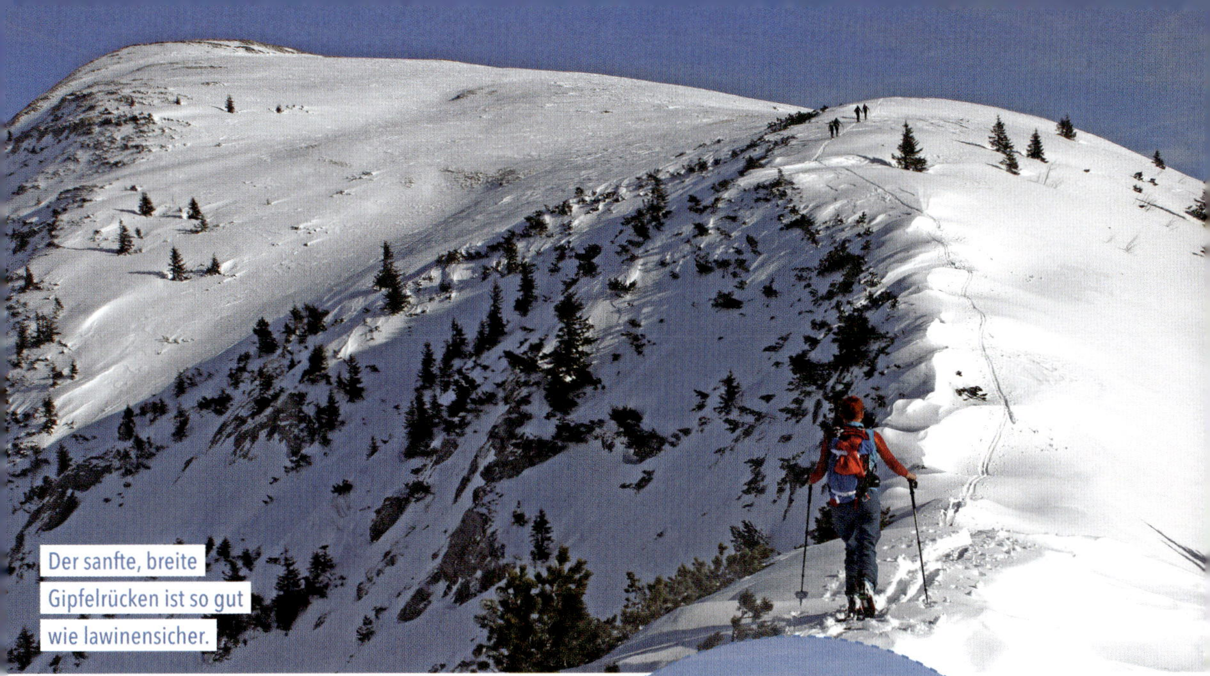

Der sanfte, breite Gipfelrücken ist so gut wie lawinensicher.

Beste Bedingungen bei der Hochblasse-Abfahrt

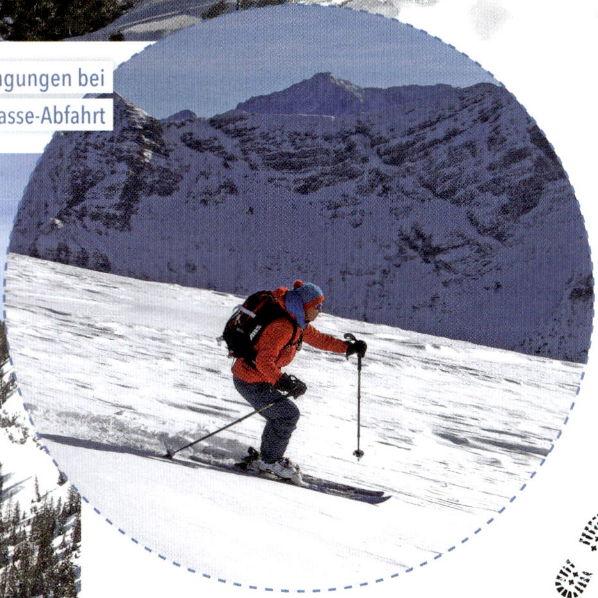

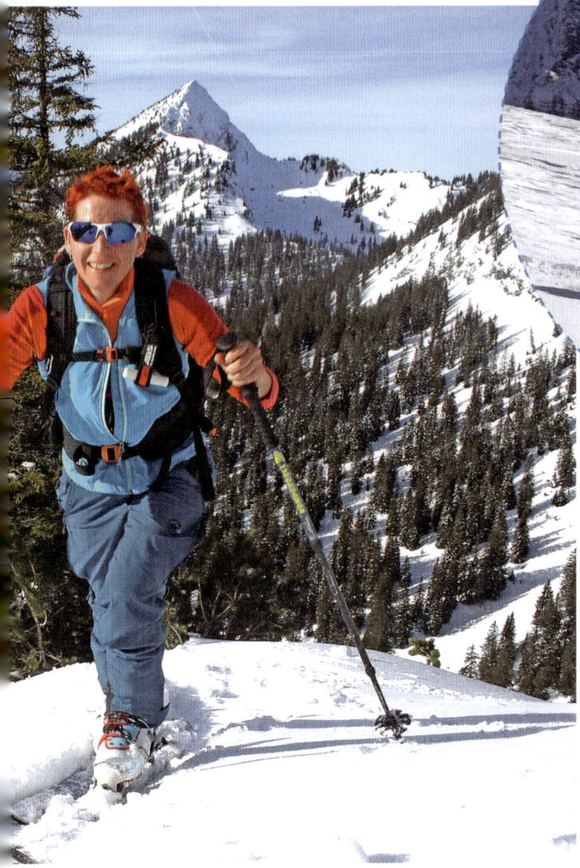

Tipp

Nach der Tour empfiehlt sich eine Einkehr in dem ausgezeichneten Restaurant der Ammerwaldalm. Hier sollte man unbedingt die selbst gemachten Spinatknödel in Salbeisoße mit Parmesan probieren.

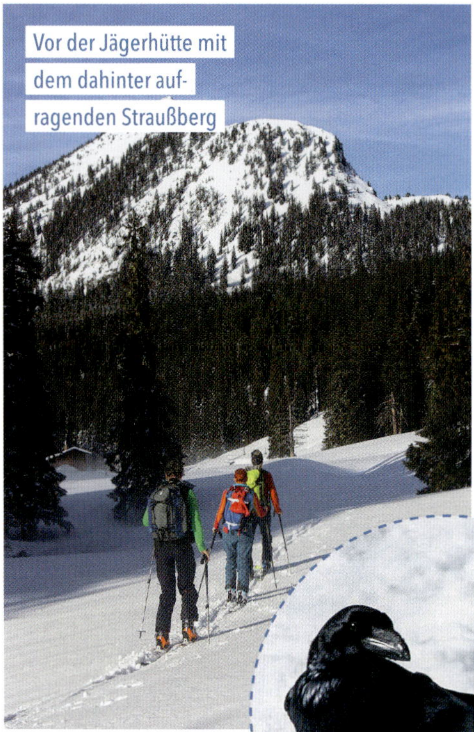

Vor der Jägerhütte mit dem dahinter aufragenden Straußberg

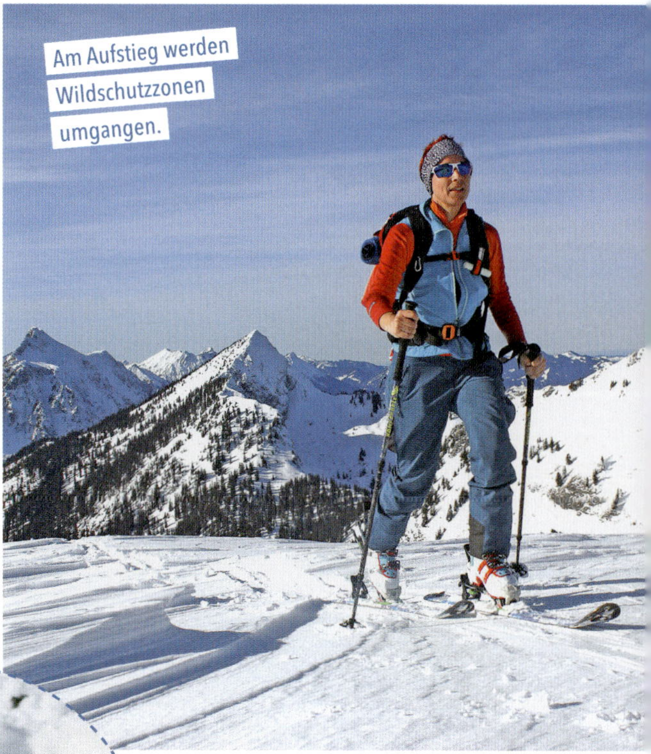

Am Aufstieg werden Wildschutzzonen umgangen.

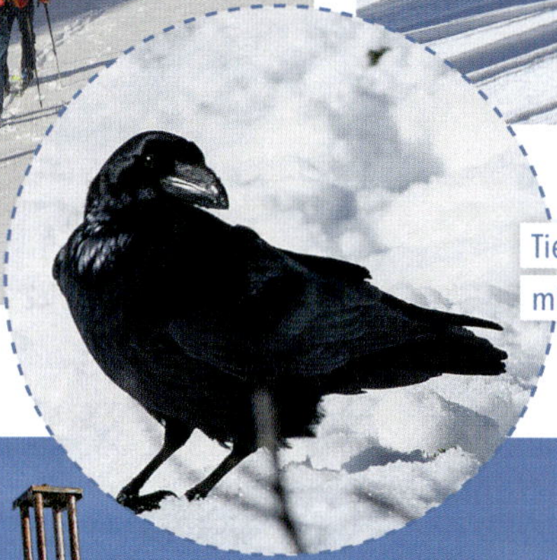

Tierische Begegnung mit einem Kolkraben

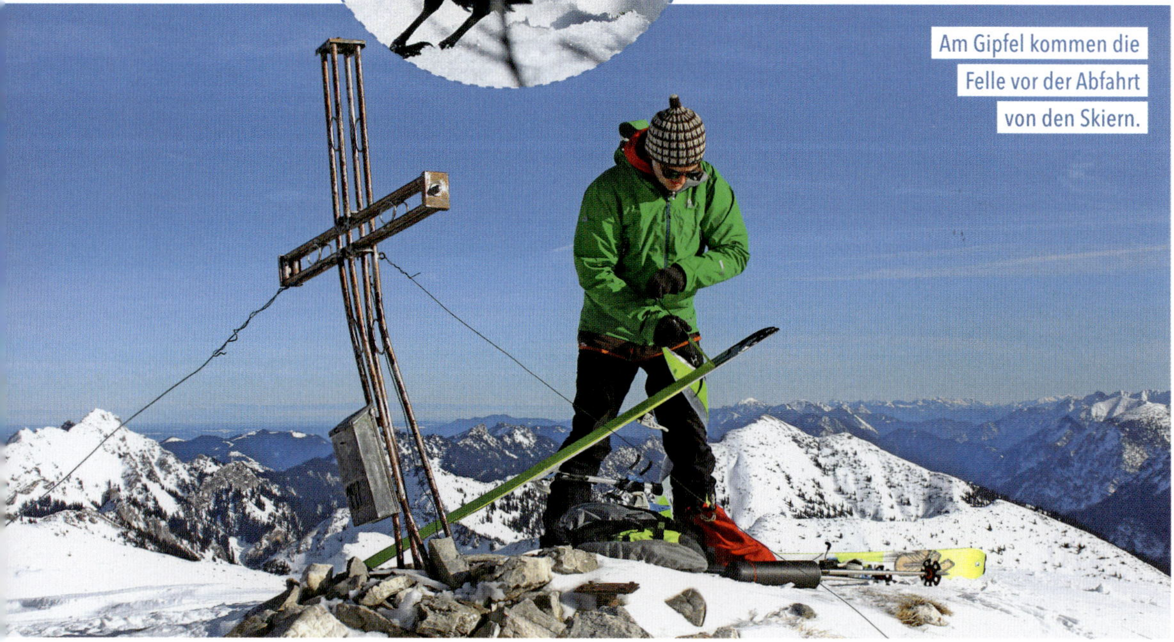

Am Gipfel kommen die Felle vor der Abfahrt von den Skiern.

Nach einer längeren flachen Hangquerung erreicht man den zwischen Ochsenälpeleskopf (links) und Hochblasse (rechts) gelegenen breiten Sattel. Hier steuert man aber noch nicht die rechts aufragenden lichten Waldhänge an, denn dieses Wildschutzgebiet darf man keinesfalls betreten! Sondern man folgt dem Talverlauf ein gutes Stück weiter nach Westen, wobei man ein Stück lang leicht abfährt. Erst in Höhe der links unterhalb liegenden Jägerhütte wendet man sich leicht nach rechts und findet an Bäumen auch das eine oder Lenkungsschild des DAV-Projektes »Skibergsteigen umweltfreundlich«.

Zum Hochblasse-Gipfel und Abfahrt auf dem Hinweg

Bald darauf wendet man sich ganz nach Osten, um über lichte Waldhänge zum breiten Gipfelrücken der Hochblasse aufzusteigen. An diesem ist weiter oben eine hohe Schneelage wünschenswert, da der Rücken teils dichten Latschenbewuchs aufweist. Schließlich wird der Rücken zu einer breiten, flachen Gipfelflanke und führt immer weiter nach Osten zum höchsten Punkt der Hochblasse (1989 m) hinauf.

Die Abfahrt zum Hotel Ammerwald erfolgt auf dem Anstiegsweg.

Abfahrtsvariante Köllebachtal

Bei sicheren Lawinenverhältnissen kann man vom Gipfel auch nach Westen über einen tollen Hang ins Tal des Köllebaches abfahren. Am Talboden angekommen hält man sich (im Abfahrtssinn) tendenziell nach links, um noch oberhalb der Jägerhütte auf die Aufstiegsspur zu stoßen.

leicht | 12,3 km

900 Hm | 4.00 h

Auf einen Blick

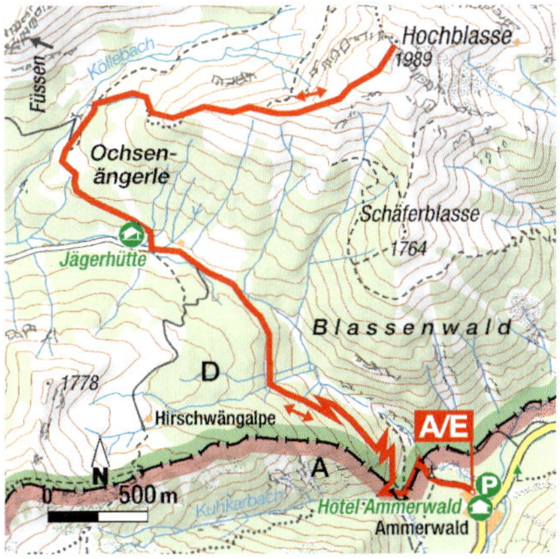

Tourencharakter
Der erste Teil der Skitour erfolgt entlang des Schützensteigs, der eine gute Schneelage erfordert. Dies gilt auch für den latschenbewachsenen breiten Gipfelkamm.

Ausgangs-/Endpunkt
Alpenhotel Ammerwald (1080 m)

Anfahrt
ÖPNV: Keine Verbindung im Winter.
Auto: Auf der A95 und B2 nach Oberau. Weiter auf der B23 nach Ettal, hinter dem Ort auf der St2060 an Linderhof vorbei und über die Grenze bis zum Hotel Ammerwald. Parkmöglichkeiten am Straßenrand.

Einkehr
Unterwegs keine Möglichkeit. Nach der Tour die Ammerwaldalm, ammerwaldalm.at

Ausrüstung
Normale Skitourenausrüstung. Man kann diese Tour auch mit Schneeschuhen unternehmen.

Karte
AV-Karte BY 6 »Ammergebirge West« 1:25.000

ALLES WISSENSWERTE ÜBER

Die Mutter aller winterlichen Wildschutzkonzepte

Die Lenkung von Skitourengehern an der Scheinbergspitze oberhalb des Graswangtals war 1985 das erste Projekt zur Einrichtung eines Wald-Wild-Schongebietes dieser Art im gesamten Alpenraum.

Im Kern ging und geht es nach wie vor darum, Skitouren- und Schneeschuhgeher durch freiwillige Lenkungsmaßnahmen um die Rückzugszonen von Wildtieren herumzuführen.

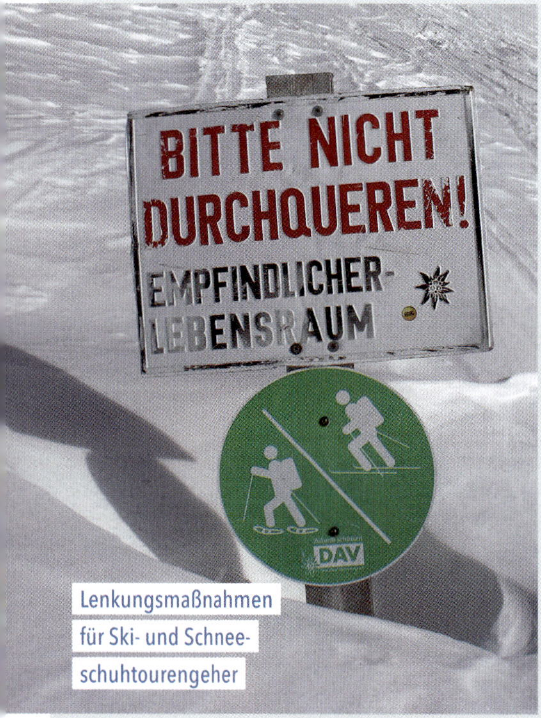

Lenkungsmaßnahmen für Ski- und Schneeschuhtourengeher

Wildschutz im Winter

Denn Störungen können nicht nur in schneereichen Wintern für die Tiere zu lebensbedrohenden Situation führen. Zum Beispiel dann, wenn ein Schneehuhn aus seiner Schneehöhle aufgeschreckt wird, in der es tagsüber eigentlich ruhen sollte, um wertvolle Kalorien zu sparen. Eigentlich trauen sich die Vögel erst in der Dämmerung aus ihren Verstecken zur Nahrungssuche heraus. Man muss also nicht nur aus Sicherheitsaspekten unbedingt noch bei Tageslicht seinen Tal-Ausgangspunkt wieder erreichen.

Skibergsteigen umweltfreundlich

Angeregt durch die Lenkungsmaßnahmen an der Scheinbergspitze lancierte der Deutsche Alpenverein Anfang der 1990er-Jahre das Projekt »Skibergsteigen umweltfreundlich«, bei dem der Autor übrigens Gründungsmitglied war. Kurz gesagt

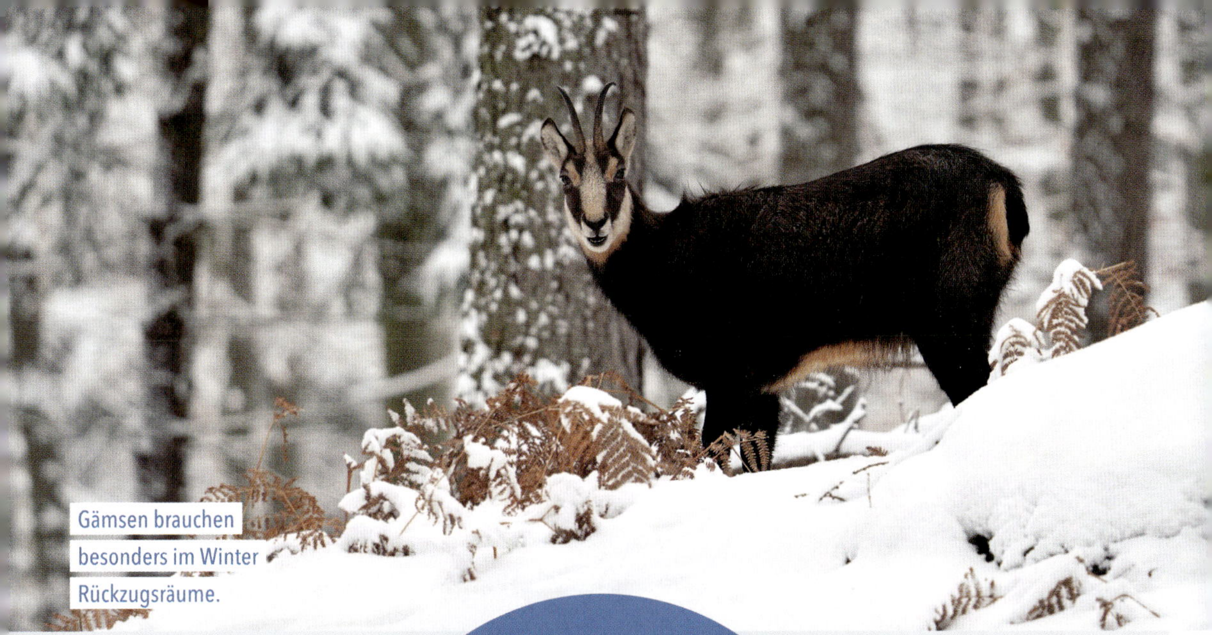

Gämsen brauchen besonders im Winter Rückzugsräume.

Wald-Wild-Schongebiete

Auf alpenvereinaktiv.com findet man unter dem Kartenzusatzlayer »Hinweise und Sperrungen« alle Wald-Wild-Schongebiete. Und zwar nicht nur auf der Karte eingezeichnet, sondern interaktiv anklickbar mit Hintergrundinfos, was hier und wie es geschützt wird und ob es sich um eine zeitlich befristete Sperre handelt.

bringt das Projekt sensible Wild-Einstandsgebiete mit regelmäßig begangenen Touren kartografisch in Deckung und entwickelt daraus naturverträgliche Routenempfehlungen.

Heute gibt es rund 500 Skirouten und Varianten im gesamten bayerischen Alpenraum und 225 ausgewiesene Schongebiete, die Tourengehende und Freerider ganz meiden sollen.

Populäre Scheinbergspitze

Übrigens trug die Aktion an der Scheinbergspitze dazu bei, dass diese Skitour einen großen Bekanntheitsgrad erlangte, wodurch sich die Zahl der Skibergsteiger nicht nur an Wochenenden deutlich erhöhte. Trotzdem ergab eine Untersuchung des DAV und des Umweltministeriums, dass es am Scheinberg nach wie vor vitale Auerhuhn- und andere Wildbestände gibt. Umso wichtiger ist es, sich an die umweltverträgliche Routenvorgabe zu halten.

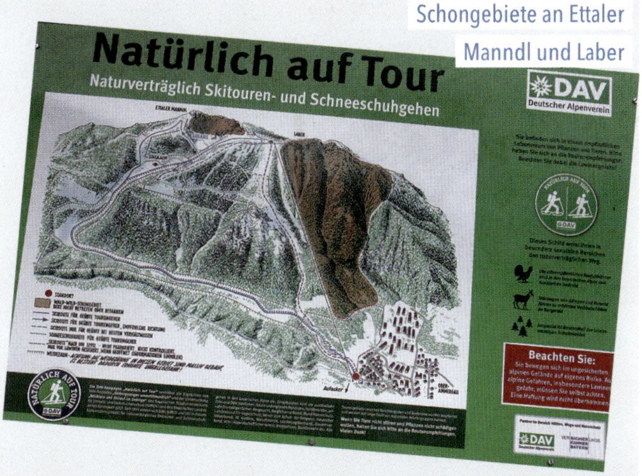

Schongebiete an Ettaler Manndl und Laber

SKI-WINTERZAUBER HOCH ÜBER DEM AMMERWALD

28

Auf den Ochsenälpeleskopf

Von den zahlreichen Tourenmöglichkeiten im Ammertal bietet der Ochsenälpeleskopf bei richtiger Spurenlage die Möglichkeit für eine vergleichsweise lawinensichere Skitour – und dabei relativ wenig frequentiert.

Von der Talstraße aus geht man rechts am Komplex des Alpenhotels Ammerwald vorbei und folgt einem meist geräumten Fahrweg zunächst flach in den Wald. In der Nähe eines Grenzsteins biegt dann nach links der beschilderte »Schützensteig« ab.

Auf dem Schützensteig zur Hirschwäng-Alpe

Diesem Sommerweg (Markierungen auch an Bäumen) folgt man nun bestimmt eine Stunde lang durch den steilen Bergwald empor, bis der Anstieg nach einer letzten Serpentine flacher und das Gelände ein wenig offener wird. Die vom DAV-Projekt »Skibergsteigen umweltfreundlich« empfohlene Route führt nun nicht gleich nach links durch den Wald, sondern folgt weiter dem querenden Sommerweg. Erst bei einer Lichtung zweigt man links ab (hier grünes DAV-Schild). Nach Südwesten aufsteigend erreicht man das freie Gelände der Hirschwäng-Alpe, wo man den Gipfel bereits deutlich vor sich sieht.

Hinweis

Bitte unbedingt die Lenkungsschilder des DAV-Projektes »Skibergsteigen umweltfreundlich« beachten!

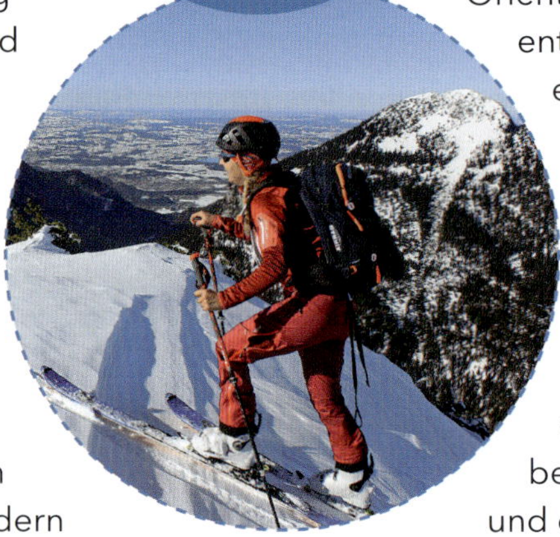

Über den Rücken zum Gipfel

An der Hütte geht man oberhalb rechts vorbei nach Süden auf den markanten Rücken zu, der sich vom Ochsenälpeleskopf nach Osten herunterzieht. Ab jetzt ist die Orientierung ganz einfach: Immer entlang des Rückens geht es erst gemütlich bergauf, bevor nach einem zweiten, steileren und etwas schmaleren Abschnitts der höchste Punkt (1905 m) erreicht wird. Von hier genießt man ein schönes Panorama über die Ammergauer Nachbarberge sowie zum Wetterstein und den Tannheimer Bergen.

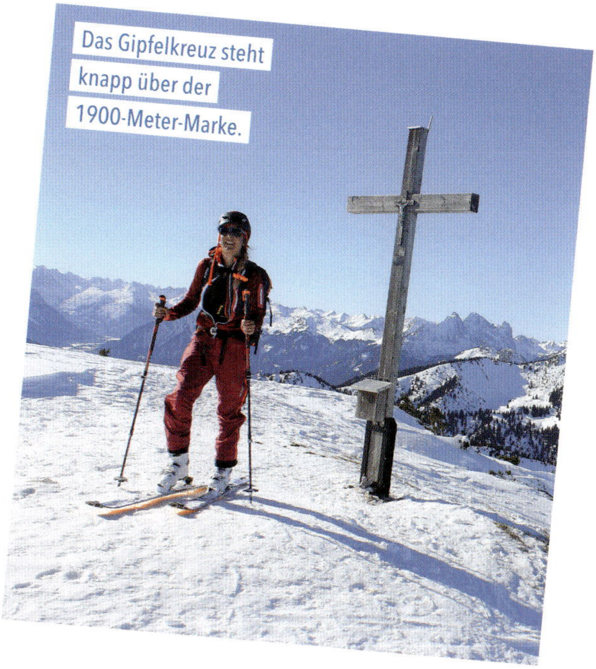

Das Gipfelkreuz steht knapp über der 1900-Meter-Marke.

Abfahrt vom Ochsenälpeleskopf

Die Abfahrt erfolgt auf der Aufstiegsroute. Nur bei ganz sicheren Verhältnissen kann man die nordostseitige Gipfelflanke abfahren, muss sich dann aber rechtzeitig wieder rechts (im Abfahrtssinn) halten. Sichere Verhältnisse sind auch für eine weitere Abfahrtsvariante nötig:

Variante entlang der Grenze

Im Anschluss fährt man nicht wieder links zur Hirschwäng-Alpe ab, sondern folgt weiter dem breiter werdenden Rücken (meist Abfahrtsspuren vorhanden). Der Rücken führt durch Wald und dreht nach Südosten ein. Über eine steile Schneise geht es immer direkt hinunter zum Schützensteig. Auf der Karte kann man die Route gut nachvollziehen, da sie direkt entlang der Grenzlinie verläuft.

mittel | 8,4 km

820 Hm | 4.00 h

Auf einen Blick

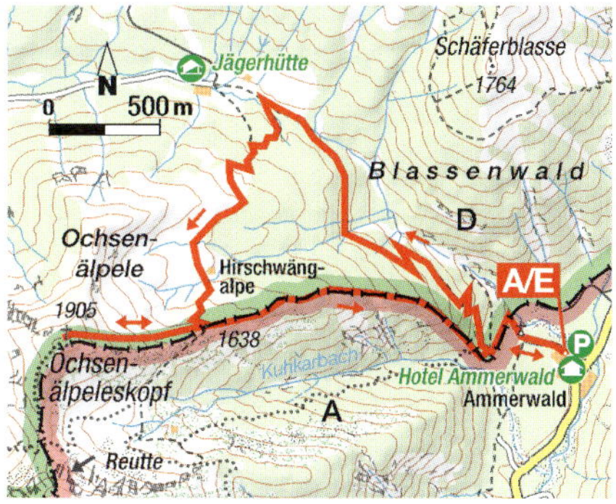

Tourencharakter

Der erste Teil der Skitour verläuft entlang des Schützensteigs, der eine gute Schneelage erfordert. Dies gilt auch für den latschenbewachsenen Gipfelrücken. Da man die meiste Zeit im Waldgelände abfährt, sollte man über eine gute Skitechnik verfügen.

Ausgangs-/Endpunkt

Alpenhotel Ammerwald (1080 m)

Anfahrt

ÖPNV: Keine Verbindung im Winter.
Auto: Auf der A95 und B2 nach Oberau. Weiter auf der B23 nach Ettal, hinter dem Ort auf der St2060 an Linderhof vorbei und über die Grenze bis zum Hotel Ammerwald. Parkmöglichkeiten am Straßenrand.

Einkehr

Unterwegs keine Möglichkeit. Nach der Tour die Ammerwaldalm, ammerwaldalm.at

Ausrüstung

Normale Skitourenausrüstung. Man kann diese Toure auch mit Schneeschuhen unternehmen.

Karte

AV-Karte BY 6 »Ammergebirge West« 1:25.000

WINTER-BERGWILDNIS IM SÜDEN DES AMMERGEBIRGES

29 Zur Friederspitz

Die Friederspitz wird im Winter relativ selten besucht, was aber bestimmt nicht daran liegt, dass sie vier Meter niedriger ist als der Nachbarberg Frieder. Vielmehr dürfte das am ziemlich langen, aber auch schönen Anstiegsweg liegen.

Vom Parkplatz Ochsenhütte folgt man zunächst der breiten Forststraße. Diese kann man aber nach einem Gatter nach rechts verlassen und den früheren Almweg benutzen.

Hinauf zur Friederalm

Man kürzt somit eine große Schleife der Forststraße ab und stößt dann wieder auf dieselbe. Man folgt der Forststraße nach rechts und hält sich kurz danach an der Gabelung wieder rechts. Nun geht es gleichmäßig ansteigend auf der Straße weiter. Der Routenverlauf wendet sich nach rechts und verläuft oberhalb des Schwarzenbachs. Nach drei Kilometern (ab der letzten Gabelung) zweigt rechts eine Straße zur Rotmoosalm ab.

Etwa 200 Meter später weist ein Schild nach links zum Aufstieg zur Friederalm und Friederspitz hin. Somit geht es nach links mehr oder weniger entlang des Sommerwegs nach Nordwesten über zunächst dichte Bergwaldhänge bergan. Der Wald lichtet sich und auf genau 1600 Meter Höhe muss man sich nach rechts wenden, um Richtung Nordosten flacher zur Friederalm hinüber zu queren.

Von der Alm auf die Friederspitz

Hier wendet man sich wieder nach links (Nordwesten) kann am Waldrand entlang über freies Gelände weitersteigen und sieht den breiten Bergsattel zwischen Friederspitz und Lausbichel vor sich. Hat man diesen erreicht, wendet man sich nach rechts, um über einen letzten Anstieg das Gipfelkreuz (2049 m) zu erreichen.

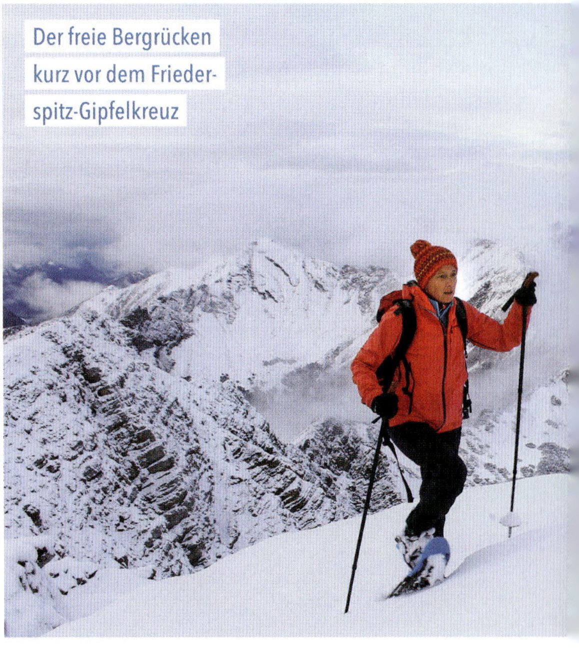

Der freie Bergrücken kurz vor dem Friederspitz-Gipfelkreuz

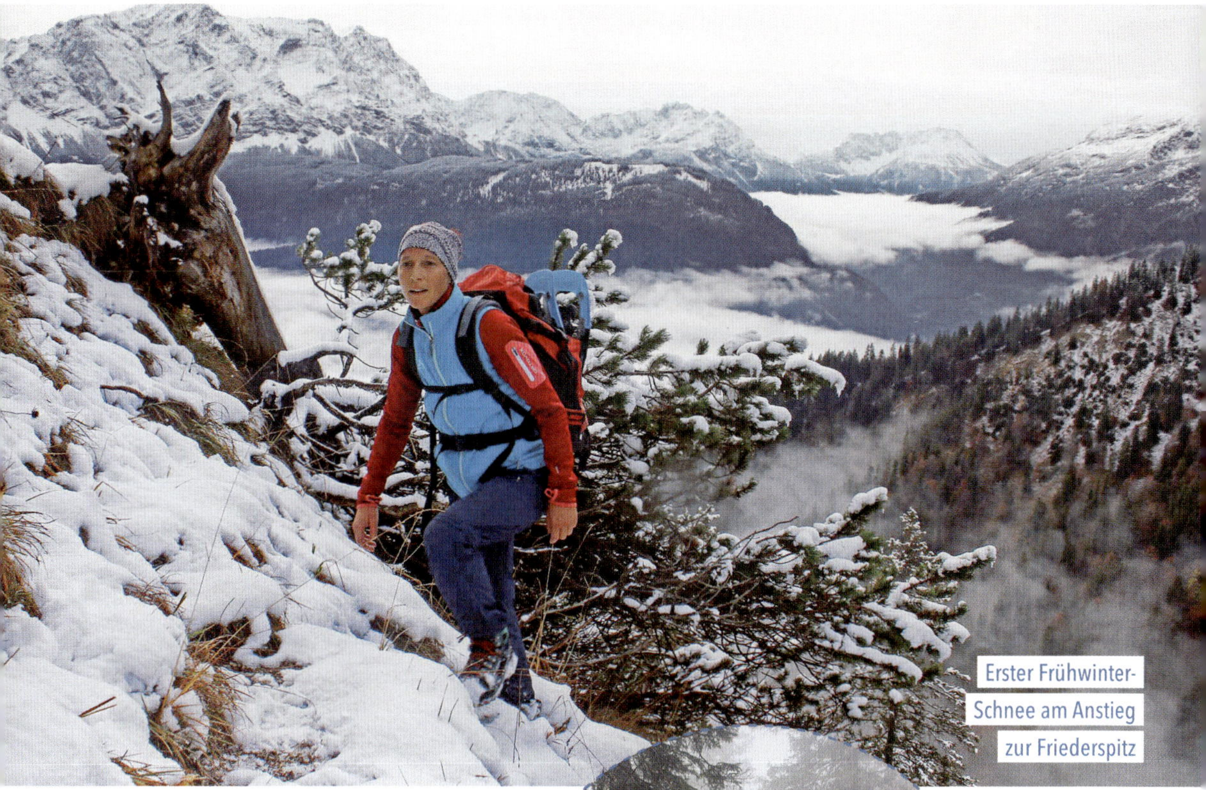

Erster Frühwinter-
Schnee am Anstieg
zur Friederspitz

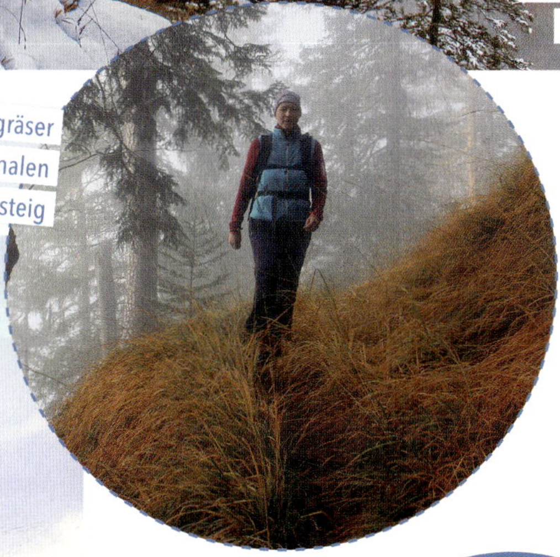

Herbstgräser
am schmalen
Prinzregentensteig

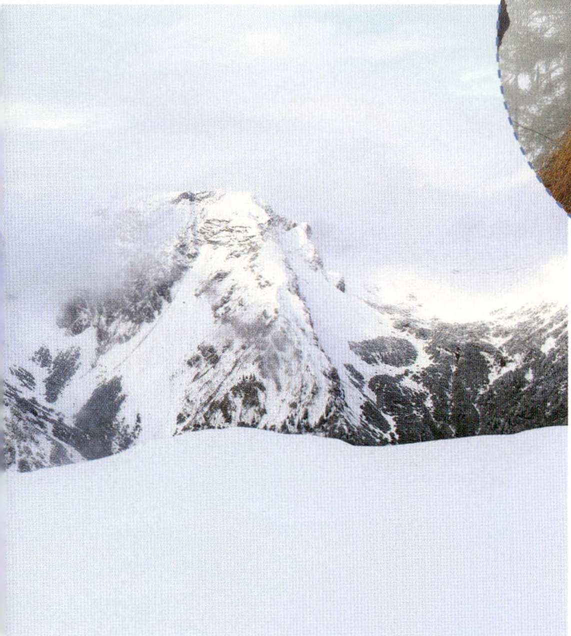

Tipp

Liegt am Friederspitz erst weiter oben Schnee (ab ca. 1700 m), dann ist alternativ der im Lindergries beginnende Anstieg über den »Prinzregentensteig« lohnend (siehe Variante).

Auf demselben Weg zurück zur Ochsenhütte

Nachdem man die winterliche Bergeinsamkeit und die tolle Aussicht auf die Zugspitze ausgiebig genossen hat, geht es auf gleichem Weg zum Ausgangspunkt zurück.

Variante über den Prinzregentensteig

Liegt die Schneegrenze nicht im Tal, sondern bei ca. 1700 m ist es landschaftlich noch schöner, über den »Prinzregentensteig« aufzusteigen. Hierzu hält man sich an der Forststraßengabelung zu Beginn nicht rechts, sondern links und wandert somit ein Stück bergab und zum Geröllbett des Friedergries.

Hier wird der Fahrweg zum Fußweg, man hält sich leicht rechts und gelangt direkt vor der tief eingeschnittenen Friederlaine zum Beginn des »Prinzregentensteiges«. Dieser schmale Pfad führt über steile Bergwaldhänge ohne Orientierungsprobleme in unzähligen Serpentinen über die Waldgrenze zum Lausbichel, wo man das Gipfelkreuz dann vor sich sieht.

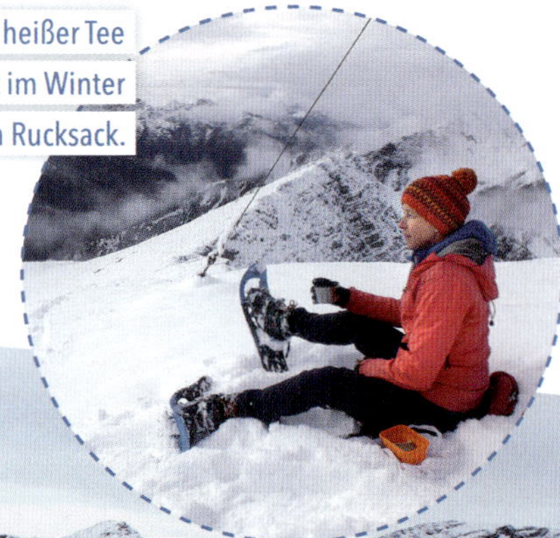

Ein heißer Tee gehört im Winter in den Rucksack.

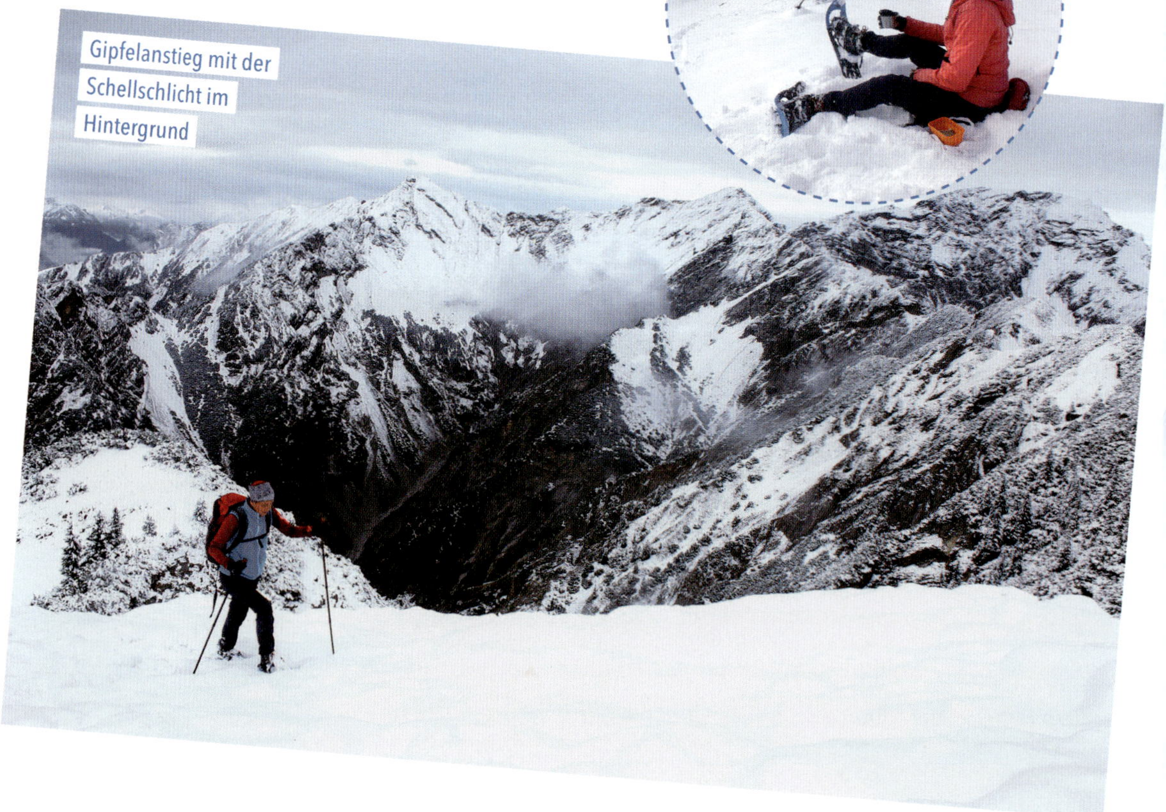

Gipfelanstieg mit der Schellschlicht im Hintergrund

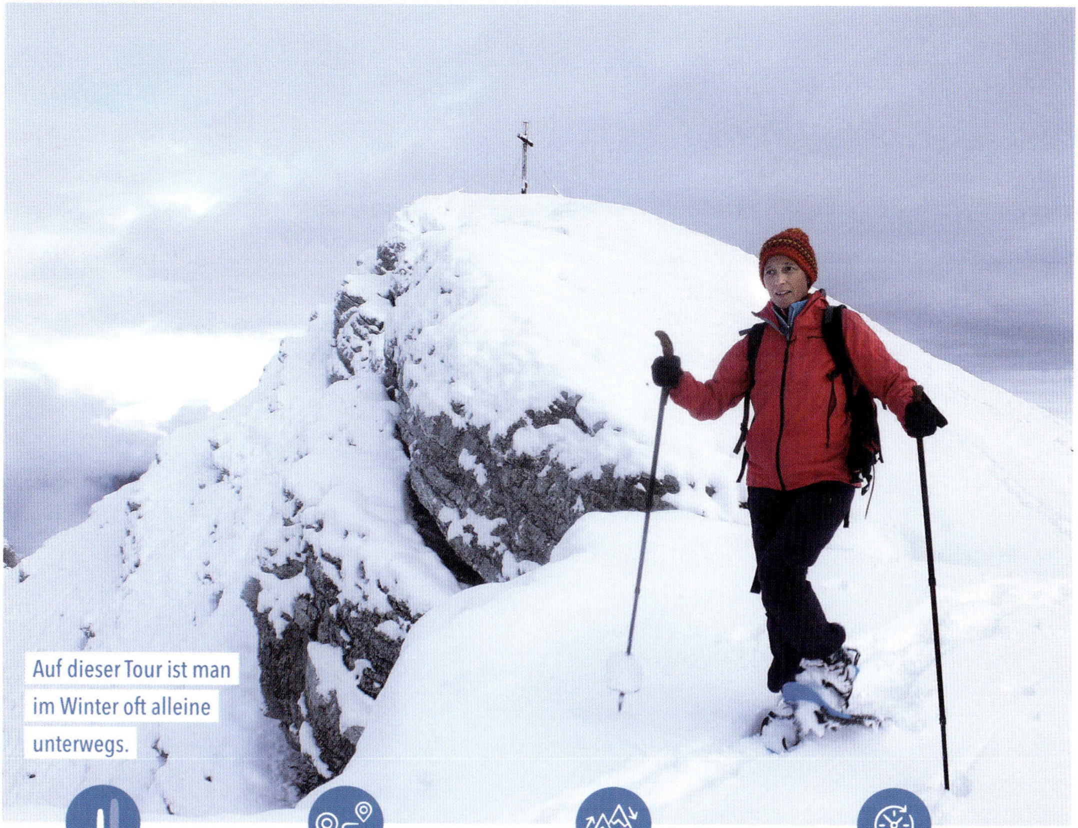

Auf dieser Tour ist man im Winter oft alleine unterwegs.

mittel | 16,0 km | 1240 Hm | 6.00 h

Alles auf einen Blick

Tourencharakter

Recht einsame Schneeschuhtour ohne technische Schwierigkeiten, die aber eine gute Kondition erfordert. Wenn keine Spur vorhanden ist, braucht man auch guten Orientierungssinn.

Ausgangs-/Endpunkt

Wanderparkplatz an der Ochsenhütte (800 m)

Anfahrt

ÖPNV: Keine Verbindung.
Auto: Auf der A95 und B2 nach Garmisch-Partenkirchen und am Ortsbeginn rechts weiter auf der B23 Richtung Ehrwald (»Fernpass/Reutte/Grainau/Garmisch/Burgrain«). 3 km vor Griesen rechts am Wanderparkplatz Ochsenhütte parken.

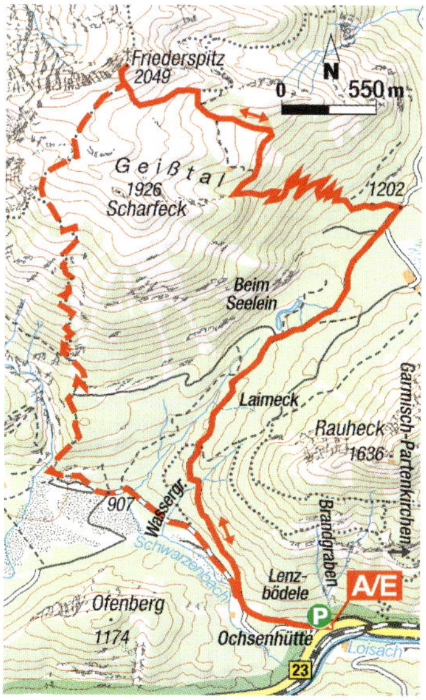

Einkehr

Unterwegs keine Möglichkeit

Ausrüstung

Schneeschuhe, Teleskopstöcke, Gamaschen und warme Kleidung

Karte

AV-Karte BY 6 »Ammergebirge West« 1:25.000

SKITOUR ZUM HÖCHSTEN PUNKT DES AMMERGEBIRGES

30

Auf die Kreuzspitze

Die Kreuzspitze ist ein großer Klassiker im Reigen der Bayerischen Skitouren. Allerdings braucht man dazu gute Kondition, sichere Skitechnik und absolute Trittsicherheit beim Gipfelanstieg.

Am Wanderparkplatz Stock überquert man die Straße, geht parallel zu ihr ein Stück zurück und wendet sich dann nach rechts, um ins Bachbett der Linder abzusteigen. Nachdem man dieses gequert hat, hält man sich auf der anderen Seite leicht links, um im Bergwald zum Ende einer langen Rinne aufzusteigen.

Durchs Hochgrieskar aufs Schwarzenköpfel

Diese ist zu Beginn noch undeutlich und mit Latschen bewachsen, führt dann aber bald recht deutlich und ganz gerade zwischen dem Bergwald nach Südosten bergan. Nachdem man ein Steilstück überwunden hat, wird die Rinne breiter und wendet sich nach rechts. Hier ist das große Hochgrieskar bald auch schon zu sehen. Man hält sich ein wenig nach rechts, quert einen Latschengürtel und steigt nun im Kar nach Südwesten bergan. Zuletzt wird über eine breite Rinne ein rechts liegender Geländeabsatz erreicht.

Hier wendet man sich nach links und muss sogleich (wieder nach links) eine steile Latschenstufe überwinden, um zum aussichtreichen Schwarzenköpfel zu gelangen, dass sich für eine Pause anbietet.

Per Ski und pedes auf die Kreuzspitze

Vom Schwarzenköpfel aus folgt man nun immer dem nach Norden steil abbrechenden Bergkamm nach Westen, wobei eine hohe Schneelage den Spaß deutlich erhöht.

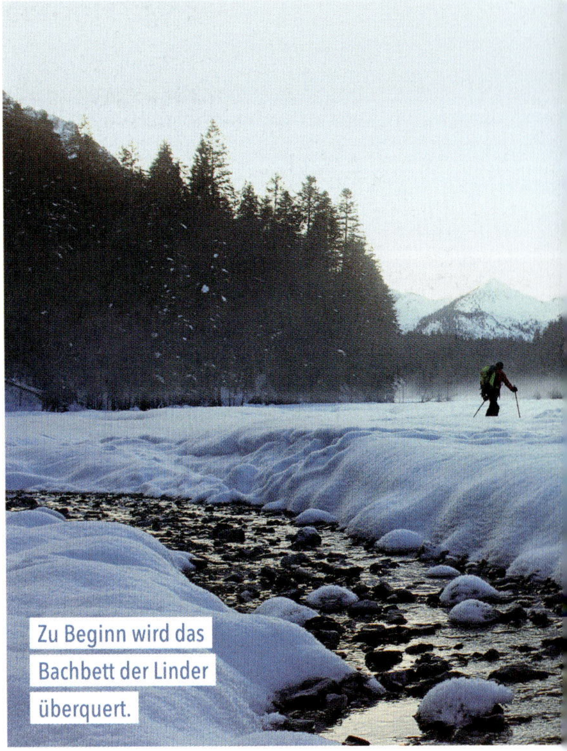

Zu Beginn wird das Bachbett der Linder überquert.

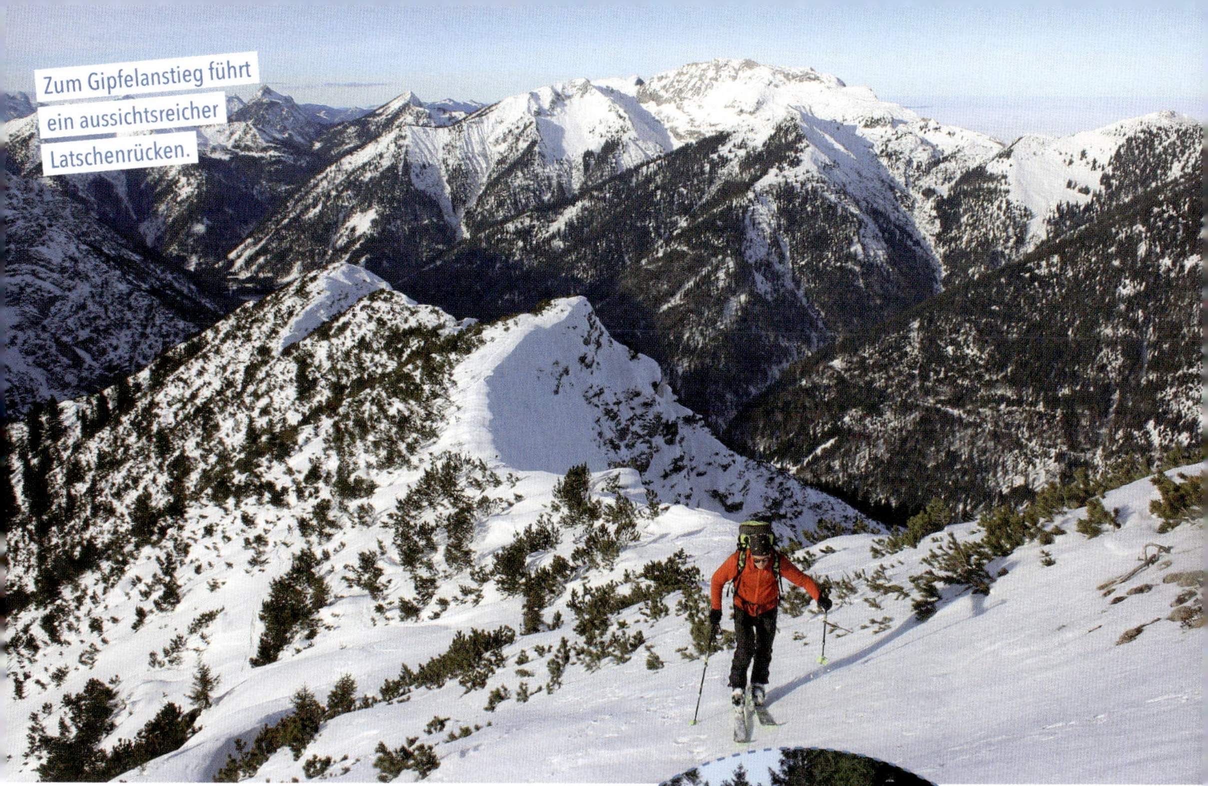

Zum Gipfelanstieg führt ein aussichtsreicher Latschenrücken.

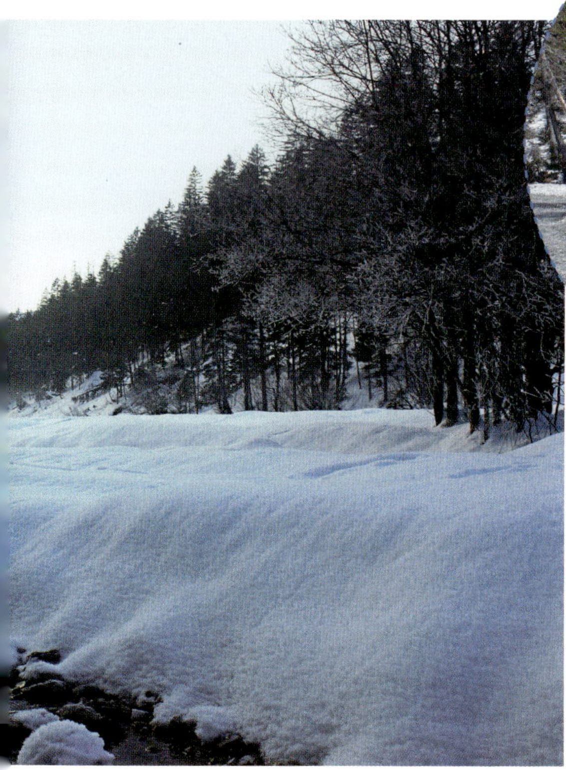

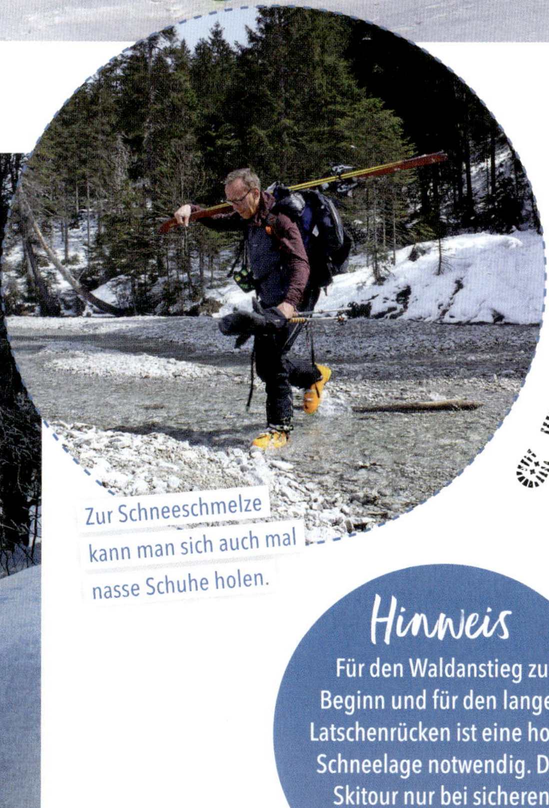

Zur Schneeschmelze kann man sich auch mal nasse Schuhe holen.

Hinweis

Für den Waldanstieg zu Beginn und für den langen Latschenrücken ist eine hohe Schneelage notwendig. Die Skitour nur bei sicheren Lawinenverhältnissen unternehmen!

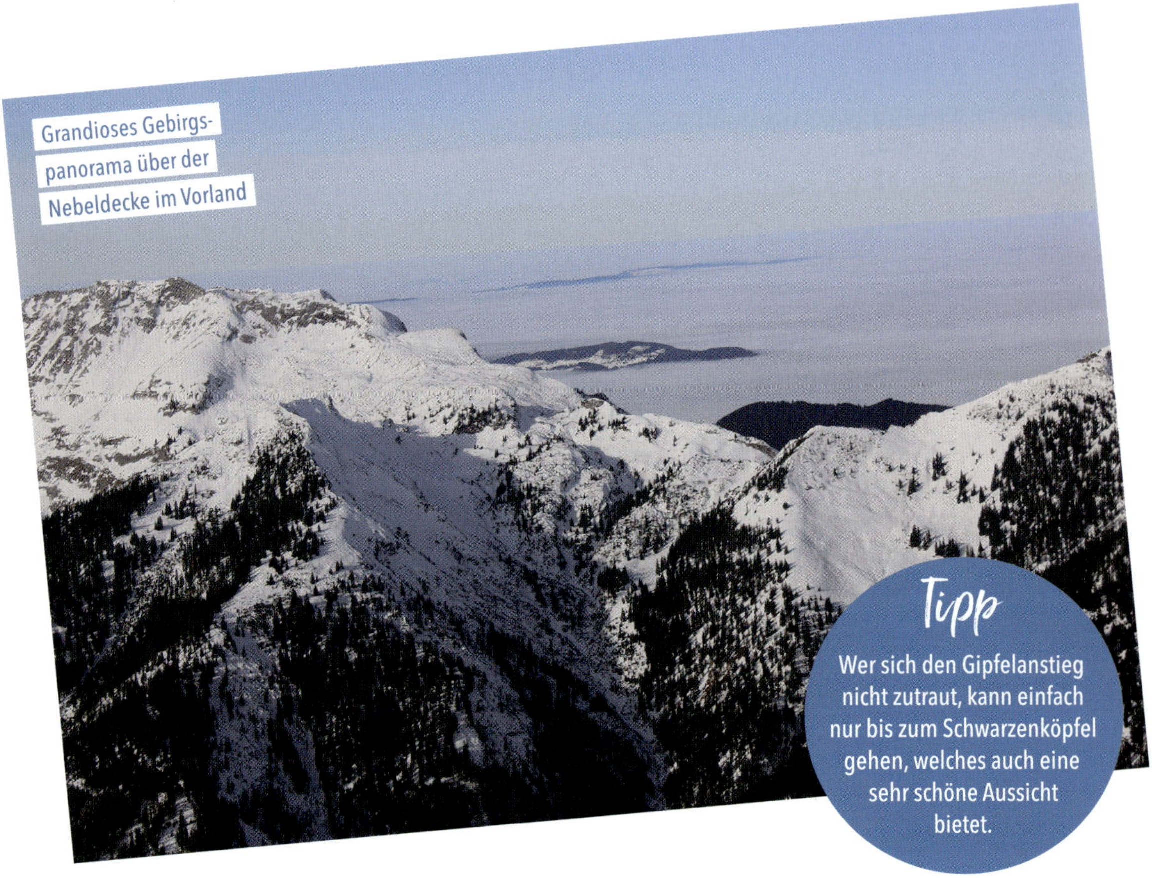

Grandioses Gebirgspanorama über der Nebeldecke im Vorland

Tipp

Wer sich den Gipfelanstieg nicht zutraut, kann einfach nur bis zum Schwarzenköpfel gehen, welches auch eine sehr schöne Aussicht bietet.

Das Gelände wird schließlich vegetationslos und man erreicht über einen nicht selten abgewehten Hang den felsigen Gipfelaufbau.

Nun geht es zu Fuß auf dem Sommerweg weiter. Bei günstigen Verhältnissen ist hier meistens eine Spur vorhanden, hier und da sind auch rote Markierungspunkte zu erkennen. Zunächst geht es gerade hinauf, dann quert man flach ein Stück lang nach rechts, um schließlich in einem letzten Anstieg den kurzen Gipfelgrat zu erreichen. Über diesen geht es mit einer fantastischen Aussicht zum Gipfel der Kreuzspitze (2184 m), dem höchsten Punkt der Ammergauer Alpen, hinauf.

Abstieg vom Gipfel und Abfahrt

Der Abstieg und die anschließende Abfahrt erfolgen auf demselben Weg. Bei sicheren Verhältnissen kann man vom Schwarzenköpfel aus auch über eine steile Rinne direkt ins Hochgrießkar abfahren.

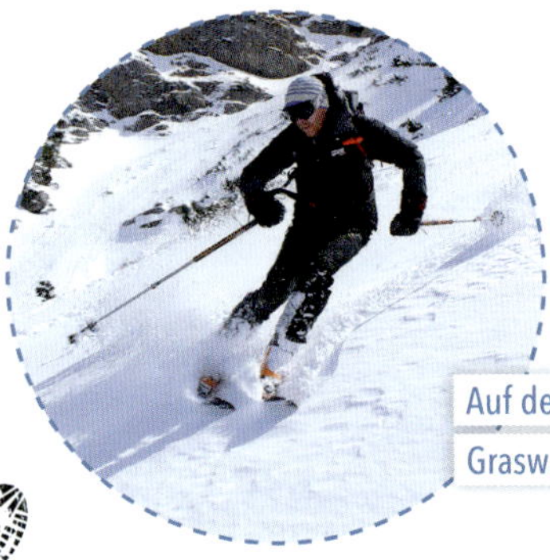

Auf der Abfahrt ins Graswangtal

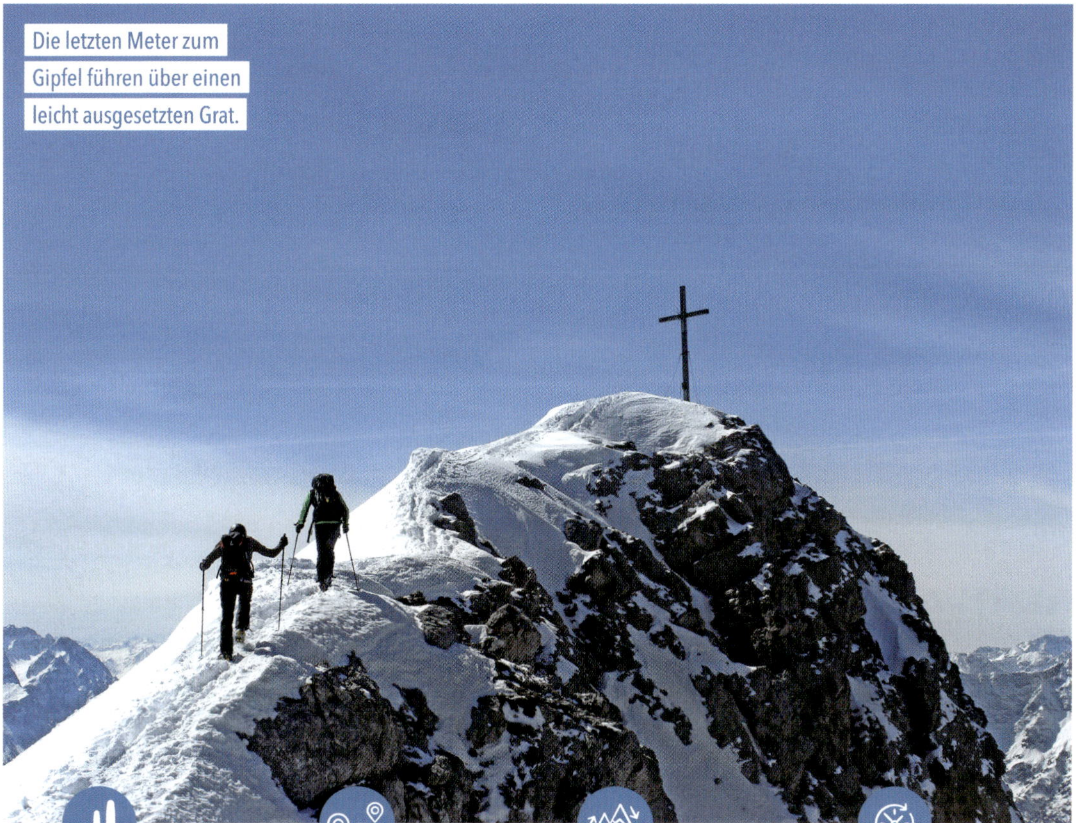

Die letzten Meter zum Gipfel führen über einen leicht ausgesetzten Grat.

schwer | 7,0 km | 1150 Hm | 5.00 h

Alles auf einen Blick

Tourencharakter

Nach einer breiten Rinne folgt mit dem nordseitigen Hochgrieskar bei guten Verhältnissen ein großer Abfahrtsspaß. Der Weiterweg Richtung Gipfel erfolgt über einen Latschenrücken, hinter dem ein manchmal abgewehter Hang zum Skidepot führt. Der steile Gipfelanstieg erfolgt zu Fuß und kann bei Vereisung heikel sein.

Ausgangs-/Endpunkt

Wanderparkplatz Stock (1500 m) an der St2060

Anfahrt

ÖPNV: Keine Verbindung im Winter.
Auto: Auf der A95 und B2 nach Oberau, weiter auf der B23 nach Ettal. Hinter dem Ort auf der St2060 nach Linderhof und weiter der Talstraße folgen bis zu Wanderparkplatz Stock (auf der rechten Seite, ca. 6 km nach Linderhof und 800 m vor der Landesgrenze).

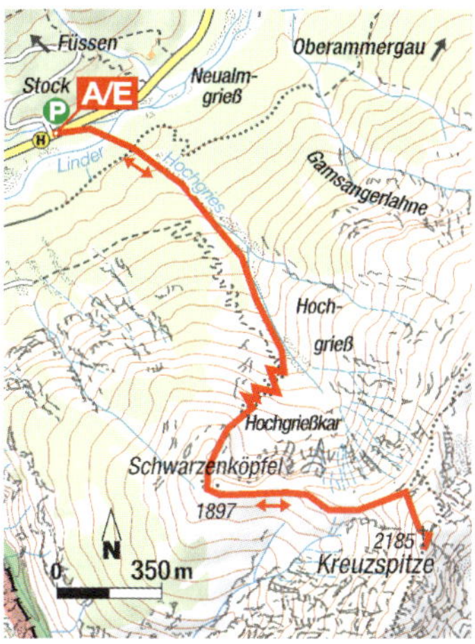

Einkehr

Unterwegs keine Möglichkeit. Nach der Tour sind in Graswang die Gröbl-Alm (groebl-alm.de) und in Ettal die Ettaler Mühle (ettaler-muehle.de) empfehlenswert.

Ausrüstung

Normale Skitourenausrüstung

Karte

AV-Karte BY 6 »Ammergebirge West« 1:25.000

Register

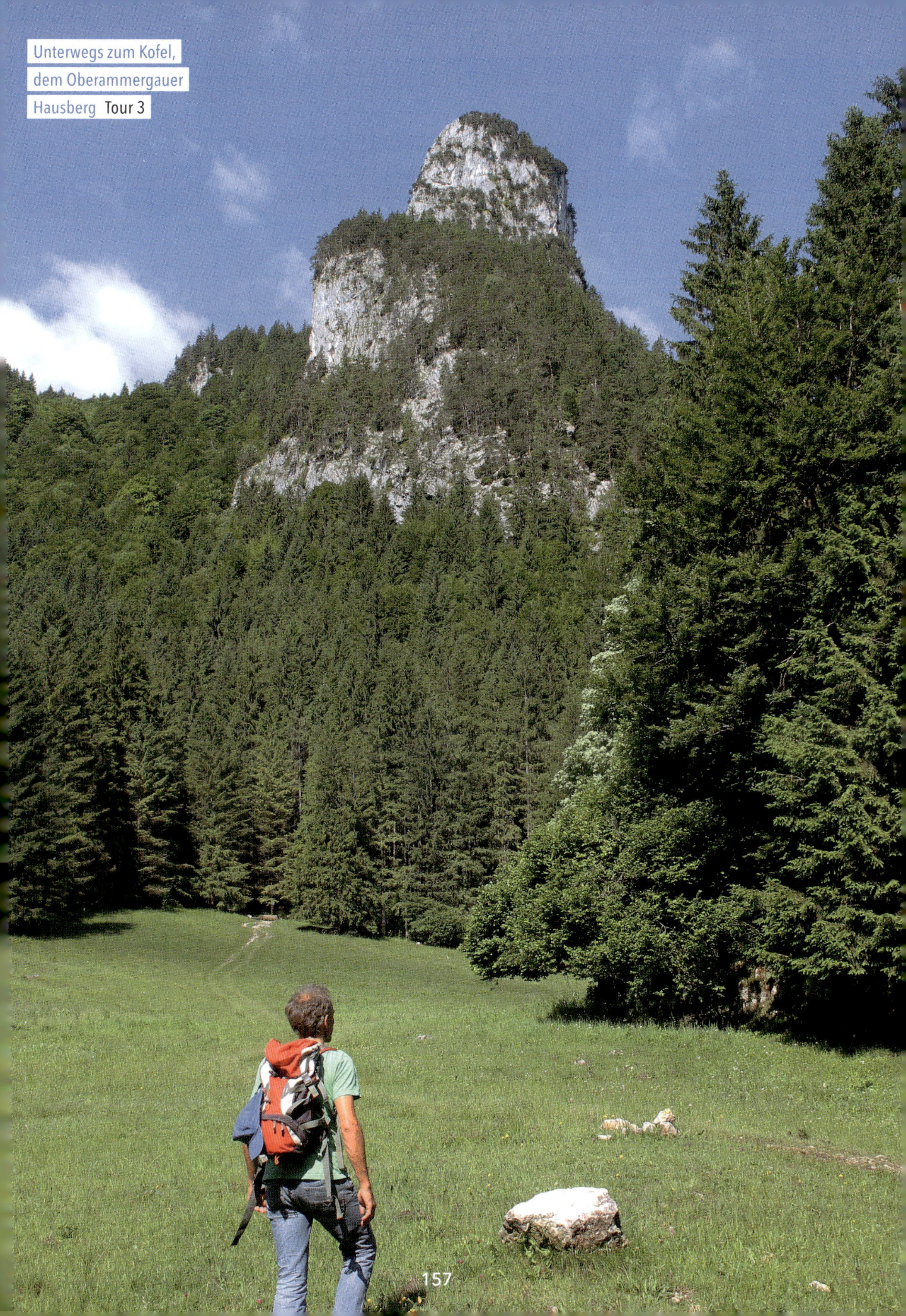
Unterwegs zum Kofel, dem Oberammergauer Hausberg Tour 3

Register

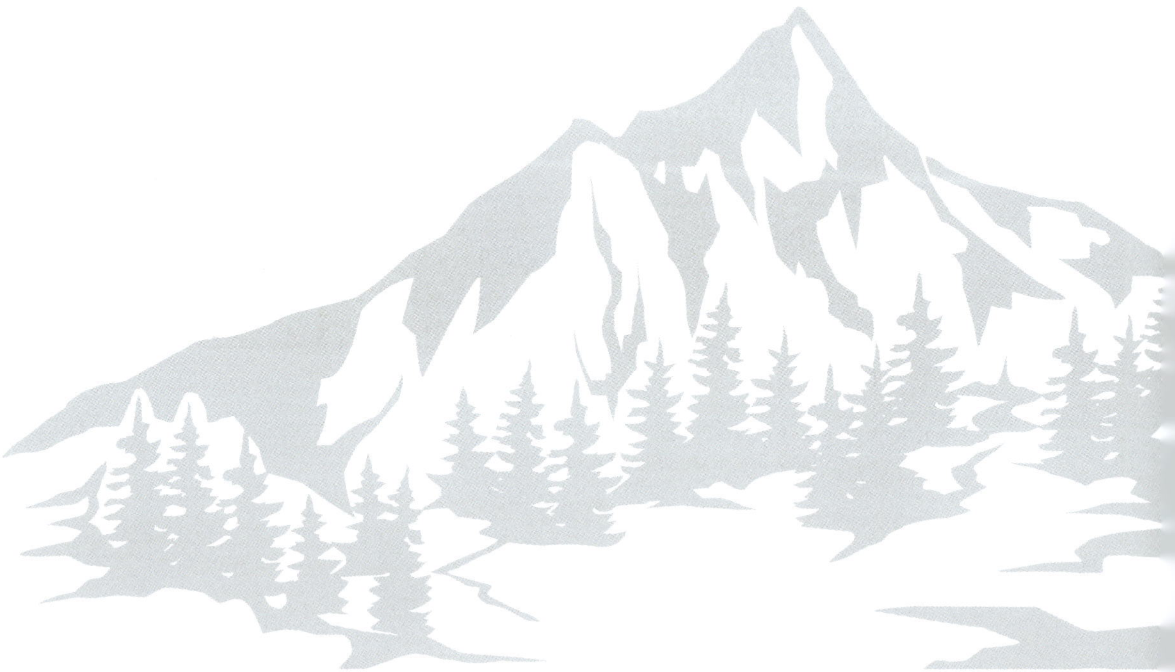

Impressum

Verantwortlich: Sabine Klingan, Julia Bobinger
Redaktion, Lektorat und Satz: Christian Steinmaßl
Layoutgestaltung und Layout: Anna Lena Ibis
Repro: LUDWIG:Media
Korrektorat: Christiane Gsänger
Herstellung: Bettina Schippel

Printed in Poland by CGS Printing

★ ★ ★ ★ ★

Sind Sie mit diesem Titel zufrieden? Dann würden wir uns über Ihre Weiterempfehlung freuen. Erzählen Sie es im Freundeskreis, berichten Sie Ihrem Buchhändler oder bewerten Sie bei Onlinekauf. Und wenn Sie Kritik, Korrekturen, Aktualisierungen haben, freuen wir uns über Ihre Nachricht an Bruckmann Verlag, Postfach 40 02 09, D-80702 München oder per E-Mail an lektorat@verlagshaus.de

Unser komplettes Programm finden Sie unter: www.j-berg-verlag.de

In diesem Buch wird aus Gründen der besseren Lesbarkeit das generische Maskulinum verwendet. Weibliche und anderweitige Geschlechteridentitäten werden dabei ausdrücklich mitgemeint, soweit es für die Aussage erforderlich ist.

Empfehlung der Redaktion:
Sie sind auf der Suche nach weiterführender Literatur? Dann empfehlen wir Ihnen den J. Berg-Reiseführer »Hütten-Geheimtipps Allgäu« von Lars und Annette Freudenthal. Oder Sie werfen einen Blick in die Zeitschrift »Bergsteiger«. Hier werden Sie bestimmt fündig.

Bildnachweis:
Alle Fotografien in diesem Buch stammen vom Autor, außer auf den Seiten 31 Mi.: shutterstock/P Gregory; 34: shutterstock/FooTToo; 35, 38 Mi.: shutterstock/4kclips; 50: shutterstock/Oleksiy Rezin; 56 Mi.: shutterstock/Eder; 63 o.: shutterstock/aBSicht; 70: shutterstock/R. Maximiliane; 72: shutterstock/Elly Miller; 73: shutterstock/Traveller Martin; 92 Mi.: shutterstock/Volker Rauch; 92 u.: shutterstock/Milan1983; 98: shutterstock/klauscook; 99 o. r.: shutterstock/Josiephotogirl1998; 100 o. r.: shutterstock/Kolf; 103 u.: Entwurf: Dr. Johann Ehrhardt, Karte: Salka Waterloo; 105: shutterstock/Michael Thaler; 112 o. r.: shutterstock/penphoto; 130, 131 o. und u.: Berufsschule für Holzbildhauer/Rosenboom
Illustrationen: Bergsilhouette: AdobeStock (444135304); Gehstöcke: shutterstock/Lilkin; Schneeschuhgeher: shutterstock/lantapix; Schlittschuhe: shutterstock/Mascha Tace. Alle anderen: Fußspuren, Hütte vor Berglandschaft, Bus: www.freepik.com
Umschlagvorderseite: Sonnenuntergang an der Ammer bei Oberammergau (shutterstock/Alexander Schmitz)
Umschlagrückseite: Die Kenzenhütte im Naturschutzgebiet Ammergebirge ist immer eine Einkehr wert. (Seite 62/63, Tour 9)

Die Deutsche Nationalbibliothek verzeichnet diese Publikation in der Deutschen Nationalbibliografie; detaillierte bibliografische Daten sind im Internet über http://dnb.d-nb.de abrufbar.

ISBN 978-3-86246-941-3